Ynghanol Pethe

EMYR JENKINS

Cyhoeddwyd gyntaf yn 2018 gan
Wasg Gomer, Llandysul, Ceredigion SA44 4JL
www.gomer.co.uk

ISBN 978 1 78562 242 7

Dymuna'r cyhoeddwyr gydnabod cefnogaeth ariannol
Cyngor Llyfrau Cymru.

Argraffwyd a rhwymwyd yng Nghymru gan
Wasg Gomer, Llandysul, Ceredigion.

EMYR

Ynghanol Pethe

JENKINS

Gomer

I bedair arbennig –
Myra, Manon, Ffion ac Indeg

Cynnwys

Cydnabyddiaethau'r Lluniau

Fy nhad, Cadeirydd Cyngor y Dre, yn croesawu'r sioe
i Fachynlleth
www.herefordshirehistory.org.uk

T. Glynne Davies yn cael ei groesawu yn ôl i Gorris ar ôl ennill
coron Llanrwst
Gareth Glynne

Tîm Criced Ysgol Uwchradd Machynlleth
Pickford and Son

The Importance of Being Earnest
Pickford and Son

Ann Clwyd a fi fel *disc jockeys* yng Ngerddi Sophia, 1962
Hills Welsh Press

Gyda Morfudd Mason Lewis yn y stiwdio gysylltu teledu,
Chwefror 1966
BBC Cymru

Tîm *Heddiw*, 1969: Harri Gwynn, fi, Arwel Ellis Owen a
Mary Middleton
BBC Cymru

Llun cyhoeddusrwydd ar gyfer yr Arwisgiad
BBC Cymru

Y Tad Barnabas a fi
Barry Thomas

Mynachlog Sant Elias a sefydlwyd gan Barnabas yn Willand,
ger Cullompton yn Nyfnaint
Judge Sampson Hastings

Emrys Evans, y Llywydd, a fi gyda'r Ysgrifennydd Gwladol,
Machynlleth 1981
Media Wales Ltd.

Portread David Griffiths o Syr Geraint Evans. Comisiynwyd gan
yr Eisteddfod Genedlaethol 1982
David Griffiths

Campwaith Paul Davies, Eisteddfod Abergwaun, 1986
Yr Athro Deri Thomas

*Gwnaed pob ymdrech i sicrhau caniatâd i ddefnyddio pob llun.
Serch hynny, os defnyddiwyd trwy amryfusedd, unrhyw lun dan
hawlfraint heb ganiatâd, byddwn yn ymddiheuro ac yn cywiro'r
cam hwnnw cyn gynted ag sy'n bosib.*

Rhagair

Mae'r flwyddyn 2018 yn un arwyddocaol yn fy hanes oherwydd i mi gael fy ngeni bedwar ugain mlynedd yn ôl; mae deugain mlynedd ers i mi ddechrau fel Cyfarwyddwr cyntaf yr Eisteddfod Genedlaethol, a chwarter canrif union ers i mi adael y swydd honno. Ymddeolais o waith llawn-amser ugain mlynedd yn ôl.

Bwriad gwreiddiol y gyfrol hon oedd gosod ar bapur beth o fy hanes ar gyfer fy wyres, Indeg, ond wrth i'r gwaith fynd yn ei flaen, teimlais efallai y byddai o ddiddordeb i bobl eraill sy'n ymwneud â'r 'pethe' diwylliannol yr ydym ni fel Cymry Cymraeg yn ymddiddori ynddyn nhw.

Nid wyf yn honni ei bod yn ddogfen hanesyddol; y cyfan sydd yma yw straeon gan un sydd wedi byw trwy'r Ail Ryfel Byd ac wedi bod ynghanol llawer o'r datblygiadau arwyddocaol ym mywyd y genedl yn ail hanner yr ugeinfed ganrif – datblygiadau ym myd y cyfryngau, ym myd addysg drwy gyfrwng y Gymraeg, yr Eisteddfod Genedlaethol a'r celfyddydau, sef y 'pethe'.

Rwy'n ddiolchgar i gyfeillion sydd wedi bod yn fy annog i ysgrifennu hyn o lith ac yn diolch o galon i Manon a Ffion am eu sylwadau adeiladol. Yn naturiol, rwy'n falch iawn o'r ddwy ond dydw i ddim wedi mynd i fanylion am eu bywydau gan adael hynny iddyn nhw pe byddent yn dymuno gwneud hynny yn y dyfodol.

Mae fy niolch pennaf i Myra, sydd wedi bod yn gefn i mi drwy hanner canrif a mwy o fywyd priodasol ac sydd wedi bod o gymorth mawr yn bwrw golwg dros y gyfrol, gan wneud nifer o awgrymiadau gwerthfawr.

Fy atgofion personol i yw'r rhain, ac er fy mod wedi ceisio sicrhau fod y ffeithiau'n gywir wrth eu cofnodi, os ydw i wedi gwneud camgymeriad, rwy'n ymddiheuro am hynny gan mai fi, a fi yn unig, sy'n gyfrifol.

Diolch hefyd i olygydd y gyfrol, Mari Emlyn, ac i Wasg Gomer am fentro'i chyhoeddi.

Emyr Jenkins
Haf 2018

Pennod 1

Hen Gòg Bech

Mae'n bosib mai Machynlleth yw'r man geni delfrydol i Gyfarwyddwr Eisteddfod Genedlaethol Cymru gan fod modd iddo uniaethu ei hun â'r Brifwyl bob blwyddyn wrth iddi bendilio rhwng de a gogledd – ond rwy'n rhoi'r cert o flaen y ceffyl braidd.

Ganwyd fy nhad, Llewelyn, yn Llanelli yn 1891 yn un o ddeuddeg o blant i John ac Ann Jenkins. Dyn bychan o gorff oedd John a'i waith oedd gweithio yn y gwaith dur fel 'bocser', sef llunio'r blychau mawr oedd yn cludo'r platiau dur o'r gwaith. Rhoddodd hyn lawer o hwyl i Nhad, oedd hefyd yn fyr o gorff, pan ofynnwyd iddo mewn ambell gyfweliad yn ddiweddarach beth oedd gwaith ei dad yntau – a phawb yn cael yr argraff fod fy nhad-cu yn Jimmy Wilde o foi.

Roedd y teulu, fel llawer teulu yr adeg honno, yn grefyddol iawn, gyda'r plant yn mynychu Capel Triniti yn rheolaidd a John yn flaenor yno. Gan fod y plant yn gerddorol iawn, roedd gofyn iddyn nhw berfformio yno yn aml ac aeth un chwaer, Mary Esther, ymlaen i ganu gyda chwmni opera Carl Rosa. Roedd gan un brawd, Sam, lais tenor gwych a phan dorrodd Diwygiad 04/05 aeth Sam o gwmpas y wlad yn canu yng nghyfarfodydd Evan Roberts. Y gân ddaeth ag ef i sylw cynulleidfaoedd ledled Cymru oedd 'I Achub Hen Rebel fel Fi', sef cyfieithiad o emyn Sankey a Moody, 'For Saving a Sinner Like Me'. Er bod y cyfieithiad llythrennol yn addas i'r gerddoriaeth, tybiai Sam fod y term 'hen rebel' yn fwy gafaelgar na 'pechadur', ac fe'i profwyd yn gywir gan i'r gân greu argraff ddofn ym mhob cyfarfod, gyda'r cynulleidfaoedd yn dyblu a dyblu arni.

Yn ddiweddarach, aeth Sam i America ac i dalaith Ohio i gynnal cyfarfodydd crefyddol. Yn un o'r cyfarfodydd hyn daeth gŵr ifanc ato gan ofyn a oedd e'n bwriadu canu 'Yr Hen Rebel' yn y cyfarfod y noson honno. Dywedodd Sam mai dyna oedd ei fwriad, a gofynnodd pam oedd y gŵr ifanc yn gofyn amdani. Dywedodd yntau ei fod wedi clywed Sam yn canu'r gân mewn cwrdd Diwygiad yn Nhredegar yn ne Cymru rai blynyddoedd ynghynt a'i fod wedi cael tröedigaeth yn y fan a'r lle.

Roedd gan y brawd iau, fy nhad, Llewelyn, hefyd lais tenor hyfryd ond ei brif ddiddordeb cerddorol oedd dysgu'r sol-ffa, a throsglwyddodd nifer o ddarnau, a hyd yn oed sawl oratorio, i'r sol-ffa o'r hen-nodiant gwreiddiol. Yn wir, aeth Llew mor bell ag ennill cymhwyster yn y dull hwn, sef LTSC – Licentiate of the Tonic Sol-fa College – gan gynnal arholiadau sol-ffa i blant yn yr un modd â'r system arholiadau piano. Aeth i Goleg Hyfforddi Brighton i ennill tystysgrif athro cynradd a bu'n dysgu yn Nhredegar ac ym Mhenygraig yn y Rhondda.

Daeth y Rhyfel Byd Cyntaf ar eu traws a bu'n rhaid i feibion y teulu fynd i rengoedd y fyddin. Aeth Sam, Tom a Llew yno'r un pryd ac aeth Ben, y brawd ieuengaf, i'r fyddin rai blynyddoedd yn ddiweddarach. Aeth Tom i'r gatrawd feddygol, yr RAMC, fel *stretcher-bearer*, ac anfonwyd Sam a Llew i wersyll Redcar yng ngogledd Swydd Efrog i baratoi i fynd dros y Sianel i ffosydd Ffrainc. Yn fuan ar ôl iddynt gyrraedd Redcar gwelwyd fod nifer o Gymry ifanc yno, ac yn ddigon naturiol i ni'r Cymry ffurfiwyd côr, gyda Nhad yn arwain a Sam yn unawdydd. Yn wir, bu'r côr meibion mor llwyddiannus fel y dechreuwyd cynnal cyngherddau i weddill y milwyr ac, ymhellach, i drigolion yr ardal gyfagos. O ganlyniad i hyn, pan ddaeth enwau'r brodyr Jenkins ar y rhestr i fynd i Ffrainc, tynnodd pennaeth y gwersyll eu henwau oddi ar y rhestr yn syth gan ddweud eu bod yn gwneud mwy dros ysbryd y bechgyn yn Redcar nag y byddent byth yn ei wneud yn y ffosydd. Canlyniad hyn i gyd oedd i Nhad a Sam dreulio'r rhyfel yn gwasanaethu yn y wlad hon, yn wahanol iawn i lawer o aelodau'r côr meibion hwnnw aeth drosodd i Ffrainc, ac na ddaeth yn ôl. Gallaf ddweud felly, yn ddiolchgar iawn, fod siawns dda fy mod i yma, ganrif yn ddiweddarach, oherwydd dylanwad cerddoriaeth. Yn rhyfeddol, daeth y pedwar brawd adref o'r rhyfel yn ddianaf.

Yn ystod yr Ail Ryfel Byd roedd Sam yn cadw gwesty'r Cambria yn Llundain, a bu'n darllen y newyddion yn Gymraeg o'r ddinas honno. Ymddengys fod angen i'r darllenydd roi ei enw ar ddechrau pob bwletin er mwyn profi dilysrwydd yr hyn roedd yn ei gyhoeddi. Ychydig a feddyliodd, mae'n siŵr, y byddai ei nai yn gwneud yr un gwaith chwarter canrif yn ddiweddarach.

Wedi goroesi'r rhyfel yn ddianaf, ailgydiodd fy nhad yn ei yrfa fel athro a chafodd ei benodi'n brifathro Ysgol y Cyngor yn Llanfyllin. Roedd yn briod erbyn hyn ag Emily, neu Lily fel y'i gelwid, merch â'i gwreiddiau yn ardal Llandybïe. Cawsant dri o blant: Roy, Llywela a Lynn, a chafodd Nhad gyfnod prysur iawn yno. Mae'n debyg iddo arloesi trwy ddechrau darparu ciniawau ysgol ymhell cyn i hynny ddod yn elfen gyffredinol o fywyd ysgolion. Yn ogystal â bod yn brifathro bu'n arwain y côr lleol, Cymdeithas Gorawl Myllin. Roedd yn aelod o'r Cyngor lleol ac yn godwr canu a blaenor yn ei gapel. Fodd bynnag, doedd ei fywyd ddim yn fêl i gyd, gan fod iechyd ei wraig yn dirywio, a bu hi farw yn 1935 yn bedwar deg pedwar oed, gan adael Llew yn ŵr gweddw â thri o blant ifanc – Roy yn dair ar ddeg, Llywela yn un ar ddeg, a Lynn yn naw mlwydd oed. Ar ôl colli ei wraig, roedd aros yn Llanfyllin yn boenus i Nhad a symudodd i swydd prifathro'r Ysgol Gynradd ym Machynlleth, ac yno cyfarfu ag Olwen Jenkins, fy mam.

Ganwyd fy mam, Mary Olwen Jones, yn 1905, yn un o ddeuddeg o blant i John Elias a Mary Jones, Dolgerddinen, Comins Coch, pentre bach ryw ddwy filltir i'r gogledd o Aberystwyth. Mae'n dda medru dweud fod fy nghyfnither, Llinos, yn byw yn yr un tŷ heddiw a'i brawd, Gwyn, yn byw heb fod ymhell, ac felly mae'r teulu'n dal yn y fro. Gofalu am y ceffylau ym Mhlas Gogerddan gerllaw oedd gwaith John Elias. Roedd Mari 'Lias yn bersonoliaeth gref, yn bencampwraig ar arddio a hefyd yn dysgu plant yr ardal i gystadlu ar adrodd, neu 'lefaru', fel y'i gelwir mewn eisteddfodau heddiw.

Roedd 'plant Mari 'Lias' yn adnabyddus drwy'r fro am adrodd, ac roedd fy mam yn un o'r criw. Oherwydd dylanwad fy mam-gu, bu Mam yn llwyddiannus iawn yn cystadlu ar yr 'Her Adroddiad' yn eisteddfodau'r cylch. Priododd fy mam â John Jenkins, gweithiwr yn Swyddfa'r Post, gan symud i fyw i Fachynlleth, ddeunaw milltir i'r gogledd. Nid oedd iechyd John yn gryf ac ar ôl cyfnod o salwch, bu farw bedair blynedd yn ddiweddarach, gan adael Olwen yn wraig weddw ddeg ar hugain oed.

Priododd Llew ac Olwen yn 1937 – y ddau â'r cyfenw Jenkins erbyn hyn a'r ddau wedi colli eu partneriaid cyntaf – a chymerodd Mam ofal o'r tri phlentyn. Fe'm ganwyd innau yn 1938, yr unig aelod o'r teulu i gael ei eni ym Machynlleth, gan chwyddo'r teulu i chwech. Gan fod fy rhieni yn bobol ddŵad i'r ardal, dydw i ddim yn siarad ag acen dyffryn Dyfi er i mi gael fy ngalw'n 'hen gòg bech' sawl tro.

Doedd bywyd ddim yn hawdd i fy rhieni. Roedd fy mrawd hynaf, Roy, yn bur wael ac yn dioddef o ffitiau cas. Yn ddiweddarach, darganfuwyd tyfiant mawr ar ei ymennydd fel canlyniad i anaf a gafodd yn blentyn. Pan aeth pethau'n rhy ddrwg i'w gadw gartref, bu'n rhaid iddo fynd i ysbyty arbenigol yn Birmingham. Roedd hyn cyn dyddiau'r Gwasanaeth Iechyd Gwladol a bu'r baich ariannol yn drwm ar y teulu. Bu Roy farw yn ddwy ar bymtheg oed, bedair blynedd ar ôl ei fam.

Roedd Mam yn fenyw ymarferol dros ben: yn gofalu am y teulu, yn arddwraig gampus fel ei mam hithau ac yn tyfu llysiau a ffrwythau toreithiog yn yr ardd fawr tu cefn i'r tŷ. Roedd ein tŷ ni ar ben y rhes a elwid yn Railway Terrace – am resymau amlwg, drws nesaf i Bethesda, capel y Bedyddwyr. Yn wahanol i'r tai eraill yn y rhes, roedd ein gardd ni'n ymestyn o gwmpas cefn y capel, gan roi llain fawr o dir ychwanegol at ein gwasanaeth. Bu hyn yn fendith fawr i'r teulu, yn arbennig pan dorrodd yr Ail Ryfel Byd yn 1939. Bu ymdrechion fy mam yn yr ardd yn fodd i ni gael bwyd ffres yn ystod yr haf a ffrwythau wedi eu cadw mewn poteli trwy'r gaeaf. Yr adeg yma, fodd bynnag, roedd cyflenwad dŵr y dre yn bur anwadal ac yn aml byddai gofyn i'r 'Town Crier', Dei Vaughan, gerdded trwy'r dre gyda chloch gan weiddi fod y cyflenwad yn cael ei dorri ar adegau penodedig er mwyn arbed dŵr. Yn aml iawn byddai angen cwtogi cymaint nes bod gwaharddiad llwyr ar ddyfrhau gerddi ac roedd hyn yn peri problem fawr i Mam. Ar adegau felly roedd galw arni i lenwi bwcedi a phadelli di-ri cyn bod y cyflenwad yn diflannu.

Daeth achubiaeth o fan annisgwyl un haf. Roedd bedyddfan capel y Bedyddwyr drws nesaf wedi ei leoli dan lawr y pulpud, â phibell yn ymestyn o'r bedyddfan allan drwy fur cefn yr adeilad er mwyn gwacáu'r dŵr ar ddiwedd y gwasanaeth bedydd. Oherwydd y prinder yr haf hwnnw, roedd gadael i'r adnodd gwerthfawr hwn ddiflannu i'r tir diffaith y tu cefn i'r capel yn wastraff mawr, ac felly dringodd Mam a fi dros y wal o'n gardd ni i ddal llestri o bob math o dan y bibell ac yna arllwys y dŵr gwerthfawr dros y llysiau. Os cofiaf yn iawn, cawsom gynhaeaf arbennig y flwyddyn honno.

Yn naturiol ddigon, roedd fy mrawd a'm chwaer yn gweld eisiau eu mam yn fawr iawn. Doedd hi ddim yn gwneud pethau'n haws iddynt fy mod i wedi cael fy ngeni ar ddiwrnod pen-blwydd eu mam, ond gwelai fy chwaer, Llywela, y babi newydd fel doli fyw ac roedd yn mwynhau'r gwaith o helpu i edrych ar fy ôl yn fawr iawn. Bu hi a Lynn yn fy ngwthio yn y pram am filltiroedd o gwmpas y dolydd islaw'r dre ac yn aml i lawr at Bontarddyfi. Roeddwn i'n gyfarwydd iawn â'r ffordd yma oherwydd, dri drws i lawr y rhes, roedd hen ŵr yn byw, George Caffrey, gyrrwr trên wedi ymddeol, ac roedd e'n mynd â fi yn aml yn y pram i lawr at y bont i weld yr afon. Ar ôl dod i mewn i'r tŷ ar ôl un o'r teithiau hyn, mae'n debyg i mi ddechrau cyfrif yn uchel: 'One, two, three, four, five … 'Ar hynny, dyma Mam yn rhuthro allan o'r tŷ a gweiddi, 'Mr Caffrey, Mr Caffrey, Emyr can count – and in English!' Gwenodd yr hen ŵr ac egluro ein bod ein dau wedi bod yn cyfri'r polion teligraff ar hyd y ffordd i lawr at yr afon. Gan nad oedd e'n siarad Cymraeg, roeddwn i wedi dysgu rhifo yn Saesneg – ac yn amlwg yn ddysgwr cyflym.

Dro arall, mae'n debyg fod fy mrawd a fy chwaer wedi mynd â fi yn y pram i lawr heibio Pontarddyfi a cherdded i gyfeiriad

Pennal. Wrth droi oddi ar y ffordd fawr ger tŷ o'r enw Hafoty, roedd lôn fechan yn mynd i lawr wrth lan yr afon tuag at fferm Dolgelynnen. Ychydig ymhellach ar hyd y lôn hon roedd gwifren yn croesi'r afon ac ynghlwm wrth y wifren hon roedd cwch bychan llawr gwastad, *punt* yn Saesneg. Wrth sefyll yn y cwch a thynnu ar y wifren roedd modd croesi'r afon.

Roeddem wedi cael aml rybudd gan Mam i beidio â mynd yn agos at yr afon ond, y tro hwn, penderfynwyd anwybyddu'r rhybudd a gosodwyd y pram, a finnau ynddo, yn y cwch gan ei dynnu wrth y wifren nes cyrraedd yr ochr arall. Byddai swyddogion Iechyd a Diogelwch heddiw wedi cael haint o weld y cwch sigledig yn croesi llif yr afon ddofn â llwyth mor simsan ar ei fwrdd. Ar ein ffordd adref ar draws y dolydd cefais siars gan fy mrawd a'm chwaer nad oeddwn i ddweud gair wrth Mam ein bod wedi bod yn y cwch bach. Mae'n amlwg fy mod yn deall y neges, oherwydd pan agorwyd y drws i ni fynd i mewn i'r tŷ rhedais trwodd i'r gegin a'm geiriau cyntaf oedd, 'Nag y'n ni wedi bod yn y cwch, Mam, naddo wir!' Dyna'r gyfrinach allan, wrth gwrs, a stŵr mawr yn dilyn.

Penderfynodd Lynn beidio â mynd ymlaen â'i yrfa yn yr ysgol, er iddo basio'r 'Matric', ac aeth i weithio yn y banc yn Nhywyn. Torrwyd ar ei yrfa bancio gan iddo orfod mynd i'r lluoedd arfog, a bu'n gwasanaethu am bedair blynedd yn India tan iddo, ynghyd â'r milwyr Prydeinig i gyd, adael y wlad pan ddaeth annibyniaeth. Bu adre am ychydig, ond yn fuan wedyn fe'i hanfonwyd i dreulio deunaw mis ar Gamlas Suez. Doedd y profiad o fod yn y mannau hyn ddim yn hawdd i filwyr o Brydain a chlywson ni fawr ddim ganddo am ei hanes yn y cyfnod hwn. Ailymunodd â'r banc ar ddiwedd ei wasanaeth milwrol a threulio cyfnodau yn Llanfair Caereinion, Caergybi, Llanbed, Caerffili, Abertawe, Porthcawl ac

Aberaeron, a gorffen ei yrfa fel rheolwr yn Llanidloes. Tra oedd yn Abertawe, priododd ferch o'r ddinas, Valerie, a chawsant dair o ferched.

Yn un ar bymtheg oed aeth Llywela i ddysgu nyrsio yn Sheffield, a bu yno am flynyddoedd lawer cyn dychwelyd i Gymru fel Ymwelydd Iechyd yn Abertawe. Ymfudodd wedyn i Ganada, lle bu'n byw am hanner can mlynedd. Cofiaf yn iawn fynd i Lerpwl i ffarwelio â hi yn 1955. Diwrnod trist iawn i ni i gyd oedd hwnnw gan y tybiwn mai dyna'r tro olaf y byddem yn ei gweld. Doedd croesi'r Iwerydd cyn dyddiau awyrennau jet ddim yn hawdd ac roedd cysylltiadau teliffon yn anodd dros ben hefyd. Aeth hi i fyw i ganol y wlad fawr honno a phriododd â ffermwr yno, gan godi dau o blant sy'n dal i fyw yn Rouleau, tref fechan ger Regina ar wastadedd Saskatchewan. Diolch byth, anghofiodd hi mo'i Chymraeg a bu'n unawdydd amlwg yn y cylch. Fel ei thad, bu hefyd yn arwain cymanfaoedd canu ledled talaith Saskatchewan a thalaith Alberta, ac rydym yn dal mewn cysylltiad â'r teulu

Yn ôl adre ym Machynlleth, fel crwt llawer iau na'm brawd a'm chwaer, pan adawsant y cartref fe welais eu heisiau'n fawr. Ond roedd adeg y Nadolig yn achlysur arbennig iawn yn ein tŷ ni pan fyddent yn dod adre i dreulio'r gwyliau. Roeddent ill dau wedi etifeddu dawn gerddorol eu rhieni – roedd eu mam yn ddawnus ar y ffidil – a rhwng llais swynol Llywela a meistrolaeth Lynn ar y piano, roedd y tŷ'n llawn cerddoriaeth a hwyl. Yn ystod ei chyfnod yn Abertawe bu Wela, sef ein henw ni arni, yn aelod o gorws Cymreig y BBC a datblygodd Lynn i fod yn organydd penigamp. Cofiaf yn dda ei fod ef a Nhad yn cystadlu â'i gilydd i ddewis tonau i fynd gyda'r emynau yn llyfr y Methodistiaid Calfinaidd. Nid yn unig medrent enwi nifer o donau fyddai'n mynd gydag unrhyw emyn ond gallent hefyd gyfeirio atynt wrth eu rhifau yn y llyfr.

Er bod y cyfle i glywed cerddorfeydd yn brin, byddem yn manteisio ar bob cyfle i wrando ar gerddoriaeth glasurol fyw, er enghraifft pan fyddai Cyngor y Celfyddydau yn anfon cerddorion ar daith heibio i Fachynlleth. Roedd Adran Gerdd Coleg Aberystwyth hefyd yn fodd i ni gael cyngherddau gan grwpiau llinynnol o bryd i'w gilydd. Cofiaf un digwyddiad anffodus ar un o'r achlysuron hyn yng nghapel y Tabernacl – yr adeilad sydd yn awr yn Ganolfan Gelfyddydol y Tabernacl ac o fudd mawr i'r ardal ar ôl diflaniad hen neuadd y dref. Roedd arweinydd y grŵp cerddorol yn y pulpud ac wrth fynd i hwyl a phwyso ymlaen dros flaen y pulpud, yn sydyn dyma'i ddannedd gosod allan o'i geg ac yn hedfan i lawr i'r sêt fawr o flaen ei wraig oedd yn canu'r ffidil islaw. Y cyfan a glywyd wedyn gan y gynulleidfa oedd yr arweinydd yn gweiddi ar ei wraig, 'Pick 'em up, Ethel. Pick 'em up!' A dyma hi'n gafael yn y dannedd gosod rhwng bys a bawd a mynd â nhw i fyny i'r pulpud at ei gŵr. Ofnaf nad wyf yn cofio llawer am y cyngerdd ond gwnaeth anffawd y dannedd gosod gryn argraff ar 'hen gòg bech'.

Pennod 2

Machynlleth yn y Rhyfel

Er mai pymtheg mis oed oeddwn i pan ddechreuodd yr Ail Ryfel Byd, mae gen i gof plentyn o flynyddoedd olaf y brwydro. Digon llwm oedd bywyd bryd hynny gyda'r blacowt yn rheoli yn ystod y nos a sŵn awyrennau'r gelyn yn tarfu ar ein cwsg wrth iddynt hedfan ar eu ffordd i ymosod ar Lerpwl a dinasoedd eraill. Gan ei fod wedi gwasanaethu yn y Rhyfel Cyntaf, fe wnaed fy nhad yn sarjiant yn yr Home Guard, a mawr oedd ein diléit ni'r plant yn gweld pobl gyfarwydd i ni bob dydd wedi eu gwisgo mewn lifrai milwrol yn gorymdeithio trwy'r dre ar achlysuron arbennig. Fel gyda'r gyfres deledu ddoniol, wn i ddim beth fyddai wedi digwydd pe bai'r gelyn wedi ymosod ar Fachynlleth, ond roedd gweld y criw yn eu hymarferion yn siŵr o fod yn rhywfaint o gysur i'r trigolion.

Un o'r achlysuron pwysig oedd y *Church Parade* a mawr oedd y paratoadau yn ein tŷ ni: Nhad yn rhoi sglein arbennig ar ei esgidiau a Mam yn smwddio'r lifrai ar gyfer yr orymdaith. Yna, un bore Sul, wedi gweld fod ei iwnifform yn drwsiadus a phasio archwiliad Mam, dyma Nhad allan o'r gegin ac at ddrws y tŷ gan afael yn ei het feddal oddi ar y bachyn arferol a cherdded yn sionc i fyny'r stryd yn ei lifrai milwrol – a'i het bob dydd ar ei ben. Trwy drugaredd, daeth Mam allan o'r gegin, gweld beth oedd wedi digwydd, a rhedeg i fyny'r stryd â'i het filwrol yn ei llaw yn gweiddi arno i newid ei het cyn iddo gyrraedd yr eglwys. Fe'i daliodd wrth ddrws yr eglwys, cyn bod gormod o bobl yn ei weld, gobeithio.

Yn ogystal â chynnal ymarferion, un o ddyletswyddau'r sgwad oedd bod ar ddyletswydd yn y Drill Hall dros nos, yn barod i danio'r seiren pe bai cyrch awyr yn agosáu. Byddai dau berson ar ddyletswydd yno bob nos, a phob aelod o'r sgwad yn cymryd ei dro i gysgu ar welyau a osodwyd ar lawr y neuadd. Y drefn arferol oedd fod un aelod yn cadw'n effro i ateb y ffôn tra oedd y llall yn cael ychydig o gwsg. Roedd trefn arbennig i'r galwadau ffôn. Bob hyn a hyn byddai'r neges 'Air raid warning white' yn dod, i ddangos fod popeth yn dawel. Pe bai cyrch awyr yn agosáu, byddai'r rhybuddion yn mynd trwy'r lliwiau – melyn, gwyrdd ac yn y blaen nes cyrraedd y rhybudd eithaf: 'Air raid warning red'. Golygai hynny fod awyrennau'n union uwchben, ac yna byddai'n rhaid canu'r seiren er mwyn i bawb yn y dre gymryd lloches. Un noson, roedd fy nhad a'r ciwrat lleol ar ddyletswydd a thro'r ciwrat oedd ateb y galwad nesaf. Canodd y ffôn a chlywodd fy nhad lais y ciwrat yn dweud, 'Na, na, na, does neb o'r enw yna yma.' Ar ôl dweud hyn ddwywaith neu dair trodd at fy nhad a gofyn, 'Mr Jenkins, does 'na neb o'r enw Miss White yma, oes e?' *Dad's Army* go iawn! Daeth yr ifaciwîs i Fachynlleth fel i lawer lle yng Nghymru yn y cyfnod hwn a thyrrodd pobl y dre i'r Drill Hall i'w cyfarfod. Roedd y broses o'u dosbarthu yng ngofal Mrs Grindrod, gwraig awdurdodol oedd yn goruwchlywodraethu ar wragedd y WRVS yn y dre. Cefais fy atgoffa o'r broses ddosbarthu hon wrth wylio'r ffilm *Bedknobs and Broomsticks* yng nghwmni fy wyres. Daethom o'r cyfarfod hwnnw gyda dau frawd bach o Birkenhead. Pan ddeallasom mai John oedd enw un a Fred oedd y llall, daeth 'John a Fred o Birkenhead' yn aelodau ychwanegol o'r teulu am gyfnod.

Yn rhyfedd iawn, flynyddoedd yn ddiweddarach, pan es i'r Wyddgrug i gyfarfod cyhoeddus yn ymwneud ag Eisteddfod Genedlaethol 1991 daeth gŵr ataf gan ofyn, 'Are you the Emyr Jenkins who used to live in Machynlleth?' Dywedais taw fi oedd hwnnw a chyflwynodd ei hun i mi, sef John Edwards, un o'r ifaciwîs fu'n aros gyda ni bron hanner canrif ynghynt. Roedd wedi gweithio fel peiriannydd yng ngwaith Monsanto cyn ymddeol, ac roeddwn yn falch o ddeall fod ei frawd Fred hefyd yn iach. Rydym yn parhau i fod mewn cysylltiad.

Un o uchafbwyntiau'r cyfnod hwnnw oedd gweld lorïau'r milwyr Americanaidd yn dod trwy'r dre ar eu ffordd i'r gwersyll yn Nhonfannau. Dyma'n cyfle ni, fechgyn, i sefyll ar ymyl y ffordd yn gweiddi, 'Any gum chum?' wrth i'r fintai hir ymlwybro heibio, ac yn wir fe daflwyd ambell becyn atom. Mawr oedd y dathlu bryd hynny, gan fod pethau felly'n brin dros ben – doedd dim llawer o felysion i'w cael ar y llyfr dogni.

Roedd un o aelodau ein capel ni, Capel Maengwyn, yn beilot yn yr awyrlu a daeth adre ar wyliau un tro. Wrth ei groesawu i'r cwrdd, dywedodd un wraig wrtho ei bod yn synnu nad oedd y gelyn wedi bomio Machynlleth gan fod gennym ffatri fechan yno'n gwneud darnau i awyrennau. Wrth bwyntio'i fys at y nen, ei ateb angharedig braidd oedd, 'Mrs Jones fach, pe baech chi i fyny fan 'na, yn edrych i lawr ar Fachynlleth fa'ma, fe gredech ei fod wedi cael ei fomio'n barod!'

Pan ddaeth y cyhoeddiad fod y rhyfel yn Ewrop wedi dod i ben, cofiaf yn dda i mi gael fy nghodi o'r gwely a mynd allan i weld fod bechgyn ifanc y dre wedi rhoi Penrallt, y bryn ger y dre, ar dân i gyd a golau'r fflamau'n goleuo tref oedd wedi byw mewn tywyllwch am flynyddoedd. Cof arall o'r adeg yma yw'r cyfarfodydd a gafwyd i groesawu'r carcharorion rhyfel adref: Neuadd y Dref yn orlawn a chyngherddau dathlu yn para tan yr oriau mân.

Fy ffrindiau yn y cyfnod yma oedd Hefin, mab y garej oedd ar ben arall y rhes dai, ac Alun Briwnant, oedd yn byw drws nesaf ond un i ni. Tu cefn i'n teras ni roedd caeau bras gwaelod Dyffryn Dyfi, paradwys i fechgyn i grwydro'n rhydd, hynny yw, os na fyddai'r ffermwyr yn ein dal a'n hanfon adre. Yng nghornel un o'r caeau hyn roedd gweithdy William Wmffres, saer coed ac ymgymerwr oedd yn gwneud, ymhlith pethau eraill, eirch ar gyfer angladdau. Wrth sleifio i mewn i'r gweithdy gwelem ddarnau o'r eirch hyn yn pwyso yn erbyn y waliau ac yno hefyd oedd rhai o'r bwlynnau arian a roddid ar gaeadau'r eirch er mwyn cuddio'r sgriwiau. Roedd siâp y bwlynnau bach hyn yn debyg iawn i gwpan pêl-droed arian, a rhoddwyd un i ni. Fe fuom ni'n chwarae cicio pêl am flynyddoedd gyda bwlyn arch yn wobr i'r buddugol.

Un tro, cafodd Hefin afael ar bishyn chwech a phrynu pecyn o sigaréts Woodbine a blwch matsys – ond roedd gennym broblem: doedd dim lle clyd a sych ar gael i'w gadw dros nos. Felly bu'n rhaid eu smygu i gyd y noson honno. Ar y lôn at iard William Wmffres roedd sgerbydau nifer o hen foduron, ac i mewn i un o'r rhain â ni. Mae'n debyg fod cwmwl o fwg sigaréts yn codi o'r sgerbwd car yma am awr neu fwy gan ddynnu sylw Sarjiant Davies yng ngorsaf yr heddlu ar draws y ffordd. Gwyddai'n iawn beth oedd yn digwydd oherwydd fore trannoeth, yng ngwasanaeth boreol yr ysgol, dyma Nhad yn cyhoeddi ei fod am i'r bechgyn hynny fu'n smocio'r noson cynt yn iard William Wmffres ddod i sefyll o flaen yr ysgol i gyd – stŵr deublyg i mi pan ddaeth adre a dweud wrth Mam!

Pedwar arall o'm ffrindiau ysgol oedd Hywel Lloyd Williams ac Iwan Roberts, hwythau fel Hefin wedi ein gadael erbyn hyn – a Gareth Jones ac Eurwyn Williams. Roedd Hywel yn fab i Idris Lloyd Williams, gweithiwr banc, a Gwladys, cantores adnabyddus a hanai o Langefni. Teimlais dristwch mawr pan gafodd ei dad ddyrchafiad yn ei waith a symud Hywel a'r teulu i'r Bala bell. Roedd Iwan flwyddyn yn iau na fi ac, fel finnau, yn mynd i Gapel Maengwyn. Clywais e'n sôn ambell waith am Yncl Tom, ewythr iddo, ac roedd hi'n flynyddoedd cyn i mi sylweddoli mai cyfeirio roedd e at Syr T. H. Parry-Williams. Ar ôl graddio mewn peirianneg yn Abertawe ymfudodd i Galiffornia gan briodi Americanes a chodi teulu di-Gymraeg yno. Tybed ydyn nhw'n gwybod pwy oedd Yncl Tom? Roedd Gareth yn byw yn Nhreowain ym mhen ucha'r dre, eto'n mynychu Capel Maengwyn, ac erbyn hyn wedi cael gyrfa fel meddyg teulu yng Nghaint. Roedd yn gricedwr da ac wrth fowlio byddai'n rhedeg yn weddol hamddenol at y wiced cyn gollwng pelen fel roced at y batiwr – boi da i'w gael ar eich ochr chi. Roedd Eurwyn yn byw mewn tŷ o'r enw Plas Forge, ryw ddwy filltir o'r dre ar y ffordd i Ddylife, a mawr oedd yr hwyl pan oedd Hefin a minnau'n mynd ar ein beiciau i chwarae yn y goedlan fawr wrth ymyl y tŷ a chael te gan ei fam. Wedyn, beicio nerth ein coesau adre cyn iddi dywyllu.

Cyflogwr mwya'r dre oedd y rheilffordd, ac roedd yr orsaf yn derminws i reilffordd y Cambrian a âi i fyny arfordir Bae Ceredigion i Bwllheli. Oherwydd agosrwydd y tŷ at y rheilffordd, rheolid ein bywyd gan amserlen y trenau. Doedd dim angen oriawr arnom. Pe byddwn i'n dal yn fy ngwely pan fyddai'r trên wyth yn mynd i lawr i Gyffordd Dyfi, neu'r 'Jynction' fel y'i gelwid gennym ni, byddai'n rhaid codi ar frys. Yn ystod y gwyliau roedd gweld y trên un o'r gloch o Aberystwyth yn dod i fyny drwy'r dyffryn yn arwydd ei bod hi'n amser cinio, a byddai'r trên deng munud i saith o Aberystwyth yn dweud wrthym ei bod yn bryd i ni fynd adre i'r gwely.

Roedd yr orsaf yn agos ac er i ni gael ein rhybuddio droeon o'r peryglon, roedd sleifio rhwng y wagenni yn yr iard yn antur gyffrous i ni'n blant. Islaw'r brif orsaf roedd gorsaf fechan arall, sef gorsaf Rheilffordd Corris, y lein fach oedd yn arfer cludo llechi o chwareli Corris ac Aberllefenni i lawr i'r cei ar afon Dyfi ger Derwen-las – y pwynt uchaf ar yr afon y medrai llongau ei gyrraedd. Roedd y cei ei hun wedi hen ddadfeilio, yn ogystal â'r rhan o'r rheilffordd fach o'r dre i lawr at Dderwen-las. Yr orsaf yn y dre, felly, oedd terminws y lein a ddilynai'r ffordd o Gorris i lawr i Fachynlleth. Er bod y cledrau wedi diflannu ers blynyddoedd bellach, gallwch weld olion ohonynt o hyd drwy sylwi ar y gwrych dwbl sy'n dilyn ochr y ffordd fawr mewn ambell fan. Yn ei thro, bu'r lein fach yn cario teithwyr yn ogystal â llechi. I ni, blant, roedd yr orsaf fechan hon yn nefoedd oherwydd roedd llawer o'r hen wagenni llechi wedi eu parcio mewn *siding* ar ychydig o allt. Pan nad oedd neb o gwmpas, ein diléit ni oedd dringo i mewn i un o'r hen wagenni, gollwng y brêc, a chael reid i lawr yr allt fechan. Byddai unrhyw un yn ei iawn bwyll wedi cael haint o'n gweld, ond, unwaith eto, doedd dim sôn am Iechyd a Diogelwch bryd hynny.

Deuai'r trên bach i lawr o Gorris â llwyth o lechi i'w dadlwytho ym Machynlleth, a mawr oedd yr hwyl bryd hynny wrth siarad â'r gyrrwr a chael reid ganddo ar yr injan ambell dro cyn belled â'r bont rheilffordd oedd yn croesi afon Ddyfi. Wmffra oedd enw'r gyrrwr a Mr Price Owen oedd enw'r giard, neu 'Price Fourpence' fel y'i hadnabyddid gennym ni, blant amharchus, oherwydd pan oedd y rheilffordd fach yn cario teithwyr yn ogystal â llechi, arferai gerdded i fyny ac i lawr wrth ochr y trên yn galw pris tocynnau'r daith, cyn casglu'r arian gan y teithwyr. Does ryfedd yn y byd fy mod wedi hoffi trenau drwy fy oes ac wedi manteisio ar y cyfle i'w defnyddio dros y byd.

Er fy hoffter o drenau, doedd dim awydd arnaf i yrru trên oherwydd fy niléit mawr arall oedd yr orsaf fysiau Crosville oedd yn agos i'n tŷ ni. Byddai gyrrwr bws bryd hynny'n eistedd mewn caban bychan yn y blaen, i ffwrdd o ddwndwr y teithwyr, ac yn arglwyddiaethu ar bopeth ar hyd y siwrnai tra byddai'r casglwr tocynnau yn delio â'r teithwyr. Buaswn wedi bod wrth fy modd yn cael eistedd yn y caban bach hwn yn gyrru anghenfil o fws trwsgl. Fy arwyr bryd hynny oedd y gyrwyr, yn eu plith: Evan Williams, Ochr Draw, oedd yn byw ar draws y ffordd i ni; fy nghefnder Llew Jones, Derwen-las, ac arwr plant yr ardal i gyd, sef Jac Evans, neu Jac Talybont – Jac oedd y gyrrwr cyflymaf o'r criw i gyd a byddech chi'n siŵr o gyrraedd pen y daith yn brydlon os byddai Jac yn gyrru. Wrth gwrs, pan soniaf am yrru'n gyflym roedd cyrraedd deng milltir ar hugain yr awr mewn bws yn cael ei ystyried fel mynd ar wib bryd hynny.

Un o uchafbwyntiau bob blwyddyn i ni fel teulu oedd mynd am wyliau. Er bod arian yn brin, roedd hon yn ddefod yr oedd fy nhad yn amharod iawn i roi'r gorau iddi, er gwaethaf anawsterau'r rhyfel. Byddem yn mynd i Landudno ar y trên weithiau, gan fynd â'n bwyd am bythefnos gyda ni mewn ces mawr lledr brown a bwysai dunnell. Y trip mwyaf cyffrous i mi, fodd bynnag, oedd cael mynd at deulu Nhad i Lanelli. Golygai hynny deithio trwy'r dydd ar fysiau – bws Crosville i Aberystwyth; bws Western Welsh am deirawr i Rydaman ac yna bws Rees & Williams i Lanelli – gwledd o fod ar fws!

Nid oedd hi'n syndod fod tad Hefin, ac yntau'n berchennog garej, yn hoff iawn o geir anarferol. Un diwrnod daeth modur hynod iawn i'r garej er mwyn ei arddangos yn y ffenest flaen – Hudson Terraplane! Doeddwn i erioed wedi gweld y fath fodur o'r blaen, a bu mawr gylchdroi o'i gwmpas ac edmygu'r gwahanol nodweddion. Un o'r rheini oedd y sêt fach y tu allan i gorff y car, yn y gist cefn. Mawr fu'r pledio ar Hugh Jones i fynd â Hefin a fi am reid yn eistedd yn y gist, yn yr awyr agored. O'r diwedd cytunodd, a chofiaf y reid honno am byth, er iddi bara prin gwta chwarter awr. Am flynyddoedd wedyn methais weld modur tebyg. Dechreuais gredu fy mod wedi breuddwydio'r holl beth tan tua dwy neu dair blynedd yn ôl, a ninnau ar wyliau ar ynys Madeira, a beth welais yn cael ei arddangos mewn ffenest ond Hudson Terraplane mewn cyflwr penigamp! Roeddwn i ar ben fy nigon!

Erbyn hyn roedd fy rhieni wedi ffurfio partneriaeth yn cydfeirniadu mewn eisteddfodau: Nhad yn feirniad canu a Mam yn beirniadu adrodd. Roedd hwn yn drefniant poblogaidd gan drefnyddion eisteddfodol gan mai un set o dreuliau fyddai ei angen, er i hyn beri trafferth mawr un tro. Gofynnwyd iddynt fynd i feirniadu mewn eisteddfod ym mhen draw'r sir, a chan nad oedd modur gennym bu'n rhaid llogi tacsi o garej tad Hefin. Gwaetha'r modd, roedd hon yn daith bellach nag a ganiateid gan y rheolau ar ddefnydd petrol adeg y rhyfel. Y canlyniad oedd i Nhad gael gwŷs i ymddangos o flaen ustus heddwch ardal yr eisteddfod. Aeth i'r llys a dadlau fod cynnal eisteddfodau'n bwysig i godi ysbryd trigolion yr ardal mewn cyfnod tywyll, ac yn wir gollyngwyd y cyhuddiad. Dywedodd fy nhad wrthyf ymhen rhai blynyddoedd wedyn, 'Jest cystal nad oedden nhw wedi gofyn i mi shwd lwyddes i gyrraedd y llys!'

Gan fod fy mrawd a fy chwaer bellach yn byw i ffwrdd, doedd neb adre i ofalu amdana i ac felly byddai'n rhaid i mi fynd gyda fy rhieni a threulio'r diwrnod a'r noson honno'n eistedd wrth fwrdd y beirniaid. Wrth gwrs, fyddai hi ddim yn steddfod dda pe bai hi'n gorffen cyn hanner nos, ac rwy'n cofio'n glir y tro cynta i mi weld y wawr yn torri wrth i ni ddod tuag adre o eisteddfod yn Sir Faesyfed.

Yn y cyfnod hwnnw byddai'n arfer i wragedd oedd yn ymddangos ar lwyfannau ddefnyddio'r teitl 'Madam' i ddynodi statws arbennig. Daeth galwad ffôn i'r tŷ un diwrnod gan ysgrifennydd eisteddfod oedd yn amlwg yn paratoi ar gyfer argraffu ei raglen. Atebodd Nhad y ffôn a chlywed llais yn gofyn, 'Mr Jenkins, ydy Mrs Jenkins yn Fadam?' Nid oes cofnod o'i ateb!

Rwyf wedi sôn eisoes fod afon Dyfi yn elfen bwysig yn fy mywyd cynnar. Yn ystod yr haf doedd dim byd yn well gennym ni na mynd i lawr i'r afon i ymdrochi. I fyny'r afon o Bontarddyfi roedd rhyw ddau canllath o lif dŵr tawel â gwely gwastad, caregog, ac yn y fan honno y ceisiem nofio. Chefais i erioed wersi nofio ac er fy mod yn medru rhyw ychydig erbyn hyn, anghofia i fyth y profiad bendigedig o geisio nofio yn erbyn llif tawel yr afon mewn dŵr fel grisial. Wrth nofio yn erbyn y llif roedd modd aros yn eich unfan a chael yr argraff o bwll diderfyn. Y dyddiau hyn mae gwneuthurwyr pyllau nofio'n mynd i gost fawr i greu llif dŵr o un pen i'r pwll i'r llall. Doedd dim rhaid i ni, blant, fynd i'r gost yna oherwydd roedd llif tawel yr afon ei hun yn rhoi'r un profiad i ni.

Yn y gaeaf, roedd tymer yr afon yn dra gwahanol. Bob gaeaf yn ddieithriad, byddai'n gorlifo'i glannau gan foddi'r ffordd a'r dolydd gerllaw a chreu anhrefn llwyr ar y ffordd o'r dre i lawr at y bont. Er i ddegau o filoedd o bunnoedd gael eu gwario i geisio atal yr afon, mae'n dal i orlifo'i glannau ac yn destun eitem flynyddol ar y newyddion. Ar adegau felly roedd gofyn i fodurwyr ar eu ffordd i'r gogledd droi tua'r Drenewydd wrth gloc y dre a mynd o gwmpas pentre bach Llanwrin cyn ymuno â'r ffordd i'r gogledd yr ochr arall i'r afon. Yn aml byddai'r demtasiwn o geisio osgoi hyn yn ormod i fodurwr mentrus, â'r canlyniad fod y gyrrwr, a'i fodur, wrth geisio mynd trwy'r llif, yn aros yn stond yn y dŵr. Bryd hynny byddai Hefin, Alun a finnau'n sefyll o gwmpas yn ein *wellingtons* yn barod i ennill swllt neu ddau drwy wthio'r modur allan o'r llif. Doedd y llifogydd ddim yn ddrwg i bawb!

Cofiaf i mi fynd i drafferth mawr unwaith yn rhagor, er i mi wneud hynny gyda'r cymhellion gorau. Cynhaliwyd raffl Nadolig fawr yn y dre un flwyddyn a phenderfynais brynu dau docyn allan o'm harian poced: un tocyn i mi a thocyn i Nhad. Yn ddiweddarach, sioc fawr i Nhad oedd darllen yn y *County Times* ei fod ef, prifathro, blaenor parchus a llwyrymwrthodwr, wedi ennill potel o whisgi! Dyna stŵr eto.

O gofio'r cefndir teuluol, byddai'n rhaid i mi, wrth gwrs, gystadlu yn yr eisteddfodau lleol, ar ganu, ar adrodd ac ar ganu'r piano. Er ei bod yn gystadleuol iawn, rhaid cyfaddef fod fy mam wedi dysgu i mi fod yn gollwr da. Byddwn i'n ennill ambell dro ond chlywais hi erioed yn dannod y beirniad pan fyddwn i'n colli. Roedd eisteddfodau'r Urdd wedi ailddechrau ar ôl y rhyfel ac roedd Aelwyd yr Urdd wedi agor yn Royal House. Dyma'r tŷ hynaf yn y dre, yn dyddio o 1404, tŷ oedd yn ein tyb ni, blant, yn llawn ysbrydion. Roedd y coridorau culion yn dywyll ac yn codi arswyd arnom ni, a byddem yn rhedeg nerth ein traed drwy'r mannau tywyllaf i gyrraedd yr ystafell ymgynnull ac ar ddiwedd y sesiwn yn rhedeg allan eto a'n gwynt yn ein dwrn.

Ailddechreuodd eisteddfodau Cylch a Sir ac, yn ffodus, enillais fy ffordd i'r Genedlaethol yng Nghorwen yn 1947. Aeth criw ohonom yno yng nghar Lewis Hywel Davies, aelod o deulu diwylliedig Llwyd o'r Bryn a'r brodyr Lloyd Owen. Mae'r drefn wedi gwella erbyn hyn, ond bryd hynny roedd y 'prilims' yn cychwyn yn blygeiniol ar fore'r gystadleuaeth. Cawsom groeso bendigedig mewn ffermdy cyfagos, a mawr oedd yr hwyl yn dysgu dawnsio coes brws tan yr oriau mân. Ar ôl rhyw deirawr o gwsg, doedd dim syndod na ddaethom yn agos at y llwyfan y flwyddyn honno.

Aeth Lewis Hywel Davies â ni yn ei gar wedyn i Eisteddfod Treorci, ac wrth deithio dros fynydd y Rhigos i Gwm Rhondda, ychydig a feddyliwn y byddwn yn dod mor gyfarwydd â'r lle flynyddoedd yn ddiweddarach. I Langefni wedyn, ac er i mi ennill fy ffordd i'r llwyfan yno ar adrodd ac ar ganu'r piano, fûm i erioed yn y safle cyntaf yn eisteddfod yr Urdd. Cefais well lwc, fodd bynnag, yn Eisteddfod Genedlaethol Dolgellau, 1949. Roedd chwe deg tri yn cystadlu ar adrodd dan un ar ddeg, ac yn ddiweddarach clywsom fod un o'r beirniaid, D. Jacob Davies, wedi gadael y rhagbrawf ar ei hanner, yn methu dioddef clywed yr un darn unwaith yn rhagor, gan adael y gwaith i'w gyd-feirniad, Norah Isaac. Wrth gerdded yn nerfus i'r llwyfan yn y pafiliwn mawr, digwyddais edrych tua rhes flaen y gynulleidfa a gweld fy ewythr Sam, brawd Nhad, yn eistedd yno'n gwenu fel giât. Roedd e'n hawlio wedyn mai ei bresenoldeb e yn y rhes flaen oedd wedi dod â'r wobr i mi.

Byddai fy ewythr Sam yn mynd i'r Eisteddfod bob blwyddyn ac yn 1953 aeth fy nhad a ninnau i'r Rhyl a chwrdd ag e ac Anti Mag yng nghapel Clwyd Street yn yr oedfa Sul foreol, cyn agor yr Eisteddfod y bore wedyn. Penderfynwyd y byddem i gyd yn mynd am drip y prynhawn hwnnw i Fetws-y-coed a chael te yno. Tynnwyd llun ohonom yno i nodi'r achlysur, a chytunwyd y byddem yn cwrdd y bore dilynol yn y pafiliwn yn seremoni agor y Brifwyl. Aeth fy rhieni a finnau i'r seremoni y bore wedyn ond doedden ni ddim yn gallu gweld cip o Sam yn unlle. Yn ddisymwth, daeth cyhoeddiad o'r llwyfan yn gofyn i Mr Llewelyn Jenkins fynd i swyddfa'r Ysgrifennydd Cyffredinol. Trodd fy nhad atom a dweud ei fod yn tybio mai newyddion am ei frawd Ben, oedd yn wael, oedd achos y cyhoeddiad. Pan ddywedodd yr Ysgrifennydd wrtho fod Sam wedi marw'n sydyn y bore hwnnw, gwrthododd fy nhad gredu hynny, gan daeru mai am Ben yr oedd yn sôn. Bu am amser cyn credu fod y brawd oedd wedi bod yn llawn hwyl gyda ni y prynhawn cynt wedi cwympo'n farw yn yr ystafell ymolchi yn y l9ety wrth baratoi i ddod i'r Eisteddfod.

Yn naturiol ddigon, dyna'r cyfan a welwyd o Eisteddfod 1953 ac ar ddydd Iau'r ŵyl, roeddem yn yr angladd yn Llanelli. Tra oeddem o gwmpas y bedd, daeth nodyn o gwmpas y teulu i ddweud fod y brawd arall, Ben, wedi marw yn Staines, ger Llundain. Bu colli dau frawd o fewn yr un wythnos yn ergyd fawr i Nhad gan eu bod yn agos iawn fel teulu, ond yn awr roedd angen gwneud paratoadau ar gyfer ail angladd.

Mae fy nghysylltiad â'r Eisteddfod Genedlaethol felly'n dyddio o 1949, ac ar ôl ennill yn Nolgellau cefais yr ail wobr yn Aberystwyth yn 1952 ac yna'r drydedd wobr fel aelod o gyflwyniad llafar yn Eisteddfod Wrecsam yn 1977. Sylweddolais yn gyflym iawn fod patrwm anffodus yn datblygu erbyn hyn, a phenderfynais yn y fan a'r lle mai dyna'r tro olaf y byddwn yn cystadlu ar lwyfan y Brifwyl.

Er i mi gystadlu ar ganu'r piano pan oeddwn i'n ifanc, rhaid cyfaddef mai pianydd anfoddog iawn oeddwn i, yn bennaf oherwydd nad oeddwn yn hoffi fy athrawes, Miss Beatrice Davies. Roedd hi'n byw gyda'i chwaer ar y Gruthyn ym Machynlleth, tu cefn i gofeb rhyfel y dre. I mi, roedd y wers wythnosol yn artaith bur. Byddai fy athrawes yn eistedd wrth fy ochr gyda gwäell wau fawr yn ei llaw, a theimlais ei hergyd yn aml ar draws fy mysedd wrth wneud camgymeriad. Os oedd y gwersi'n artaith, roedd ymarfer rhwng gwersi'n artaith fwy fyth. Rhygnu arni fu fy hanes, o wers i wers ac o arholiad i arholiad, tan i fy rhieni sylweddoli o'r diwedd nad oeddwn yn mynd i ddilyn fy mrawd a mwynhau eistedd wrth y piano. Er mawr ryddhad i mi, cefais roi'r gorau i'r gwersi.

Yn ystod y cyfnod hwn daeth llanc ifanc i letya gyda'r ddwy Miss Davies. Roedd ganddo swydd yn gweithio yn y ffatri fach leol fel dyn *time and motion*. Ei enw oedd Tom Glynne Davies, neu T. Glynne, fel yr adnabyddid ef yn ddiweddarach. Cyflwynwyd ef i Mam a Nhad a'r cwestiwn cyntaf wrth gwrs oedd, 'I ba gapel y'ch chi'n mynd?' Dywedodd mai i'r capel Methodist yn Llanrwst yr oedd e'n perthyn ac fe'i perswadiwyd i ddod i gapel Maengwyn gyda ni. Wedi deall nad oedd ganddo lyfr emynau, dyma Mam yn rhoi benthyg un iddo, a gwaetha'r modd ni chafodd hi mohono yn ôl. Am weddill ei hoes, pan glywai T. Glynne ar y radio, neu y darllenai am ei yrfa lenyddol, yr un oedd ei chri, 'Dyna'r dyn sydd â'm llyfr emynau i!'

Daeth T. Glynne atom i'r Aelwyd ac efallai nad yw pawb yn cofio fod ganddo lais tenor hyfryd. Yn wir, mae gen i gof iddo ennill gwobr yn Eisteddfod Genedlaethol yr Urdd tra oedd e ym Machynlleth. Dyma'r cyfnod y cwrddodd â'i wraig, Mair, oedd yn byw yng Ngheinws, pentre ar y ffordd o Fachynlleth i Gorris. Priododd y ddau a ganwyd eu mab hynaf, Gareth Glynne, yn ysbyty'r dref. Pharhaodd yr yrfa *time and motion* ddim yn hir.

Aeth T. Glynne i newyddiadura yn fuan wedyn ac ymlaen i ennill y goron yn Eisteddfod Llanrwst yn 1951. Flynyddoedd yn ddiweddarach bûm yn cydweithio gyda T. Glynne a Gareth ar staff y BBC yng Nghaerdydd – byd bach!

Elfen bwysig arall yn fy mywyd yn ystod y cyfnod hwn oedd y capel – Capel Maengwyn. Ein gweinidog ar y pryd oedd y Parchedig W. J. Thomas, dyn a'i bregethau mor swmpus ag e. Bu ef a'i wraig yn weithgar iawn yn ein plith fel pobl ifanc. Ond O! roedd ei bregethau yn ddwfn ac yn hir! Roedd oedfa bore Sul yn dechrau am ddeg a byddai fy nghalon yn suddo wrth ei glywed, am ugain munud wedi un ar ddeg yn cyhoeddi, 'Ac yn ail ...'! Sylweddolai fy nhad nad oedd pregethu hir a dwfn yn fodd i fy nenu i'r oedfaon a gwnaeth ei orau i ennyn diddordeb trwy ofyn i mi osod rhifau'r emynau a'r tonau ar y byrddau bob ochr i'r pulpud cyn dechrau pob oedfa. Pan oeddwn yn hŷn, fi oedd yn cael casglu ar ein hochor ni o'r capel. Roedd gen i un ddyletswydd arall pan fyddai'r cyflenwad trydan yn methu, digwyddiad pur fynych bryd hynny. Fi fyddai'n rhedeg i fyny i'r llofft a thrwy'r drws bach y tu cefn i'r organ at y fegin ac yn pwmpio honno gymaint ag y medrwn. Wedi i'r Parchedig W. J. Thomas adael i fynd i Lan Ffestiniog, daeth y Parchedig William Williams yn weinidog atom, gyda'i deulu o dri o blant bach: Gwynn ap Gwilym, y prifardd cadeiriog; Ifor ap Gwilym, y cerddor adnabyddus; a'r babi, Lona Gwilym.

Rhwng mynd i ddwy oedfa ac Ysgol Sul yn y prynhawn, roedd fy Suliau yn llawn iawn. Roedd yna griw ohonom tua'r un oedran ac rwy'n ofni fod y bywyd cymdeithasol yn bwysicach i ni na'r ochr grefyddol. Rhwng casglu at y Genhadaeth, y Band of Hope wythnosol, y trip blynyddol a'r Ysgol Sul, roedd bywyd yn brysur iawn. Un o uchafbwyntiau'r wythnos oedd mynd am dro gyda'r criw ffrindiau ar ôl yr Ysgol Sul, yn fechgyn a merched, i lawr i Bontarddyfi neu o gwmpas gerddi'r Plas. Yn sgil hyn, byddwn yn arfer edrych ymlaen at fynd i'r Ysgol Sul, ond roedd mynd i'r oedfa bore a nos yn fater gwahanol, a threuliais sawl oedfa yn cyfri pibau'r organ neu'n cyfri sawl emyn gan William Williams oedd yn y llyfr emynau – rhyw ddau gant ac ugain, os cofiaf yn iawn. Byddai'n rhaid dysgu adnod hefyd ar gyfer oedfa'r bore a mynd i sefyll o flaen y sêt fawr i'w hadrodd. Er fy mod yn ystyried hyn yn benyd ar y pryd, rhaid cyfaddef i'r arfer fy mharatoi ar gyfer sefyll o flaen cynulleidfa, ac mae rhai o'r adnodau hynny'n aros yn fy nghof hyd heddiw.

Deuai nifer o bregethwr dieithr yn eu tro i Faengwyn, ond roedd dau arbennig yn arwyr i mi. Rwy'n ofni na chofiaf fawr am eu pregethu ond roedd clywed y Parchedig Owen o Langurig yn cyrraedd ar ei foto-beic ac yn cerdded yn swnllyd i lawr i'r blaen yn ei legins lledr, gan osod ei helmed yn y sêt fawr cyn dringo i'r pulpud, yn creu argraff arnaf bob tro. Yr arwr arall i mi oedd y Parchedig Tudor Jones, Llanidloes, a hynny am y byddai wastad yn parcio'i gar MG o flaen yr addoldy. Flynyddoedd yn ddiweddarach roedd Myra a minnau'n aelodau gyda'i frawd, Lodwig Jones, yng Nghaerdydd a'r peth od oedd fod ganddo yntau hefyd MG.

Uchafbwynt y flwyddyn yn y capel oedd trip blynyddol yr Ysgol Sul. Nid ein capel ni yn unig fyddai'n mynd ar y trip. Byddai pob capel yn y dre –Maengwyn, y Graig, y Tabernacl, Bethesda, a'r Presbyteriaid Saesneg, ynghyd ag Eglwys Sant Pedr, yn ymuno i logi fflyd o fysiau, neu'n aml drên cyfan, i fynd i lefydd egsotig fel Southport, y Rhyl, Pwllheli, neu'r Bermo. Bryd hynny gadewid Machynlleth fel y *Marie Celeste* gynt, yn hwylio'r cefnfor heb neb ar ei bwrdd. Ar ddiwrnod felly, byddai'r brechdanau a'r diodydd a fwriadwyd i'n cynnal ni drwy'r dydd wedi eu bwyta yn yr awr gyntaf, ond byddem yn gwneud iawn am hynny drwy loddesta ar greision, pop, a'r peth hudol diweddaraf, sef *candy floss*. Deuem adre ar ddiwedd y dydd â'n pocedi'n wag, ond wedi cael diwrnod i'w gofio.

Yr un mor bleserus, er yn llai uchelgeisiol, pan ddaethom ychydig yn hŷn, oedd trip ein dosbarth Ysgol Sul. Bryd hynny, byddem yn cerdded dros yr Wylfa, bryn bach i'r de o'r dre, draw i gwm Llyfnant, lle roedd clwstwr bychan o dai mewn cwm bach cul. Yno byddai swper bendigedig o gig moch ac wy yn ein disgwyl yn ffermdy Tŷ Mawr. Cerdded adre fraich ym mraich wedyn, fel roedd y diwrnod 'hirfelyn tesog' yn dirwyn i ben – atgof hapus iawn.

Fel pob tref fechan arall, roedd Machynlleth yn llawn cymeriadau. Roedd gan y ffarmwr Dei Brown ddau gae lle byddai'n cadw ychydig o wartheg. Yn anffodus, roedd un cae yn y Forge, ryw filltir tu hwnt i ben ucha'r dre, a'r llall yng nghysgod y rheilffordd ar waelod y dre, tu cefn i'n tŷ ni. Bob dydd fe welwn Dei yn dod ar ei feic yn hamddenol braf i olwg ei wartheg. Yna, ymhen ychydig, byddai'n troi'n ôl am y Forge yn yr un modd â phedalau'r beic yn troi'n araf urddasol. Roedd hyn yn rhyfedd o beth i Mam, gan ei bod hi bob amser yn rhuthro o gwmpas yn llawn prysurdeb gyda'i gwaith tŷ. Un tro, soniodd Mam wrth Dei Brown ei fod bob amser yn symud yn hamddenol fel petai ganddo ddigon o amser i wneud popeth. Ei ateb oedd, 'Wel, Mrs Jenkins fach, dydw i ddim yn credu mewn lladd eich hunan i gadw'ch hunan.'

Cymeriad arall yn y dre bryd hynny oedd Sais o'r enw Mr Serphos. Roedd Mr Serphos wedi gwasanaethu yn y Rhyfel Byd Cyntaf, a gwaetha'r modd roedd yn dioddef o'r hyn a elwid yn *shell shock*, sef cyflwr a barai iddo ysgwyd o'i gorun i'w sawdl yn ddi-stop. Wn i ddim o ble ddaeth e na beth ddigwyddodd iddo, ond, i grwt fel fi, roedd ei weld yn crwydro'r dre yn gryndod i gyd yn wers gofiadwy am erchylltra rhyfela. Erbyn heddiw, mae'n siŵr y byddai wedi cael triniaeth a gofal, ond bryd hynny cael ei adael i grwydro ac i grynu oedd ei hanes.

Tra oeddwn i'n byw ym Machynlleth, daeth cymeriad lliwgar iawn i fyw yn y capel bychan ger Pontarddyfi, sef y Parchedig W. D. Davies, gweinidog gyda'r Hen Gorff oedd wedi bod yn athro yn y Coleg Diwinyddol yn Aberystwyth ar un amser. Ymddengys iddo adael y coleg o dan gwmwl rai blynyddoedd cyn dod i Fachynlleth. Roedd yn byw gyda'i bartner yn yr addoldy bychan hwn, gyda llen wedi ei dynnu ar draws llawr yr adeilad. Roedd y ddau'n byw yn hanner yr adeilad ac yn rhedeg caffi bychan yn y rhan arall. Oherwydd problemau yn ei fywyd blaenorol, dechreuodd alw'i hun yn W. D. P. Davies gan ddweud wrth bawb fod y 'P' yn sefyll am 'Pechadur' ac i ni, blant, roedd hyn yn ychwanegu'n fawr at y dirgelwch o'i gwmpas. Roedd yn bregethwr grymus a bu'n cynnal oedfaon ym mhob capel yn y dre ar wahân i Gapel Maengwyn, ein capel ni. Roedd pa drafferth bynnag yr aethai iddo yn y coleg yn Aberystwyth yn ei wneud yn *persona non grata* gyda'r Methodistiaid Calfinaidd. Antur fawr i ni felly oedd cerdded i lawr at Bontarddyfi, mynd i'r caffi am lasiad o bop, a sylwi fod llyfr clawr lledr ar yr un bwrdd mawr crwn yng nghanol y llawr, cyfrol yn dwyn y teitl, *The Ancient Order of Froth Blowers*. Mae'r capel bach yn dal yno hyd heddiw ond wedi bod yn wag ers y dyddiau hynny.

Cymeriad arall eto yn y dre oedd yr argraffwr lleol John Evans, neu 'John bach y printyr', fel y'i gelwid gan bawb. Roedd yn ddyn bychan o gorff, y drydedd, os nad y bedwaredd, genhedlaeth o'i deulu fu'n argraffu cardiau a phosteri yn y gweithdy bychan yng nghanol Stryd Maengwyn. Dechreuwyd y busnes gan un o'i gyndeidiau, Adam Evans, a bathwyd y rhigwm hwn amdano:

> Adda'r cyntaf ddaeth o'r ddaear,
> Adda'r ail a ddaeth o'r ne';
> Ond am Adda bach Machynlleth,
> Ni ŵyr neb o ble daeth e'.

Pennod 3

Mab y Sgwlyn

Mae llawer wedi ei ysgrifennu am feibion y mans, ond ychydig o sôn fu am feibion tŷ'r ysgol neu, yn fy achos i, am fab y Sgwlyn. Gan fod fy nhad yn brifathro'r ysgol gynradd, roedd hynny'n bwysau trwm ar fy ysgwyddau o'r diwrnod cyntaf yr es i'r ysgol yn gafael yn ei law. Gwrthodais fynd gydag ef ar yr ail ddiwrnod, a chlywais wedyn ei fod wedi fy nilyn o hirbell i wneud yn siŵr fy mod yn cyrraedd yr ysgol yn ddiogel. Fy uchelgais fawr bryd hynny oedd cael fy nerbyn yn un o'r bechgyn, i'r graddau i fi gael fy nghlywed un bore yn rhedeg i mewn i iard yr ysgol a gweiddi, 'Newyddion da, fechgyn, mae fy nhad yn sâl!' Wrth gwrs, daeth hyn i glustiau fy nhad pan ddychwelodd i'w ddyletswyddau, a dyna lle cododd problem arall. Pe bawn i'n cambihafio yn yr ysgol a chael stŵr am wneud hynny, byddai Nhad yn sôn wrth Mam, a dyna stŵr arall gartre wedyn.

Yn ystod un gaeaf caled, a'r eira'n drwch ar lawr, rhybuddiodd fy nhad ni'r plant rhag taflu peli eira yn yr iard, gan fod y graean ar lawr yr iard yn debygol o fod yn gymysg â'r eira ac y gallai beri anaf i darged y belen. Gwaetha'r modd, bu'r trwch o eira'n ormod o demtasiwn i rai ohonom amser chwarae, a mawr oedd yr hwyl yn taflu peli eira. Canodd y gloch a daeth fy nhad allan o'r adeilad i'n tywys ni yn ôl i mewn a chamu'n syth i mewn i belen eira oedd eisoes ar ei ffordd! Trodd o gwmpas fel mellten a'm gweld i'n sefyll yno'n syfrdan gyda dwy belen eira, un ym mhob llaw. Er i mi bledio'i bod yn amlwg nad fi daflodd y belen a'i trawodd gan fod fy nwylo'n llawn, bu'n rhaid i mi ddioddef gwarth yr ysgol i gyd, a sefyll am weddill y bore o flaen y llwyfan yn y neuadd fel rhybudd i bawb arall. Wrth gwrs, aeth y stori hon hefyd adre at Mam – a dyna gosb ddeublyg.

Er i mi wneud fy ngorau i ymbellhau oddi wrth awdurdod, sylweddolais yn fuan nad oedd modd i mi wneud hynny'n llwyr. Roedd disgwyl i mi fod yn wahanol, er mai fy uchelgais i oedd bod yr un fath â phob plentyn arall. Roedd disgwyl i mi wneud yn dda, a phan fyddwn yn cael rhywfaint o lwyddiant, yr ymateb fyddai, 'Ond beth y'ch chi'n ddisgwyl? Mae e'n fab i'r Prifathro.' Ac yna, pan nad oeddwn yn gwneud cystal â'r disgwyl, y gri oedd, 'Oni ddylai mab y Prifathro wneud yn well na hynny?' Fedrwn i ddim ennill, felly. Er hynny, credaf i mi fwynhau dyddiau'r ysgol gynradd ar y cyfan, yn arbennig y cyngherddau a'r perfformiadau Nadolig blynyddol. Roedd fy nhad yn benderfynol o gael pob plentyn i gymryd rhan yn y gweithgareddau hyn, ond doedd hynny ddim i fod ar draul addysg sylfaenol, sef ysgrifennu, darllen a rhifyddeg. Roedd cael meistrolaeth o'r sylfaen hon cyn mynd i'r ysgol uwchradd yn bwysig dros ben iddo ac er bod adrodd y tablau yn fy niflasu, mae'r gallu sylfaenol yma wedi profi ar ei ganfed i mi, fel ag i bawb arall o'r oes honno.

Mewn tref fechan fel Machynlleth, roedd pob plentyn yn mynd i'r un ysgol gynradd ac yn cael ei hunan mewn dosbarth o blant o'r un oedran ond o wahanol alluoedd. Byddem yn cael ein profi mewn 'arholiad' ar ddiwedd pob tymor a datblygodd tipyn o gystadleuaeth i gyrraedd safle parchus ar ddiwedd y flwyddyn. Dyw'r math hwn o gystadleuaeth ddim yn gymeradwy bellach ond, hyd y gwelais i, wnaeth e ddim drwg i ni bryd hynny. Byddai'r arholiad rhifyddeg yn creu problem i mi, fodd bynnag, a hynny hyd at fy arholiadau Lefel O. Mynnai fy nhad fy mod yn rhoi fy atebion ar y papur cwestiynau er mwyn iddo'u cywiro pan fyddwn yn cyrraedd adre. Roedd hynny'n iawn os oedd fy atebion yn gywir ond yn peri gofid mawr i mi os nad oeddent.

Mae ambell beth arall o'r cyfnod hwn yn aros yn y cof. Roedd fy nyddiau cynnar yn yr ysgol gynradd yn anterth y rhyfel ac roedd trefn arbennig gennym pe byddai cyrch awyr gan y gelyn yn dod ar ein traws yn ystod oriau ysgol. Pe byddai fy nhad yn derbyn rhybudd o gyrch awyr, byddai'n mynd at y piano yn y neuadd ac yn chwarae'n uchel arno gan chwythu ei chwistl yr un pryd. Ar unwaith byddai'r athrawon yn ein hysio allan o'r ystafelloedd dosbarth ac yn ein gorfodi i eistedd ar y llawr yn y coridorau cul tu fas i'r dosbarthiadau. Gan fod waliau cerrig i'r mannau hyn a dim ffenestri allanol, tybiwyd y byddem yn fwy diogel yno nag yn yr ystafelloedd dosbarth agored, llydan. Byddem yn eistedd yno tan y clywem y piano unwaith eto, ond y tro hwn heb y chwibanu. Mawr oedd yr hwyl wrth eistedd gyferbyn â'n gilydd yn y coridorau, ond dyn a ŵyr beth fyddai wedi digwydd pe bai bom wedi glanio ar yr adeilad. Trwy drugaredd, ddigwyddodd hynny ddim.

Wrth edrych yn ôl, mae dyn yn sylweddoli cymaint o fenywod dibriod oedd yn athrawon arnaf yn yr ysgol gynradd – Miss Thomas; Miss Ceridwen Jones; Miss Margretta Jones; Miss Edwards; Miss Venables; dwy Miss Oliver – menywod canol oed a fyddai, dybiwn i, wedi priodi pe na bai'r dynion o'u cenhedlaeth nhw wedi eu colli yn y Rhyfel Byd Cyntaf.

Atgof arall yw gaeaf 1947 a'r eira mawr, mor fawr nes bod y gweithwyr oedd yn ceisio clirio'r ffordd i lawr at afon Dyfi yn medru hongian eu cotiau ar y gwifrau teliffon. Roedd mynd i'r ysgol yn yr eira mawr yn hwyl wrth gwrs, a byddai Hefin a minnau'n mynd allan o'n ffordd i fynd ar hyd llethrau Penrallt er mwyn gorfod dringo trwy'r lluwchfeydd dyfnaf nes bod ein traed yn wlyb diferu er bod gennym *wellingtons*. Gan mai ychydig blant oedd wedi cyrraedd yr ysgol, roedd hi'n braf wedyn cael sychu o gwmpas tanllwyth o dân yn y dosbarth cyn wynebu'r siwrnai adre.

Yn ystod y blynyddoedd hyn byddai fy nhad yn dysgu trwy'r dydd ac yn dechrau gweinyddu ysgol o ddau gant o ddisgyblion wedi i bawb fynd adre – llwyth gwaith na fyddai neb yn ei ddioddef heddiw. Yn ogystal â'n trwytho mewn cerddoriaeth, roedd ganddo hoffter mawr o'r clasuron Saesneg. Ein gwobr ni fel y dosbarth *scholarship* ar brynhawn Gwener oedd cael dringo'r grisiau i'w stafell fechan ac eistedd ar y llawr i wrando arno'n darllen clasuron Saesneg fel *Treasure Island* a *King Solomon's Mines*. Roedd y sesiynau hynny'n rhywbeth yr edrychem ymlaen atynt drwy'r wythnos.

Yn ystod gwyliau'r ysgol doedd dyddiau gwlyb ddim yn broblem o fath yn y byd os oedd gen i lyfr i'w ddarllen. Doedd dim cymaint â hynny o lyfrau Cymraeg addas i blant o'm hoedran i i'w cael, ac felly roeddwn yn dotio ar lyfrau Richmal Crompton, *Just William*, a chofiaf hyd heddiw am un Nadolig pan gefais ddwy gyfrol fawr yn cynnwys pum nofel *Hornblower* gan C. S. Forester. Credaf i mi ddarllen y cyfan o fewn dyddiau.

Antur fawr yn y gwyliau oedd cael pishyn chwech gan Mam er mwyn i Hefin a fi fynd am daith ar fws Crosville yr holl ffordd i Gorris, chwe milltir i ffwrdd. Wedi cyrraedd yno, byddem yn crwydro o gwmpas y pentre tra âi'r bws ymlaen i Aberllefenni. Pan welem y bws yn dod yn ei ôl, byddai'n ras wyllt wedyn i gyrraedd stesion y lein fach er mwyn mynd adre. Coron ar y cwbwl fyddai gweld y trên bach yn pwffian ei ffordd ar y lein wrth ochr y ffordd rhwng Corris a'r dre.

Un cof clir arall sydd gen i yw'r ddefod oedd gan fy nhad ar ddiwrnod olaf y flwyddyn ysgol, cyn dechrau gwyliau'r haf. Ar y prynhawn olaf byddai cyfarfod i'r ysgol gyfan yn y neuadd. Ar ddiwedd hwnnw byddai fy nhad yn mynd at ddrws allanol yr ysgol gan ofyn i'r plant hynaf, y plant oedd yn gadael yr ysgol am y tro olaf, fynd allan gyntaf. Yna, byddai'n ysgwyd llaw pob plentyn oedd yn gadael ei ofal ac yn mynd i'r ysgol uwchradd. Mae'n bosib fod hyn yn digwydd ym mhob ysgol ond i mi, ac i lawer o'r plant eraill, mi wn, roedd hon yn ddefod fach emosiynol tu hwnt – er fy mod yn mynd adre i gael te gyda'r prifathro ymhen rhyw hanner awr.

Daeth y diwrnod mawr ac aethom fel criw i'r ysgol uwchradd am y tro cyntaf. Bob tro bydda i'n arogli lledr newydd, rwy'n cael fy atgoffa o arogl y sachell oedd dros fy ysgwydd wrth fynd i'r ysgol newydd. Yn yr 'ysgol fawr' roedd yna blant dieithr i ni, blant y dre. Roedd fflyd o fysiau yn dod â disgyblion o ardaloedd Llanbryn-mair; Cemaes ac Aberangell; o Sir Feirionnydd, sef Ceinws ac Esgairgeiliog, ac o Sir Aberteifi i lawr mor bell ag Eglwys-fach, ac er i'r carfanau hyn a'u hacenion tra gwahanol lynu at eu ffrindiau ar y dechrau, buan iawn y daethom yn gyfeillion ar draws y ffiniau daearyddol.

Bu'r blynyddoedd hyn yn llawn prysurdeb – gwaith ysgol, wrth gwrs, ond hefyd ddramâu'r ysgol, yr eisteddfod flynyddol a chwarae i'r tîm pêl-droed yn y gaeaf ac i'r tîm criced yn nhymor yr haf. Gan fod Machynlleth yng nghornel orllewinol Sir Drefaldwyn, roedd unrhyw gêm yn erbyn ysgolion eraill y sir yn golygu taith hir yn y bws – i'r Drenewydd, y Trallwm, Llanidloes, Llanfyllin neu i Lanfair Caereinion. Cafwyd ambell gêm yn erbyn Ysgol Ardwyn, Aberystwyth, ac Ysgol Tywyn hefyd, er ein bod, yn amlach na pheidio, yn cael ein curo'n rhacs gan yr ysgolion mwy hyn. Daethom yn gyfarwydd iawn â theithio'n bell yn y cyfnod hwn, ond roedd llawer o hwyl i'w gael ar y siwrnai. Cefais fy newis i chwarae criced i dîm Ysgolion Sir Drefaldwyn yn erbyn Ysgolion Sir Feirionnydd ar faes y marian yn Nolgellau, a chawsom ein chwalu gan dîm llawer cryfach. Yn yr ysgol y bore Llun wedi'r gêm, gofynnodd y Prifathro i mi sut oedd pethau wedi mynd? Pan atebais fy mod wedi sgorio chwe rhediad, ei ymateb swta braidd oedd, 'In the country of the blind ...'

Roeddwn i hefyd yn chwarae'n achlysurol i dimau pêl-droed a chriced y dre, a chofiaf un gêm griced pan oeddem yn chwarae yn erbyn tîm Eglwys-fach ar un o gaeau fferm Ynyshir. Y tîm lleol oedd yn batio, a daeth dyn â gwallt hir, gwyn, i'r llain gan sefyll o flaen y wiced mewn ffordd hen ffasiwn iawn, a'i ddwy droed yn wynebu'r bowliwr yr un ochr i'r bat. Dydw i ddim yn cofio sawl rhediad a wnaeth, dim ond i mi ddeall yn ddiweddarach mai R. S. Thomas, y bardd a ficer Eglwys-fach, oedd y batiwr hynod hwn.

Doedd rygbi ddim wedi cyrraedd Machynlleth eto; yn wir, roedd yn syndod i mi, flynyddoedd ar ôl gadael, weld y pyst rygbi ar faes chwarae'r ysgol. Cefais gyfle i chwarae pêl-droed i dîm y dre yn y Mid Wales League, ond torrodd gwaith ysgol ar draws fy ngyrfa fel pêl-droediwr – er na fuaswn i erioed wedi cyrraedd yr uchelfannau yn y gamp. Fy arwyr ar y pryd oedd chwaraewyr amatur o Fachynlleth fel Arthur Evans, capten tîm amatur Cymru am sawl tymor; y teulu Price – Ned, a chwaraeodd i Gymru droeon, Jimmy a Jackie, ei frodyr; Peter Rees hefyd, a chwaraeodd i Gymru, a Len Williams, chwaraewr oedd yn rheoli canol y cae yn union fel Billy Wright, capten Lloegr ar y pryd.

Pan oeddwn i tua deuddeg oed aethom i fyw i ben ucha'r dre, ac roedd i'r tŷ newydd un fantais fawr, sef ei fod yn union gyferbyn â chae pêl-droed y dre. Gallwn wylio'r gemau o fy ystafell wely – nefoedd pan oedd y glaw yn gwlychu'r ychydig wylwyr ar y cae yn swp diferu.

Yn Sefydliad Owain Glyndŵr yng nghanol Stryd Maengwyn roedd tri bwrdd snwcer, ond y farn barchus yn y dre oedd mai gwaith y diafol oedd gwastraffu amser drwy chwarae arnynt. Serch hynny, roedd y gamp honno yn fy nenu'n fawr a chefais fy hudo gan yr awyrgylch dawel a chlic y peli yn yr ystafell snwcer. Doeddwn i ddim i fod i fynd yn agos i'r lle ond llwyddais i sleifio yno droeon, gan ddod allan i'r stryd fawr yn llechwraidd rhag i neb fy ngweld.

Un o'r ychydig atyniadau eraill yn y dre ar y pryd oedd y sinema: Powys Cinema, lle bach iawn yn ôl safonau heddiw, gyda seddau i ryw gant o bobl. Pan oeddwn ymhlith y cant hynny, des i adnabod Hopalong Cassidy, Gene Autrey a'r Three Stooges. Gan nad oedd y lle ar agor ar y Sul, dangosid pob ffilm am ddwy noson, ac felly roedd tair ffilm yr wythnos i roi i ni gip ar fyd ffantasïol Hollywood a Pinewood. Nos Wener oedd y noson y byddwn i'n mynd yno gan amlaf ac roedd y ddwy awr hynny, o chwech tan wyth y nos, a bagiad o sglodion yn siop *chips* Mrs Evans ar y ffordd adre yn un o uchafbwyntiau'r wythnos. Yn ddiweddarach, wedi mynd i'r ysgol fawr, byddem yn cael mynd i'r seddau swllt a naw am naw ceiniog, a hynny'n gwneud inni deimlo'n freintiedig. Nid *usherette* oedd yno ond Sais o'r enw Mr Nunney, a byddai hwnnw'n cerdded i fyny ac i lawr y llwybr canol gan ein rhybuddio, 'I'll fetch yer out!' os byddem weithiau'n mynd dros ben llestri.

Agwedd arall a âi â'm sylw oedd cerddoriaeth gorawl. Roedd fy nhad wedi dilyn yr un trywydd ym Machynlleth ag a wnaethai yn Llanfyllin ac yn byw'r hyn a elwid gennym ni gartre yn fywyd y tair C: Capel, Côr, a'r Cyngor. Roedd yn godwr canu a blaenor yn y capel, yn arweinydd y Gymdeithas Gorawl, yn aelod, yn ddiweddarach yn Gadeirydd, ar Gyngor y Dre ac yn aml yn arwain cymanfaoedd canu.

Roedd Nhad yn awyddus iawn i dynnu pobl ifanc i'r côr, Cymdeithas Gorawl Machynlleth. Roedd hi'n arfer i'r côr berfformio oratorio bob blwyddyn mewn cyngerdd yn Neuadd y Dref gydag unawdwyr amlwg iawn, megis Bruce Dargavel, Constance Shacklock, Isobel Baillie, David Franklin a'r Gymraes, Ceinwen Rowlands. Yn naturiol, roedd yn rhaid i mi ymuno â'r côr i ganu gyda'r altos mewn perfformiadau o *Eleias*, *Requiem* Brahms, *Hymn of Praise*, ac wrth gwrs, *Meseia*. Yn ogystal â'r perfformiadau blynyddol hyn ym Machynlleth, roedd y côr yn rhan o Ŵyl Gerdd Sir Drefaldwyn a gynhelid yn y Drenewydd. Bryd hynny roedd corau cymysg y sir yn uno yn yr ŵyl flynyddol hon, dan arweiniad Reginald Jacques, ac yna, yn ddiweddarach, Syr John Barbirolli. Wrth edrych yn ôl roedd hwn yn brofiad gwerthfawr i grwt yn ei arddegau, ac un achlysur a gofiaf yn glir oedd i mi a fy ffrind Eurwyn fod yr unig fechgyn yn adran alto Côr Eisteddfod Genedlaethol Aberystwyth, 1952, dan arweiniad Charles Clements. Tynnwyd llun o'r côr ac fe'n gwelir ni'n dau fel dau smotyn du yng nghanol gwisgoedd gwyn yr altos, a hyd y dydd heddiw rwy'n fwy cyfarwydd â rhan yr altos na rhan y bas yn y *Requiem* gan Verdi.

Byddai ymarferion wythnosol y côr yn digwydd yn neuadd yr ysgol gynradd, ac yn ystod egwyl yn un o'r ymarferion daeth un o'r aelodau, yr offeiriad pabyddol lleol, at fy nhad a dweud wrtho fod cyfaill yn dod i ymweld ag e am ychydig ddyddiau yr wythnos ddilynol. Gofynnodd a fyddai modd iddo ddod ag e i wrando ar y côr yn ymarfer, a chytunodd fy nhad, wrth gwrs. Yna datgelodd yr offeiriad pwy oedd yr ymwelydd: neb llai na'r arweinydd cerddorfaol byd-enwog Arturo Toscanini! Wedi iddo ddod dros y sioc, gofynnodd fy nhad a fyddai Toscanini yn fodlon arwain y côr am ychydig, ac atebodd yr offeiriad y byddai'n siŵr o gytuno i wneud hynny.

Ar ddiwedd yr ymarfer, cyhoeddodd fy nhad y byddai'r ymarfer yr wythnos ddilynol yn dechrau hanner awr yn gynt na'r arfer a siarsiodd bawb i fod yn y neuadd yn brydlon – heb ddatgelu'r rheswm pam. Treuliodd yr wythnos honno mewn gwewyr, ond eto heb ddatgelu'r gyfrinach i neb. Daeth y noson fawr, ac wrth gael y côr i ymarfer darn neu ddau cadwodd fy nhad ei lygad yn ddisgwylgar ar y drws. Ymhen hir a hwyr daeth yr offeiriad i mewn – yn dal telegram yn ei law oddi wrth Toscanini yn ymddiheuro fod busnes yn Llundain wedi peri iddo ohirio'i daith i Fachynlleth. Gwaetha'r modd, bu'r arweinydd enwog farw cyn iddo gael y fraint o arwain Cymdeithas Gorawl Machynlleth.

Doedd 'na fawr o naws Gymreig i'r addysg yn yr ysgol uwchradd. Bwriad y prifathro, Mr Haddon Roberts, mae'n amlwg, oedd creu sefydliad tebyg i ysgolion gramadeg Lloegr. Roedd e'n brifathro ar yr ysgol pan oedd hi'n ysgol ramadeg, ond yn fuan wedi'r rhyfel cyfunwyd yr ysgol ag ysgol fodern y dre gan greu un o'r ysgolion cyfun cyntaf yn y wlad. Go brin i'r Prifathro deimlo'n gyfforddus gyda'r newid hwn gan iddo, yn fuan wedyn, symud i fod yn brifathro Ysgol Grove Park, Wrecsam. Daeth Mr W. Glynne Jones fel olynydd iddo, a chreu naws lawer Cymreiciach ar bethau. Yn fuan ar ôl cyrraedd daeth y prifathro newydd i fyw yn y tŷ drws nesa i ni. Parodd hyn gryn ofid i mi i ddechrau gan fy mod yn rhag-weld y byddai straeon o'r ysgol yn dod yn ôl adre dros ffens yr ardd unwaith eto ac y byddwn yn yr un sefyllfa ag roeddwn i gynt ond, chwarae teg, ni ddigwyddodd hynny.

Yn nechrau'r pumdegau roedd nifer o'n hathrawon yn gyn-filwyr oedd wedi dychwelyd o'u gwasanaeth milwrol. Ein hathro Cymraeg oedd Glyn Dwr Davies, a fu'n gapten yn y fyddin, ac felly Cap Dêf oedd e i ni. Roedd traddodiad hir gan yr ysgol o lwyfannu dramâu clasurol Saesneg, megis dramâu Shakespeare a Sheridan. Un o sêr actio'r ysgol oedd Emrys James, a aeth ymlaen wedyn i serennu mewn perfformiadau yn Stratford ac ar y teledu. Gwaetha'r modd, bu farw'n llawer rhy ifanc. Yn wir, Cap Dêf ddechreuodd yr arfer o gynhyrchu dramâu Cymraeg yn yr ysgol ond fedra i ddim dweud fod ei ddewis o ddramâu yn arbennig o uchel-ael. Cofiaf am un ddrama fer o'r enw *Ifan Huws* gyda Ned Thomas, R. Alun Evans a minnau yn y cast. Dewis arall oedd melodrama o'r enw *Nan o Lan Hafren* – drama na lwyfannwyd fyth wedyn, mi gredaf.

W. B. Jones, neu 'Torchy' fel y'i gelwid gennym ni, oedd yr athro Saesneg. Fe oedd yn cynhyrchu'r ddrama Saesneg yn flynyddol a chefais ran Ernest yn *The Importance of being Earnest* gydag R. Alun Evans fel Algy. Roedd yn syndod i mi ddarllen pan fu e farw fod 'Torchy' yn Gymro Cymraeg, oherwydd ni chlywais air o Gymraeg ganddo ac yn wir cefais yr argraff, yn gam neu'n gymwys, ei fod yn wrth-Gymraeg.

Er nad oeddwn fawr o arlunydd fy hun, un o'm hoff athrawon oedd yr athro Celf, sef yr artist a'r cartwnydd Hywel Harries, person â'r ddawn brin o rannu ei frwdfrydedd heintus am gelfyddyd â ni. Cofiaf yn dda iddo adeiladu theatr bypedau fechan, gan ein dysgu i greu'r pypedau a hefyd i lunio'r golygfeydd, y llenni, a'r goleuadau. Un o'm hoff ddyletswyddau oedd gweithio'r goleuadau ar y llwyfan bychan. Roedd Hywel Harries wedi llunio dyfais i'w rheoli, sef blwch metel yn dal asid â phlât o fetel yn hongian wrth ddarn o weiren a hwnnw ynghlwm wrth *spindle* uwchben yr asid. Wrth droi'r *spindle* a chodi'r plât o'r asid roedd y golau'n diffodd yn ara bach, ac wrth droi'r *spindle* y ffordd arall a gollwng y plât i mewn i'r asid, byddai'r llwyfan yn goleuo. Roedd yr effaith yn drydanol, ac yn wers wyddonol yr un pryd!

Yn yr ysgol hefyd y cefais fy nghysylltiad cyntaf â byd radio pan ddaeth dau o staff cynhyrchu'r BBC, Ifor Rees a Teleri Bevan, i'r ysgol i ddewis disgyblion i gymryd rhan mewn cyfres o raglenni dan y teitl *Bro Mebyd*, rhaglenni hanner awr gan ddisgyblion ysgol yn sôn am eu hardaloedd. Bûm yn ddigon lwcus i gael fy newis i sôn am Fachynlleth, ac er nad wyf yn cofio llawer am y recordiad rwy'n cofio'n eglur iawn i ni fod ynghanol ymarfer drama ac yn eistedd ar lwyfan neuadd yr ysgol i wrando ar y darllediad.

Trwy'r cyfnod hwn teimlwn fod angen i mi ennill ychydig arian yn y gwyliau, a threuliais sawl Nadolig fel postmon yn dosbarthu llythyron a pharseli o gwmpas y dre. Mwynheais y profiad gwaith yma'n fawr iawn er bod angen codi allan o'r tŷ'n blygeiniol ar foreau rhewllyd a cherdded rhyw hanner milltir i'r Swyddfa Bost. Roedd y rownd post fore'r Nadolig yn brofiad rhyfeddol i grwt deunaw oed fel fi. Y bore arbennig hwnnw byddai'r daith yn cymryd ddwywaith mor hir ag arfer gan fod llawer o'm 'cwsmeriaid' yn fy nisgwyl gyda *Christmas Box* ac ambell un yn fy ngwahodd i mewn i gael 'gwydred bach o sieri' i ddathlu'r ŵyl. Yn ystod un haf gweithiais mewn coedwig yn lladd rhedyn, dro arall yn gweini mewn gorsaf betrol, a thro arall eto cefais y dasg o dynnu papur wal o bob stafell mewn hen dŷ oedd yn cael ei ailbaentio. Rwy'n grediniol mai'r profiad diflas olaf hwn sy'n gyfrifol am fy amharodrwydd i wneud llawer o waith DIY yn awr.

Penbleth mawr i mi oedd pa lwybr academaidd i'w ddilyn yn y chweched dosbarth: ai gwyro at y celfyddydau ynte at wyddoniaeth? Roedd y Prifathro, Glynne Jones, yn gemegydd ac yn daer iawn mai at wyddoniaeth y dylwn fynd. Credai fod gwell siawns am swyddi yn y maes hwnnw. Er bod hyn yn groes i draddodiad y teulu, ar ôl pendroni tipyn, penderfynais mai fel 'na y dylai fod, er mawr syndod i fy mam, oedd yn grediniol mai'r celfyddydau oedd fy mhrif ddiddordeb. O feddwl am yr yrfa a ddilynais weddill fy oes, rhaid cyfaddef efallai ei bod yn hollol gywir yn hynny o beth. Beth bynnag, mynd ymlaen â Gwyddoniaeth wnes i, er bod agweddau eraill o fywyd, fel chwaraeon a dramâu, yn cymryd llawer o fy amser yn y chweched dosbarth.

Daeth yr awr i ddewis prifysgol ond, mewn gwirionedd, doedd yna ddim amheuaeth nad i Aberystwyth yr oeddwn i am fynd, er bod un broblem. Oherwydd mai ysgol fechan oedd Ysgol Sir Machynlleth, doedd hi ddim yn bosib i mi astudio Mathemateg Bur a Mathemateg Gymhwysol fel pynciau ar wahân – yr unig ddewis oedd Mathemateg Gyfun, i fynd gyda Ffiseg a Chemeg. Os oeddwn am ddilyn cwrs Gwyddoniaeth yn y brifysgol, roedd hyn yn anfantais gan y byddai'r rhan fwyaf o'r myfyrwyr eraill wedi astudio'r pynciau ar wahân. Roedd angen penderfynu a fyddwn yn aros am drydedd flwyddyn yn yr ysgol neu'n mynd yn syth i Aber a thrio'n lwc. Aeth fy nhad â mi i weld yr Athro R. M. Davies, yr Athro Ffiseg yn Aberystwyth, a'r cyngor plaen ganddo ef oedd, 'Bydd blwyddyn ychwanegol yn y brifysgol yn llawer mwy o werth i'r crwt na blwyddyn arall yn yr ysgol.' A dyna fel y bu, a dechreuais ar gwrs pedair blynedd, ryw ddeunaw milltir i lawr y ffordd.

Tra oeddwn i'n sefyll fy arholiadau Lefel A, cefais bwl difrifol o'r ddannodd gan ddioddef poen mawr. Gwaetha'r modd, dim ond ar un diwrnod o'r wythnos yr oedd y deintydd o Aberystwyth yn dod i Fachynlleth. Doedd dim amdani felly ond ei ffonio yn Aberystwyth a gofyn a oedd modd i mi fynd yno ato. Bûm yn lwcus i'w gael yn y tŷ ac o fewn awr roeddwn ar y bws. Roedd cartre'r deintydd ym Mhlascrug, ger yr orsaf, a dyma fi'n canu'r gloch a chael fy nghyfarch gan ŵr a mwstásh a chap ar ei ben. 'Dewch gyda fi rownd y cefn,' meddai, a'm harwain o gwmpas y tŷ ac i fyny i ben draw'r ardd. Agorodd ddrws hen sied a dweud wrthyf am eistedd ar gadair galed gan wthio bwced rhwng fy nghoesau. Cymerodd fwrthwl bach a churo ar bob dant nes i mi weiddi gan boen yr ergyd. 'Iawn, hwnna yw'r un drwg,' meddai. 'Gallwch boeri i'r bwced ar ôl i mi ei gael mas.' Does gen i ddim cof am unrhyw bigiad na chlorofform i leddfu'r boen ond ymhen chwinciad roedd y dant pwdr allan a minnau'n poeri gwaed i'r bwced. Er mor gyntefig y driniaeth, ni chefais y ddannodd eto yn ystod yr arholiadau, ac enw'r tynnwr dannedd? Neb llai na T. E. Nicholas (Niclas y Glais) – pregethwr, comiwnydd, cenedlaetholwr, bardd a deintydd!

Soniais eisoes mai 'pobl ddŵad' i Fachynlleth oedd fy rhieni, ac felly nid etifeddais acen Dyffryn Dyfi ac ardal Cyfeiliog, acen sydd yn hyfryd ar y glust: 'Ffor mae, 'rhen gòg, ffor mae dy ded?' Mae fy nheulu yn dal, fodd bynnag, fy mod yn newid fy acen pan af ar ymweliad yno, a geiriau fel 'shetyn', 'wtra', a 'ffebrins' yn dod yn ôl i'r eirfa.

Cyn i mi symud o Fachynlleth, dylwn sôn eto am y gwyliau teuluol fu'n elfen bwysig yn fy magwraeth. Mae'n bosib mai'r gwyliau plentyndod yma roddodd i mi'r awydd am deithio ymhellach yn ddiweddarach yn fy mywyd. Yn ystod fy mlynyddoedd cynnar roedd cyfyngiadau rhyfel yn ein cadw rhag teithio ymhell ac roedd triniaeth feddygol fy mrawd hynaf yn peri bod arian yn brin iawn. Pan fu Roy farw, fodd bynnag, a phan oedd Lynn a Llywela wedi gadael cartre, penderfynodd fy rhieni y byddai'n dda i ni gael ychydig seibiant ac aethom am bythefnos i Landudno. Roedd hwn yn ddechrau ar gyfnod o fynd yno'n flynyddol gan gludo llawer o'n bwyd gyda ni ac aros mewn llety gwely a brecwast. Roedd y lle fel nefoedd i grwt: y tramiau i Fae Colwyn; Happy Valley a'i gwrs pytio a'i lwyfan adloniant; y trên bach i ben y Gogarth, a'r llyn cychod lle cawn hwylio fy llong hwylio fechan. Un o uchafbwyntiau'r gwyliau oedd cael mynd i barlwr hufen iâ Forte ar y stryd fawr. Trwy gydol y rhyfel ac am flynyddoedd wedyn doedd dim hufen iâ i'w gael ym Machynlleth, ac felly roedd yr ymweliadau hyn yn rhywbeth yr oeddwn i'n edrych ymlaen atynt am wythnosau. Hyd yn oed heddiw, pan glywaf gri gwylanod, caf fy atgoffa o'r gwyliau yn y dre lan môr honno.

Gwyliau eraill a gofiaf o'r dyddiau cynnar hynny oedd mynd i ben arall Cymru i aros at deulu fy nhad yn Llanelli. Rwyf eisoes wedi cyfeirio at y daith i lawr yno yn y bws, taith a gymerai drwy'r dydd, ond roedd y croeso ar ei diwedd yn werth yr ymdrech bob tamed. Roedd fy nhad, yn gelfydd iawn, yn gwneud y siwrnai'n ddiddorol dros ben. Rhwng Pumpsaint a Llanwrda roedd y ffordd yn croesi'r afon fechan saith gwaith, a mawr oedd yr hwyl yn cyfrif y pontydd bychan. Yna, rhwng Rhydaman a Llanelli, roedd ffynnon fechan wrth ochr y ffordd â'r geiriau 'Diolch i Dduw' wedi eu cerfio arni. Roedd disgwyl mawr wrth i ni nesáu at ffynnon 'Diolch i Dduw'; tybed a yw hi'n dal yno heddiw?

I mi, roedd Llanelli yn dref enfawr, tref ddigon mawr i gael bysys troli trydan i'n cludo yn dawel a di-fwg i lefydd egsotig fel Pont Casllwchwr, Felin-foel, neu'r Pwll. Roeddwn ar ben fy nigon yn eistedd yn y sedd flaen yn llofft y troli a sylwi ar bawb a phopeth wrth deithio i ben y siwrnai ac aros yn fy sedd nes dechreuai'r siwrnai adre a chael yr un mwyniant eto. Weithiau, byddai'r wialen oedd yn cysylltu'r troli â'r weiren drydan uwchben yn llithro oddi arni gan dorri'r cyflenwad a pheri i'r troli aros yn stond ynghanol yr heol. Byddai'n hwyl wedyn gweld y gyrrwr yn defnyddio ffon hir wrth geisio ailgysylltu'r troli â'r trydan – proses allai gymryd cryn amser a chreu anhrefn ar y ffordd.

Uchafbwynt arall oedd cael mynd i Barc y Strade i wylio'r Scarlets. Er nad oeddwn yn gyfarwydd iawn â rheolau'r gêm bryd hynny, roedd gweld yr anfarwol Lewis Jones yn ei anterth yn rhoi gwefr i mi. Wedyn, os oedd amser yn caniatáu, byddai fy nhad a mi yn mynd ar y bws yn blygeiniol i Abertawe er mwyn dal y bws N&C i Gaerdydd – y 'Brown Bomber' fel y'i gelwid. Ar ôl cyrraedd y ddinas, mynd ar ein hunion i Barc yr Arfau a threulio'r dydd yn gwylio Emrys Davies, Willy Jones, Len Muncer a'r glewion eraill yn chwarae criced i Forgannwg, cyn ailadrodd y siwrnai yn ôl i Lanelli.

Roedd gan fy nhad deulu yn byw dros y dref i gyd, gan gynnwys ei chwaer, Evelyn, oedd yn byw yng nghartre'r teulu ar y Tyisha. Roedd ganddi hi a'i gŵr, David Ebenezer, ddau fab, Huw ac Alun, ac roedd y teulu cyfan yn bileri'r achos yn y Triniti, y capel y bu'r teulu yn addoli ynddo ers dechrau'r ganrif ddiwethaf. Roeddwn bob amser yn fodlon mynd gyda'r teulu i'r Triniti ar y Sul gan fod yno rywbeth na welais mewn unrhyw dŷ o addoliad yng Nghymru, sef seddau unigol *tip-up*, yn union fel petaech mewn sinema – rhyfeddod i fachgen oedd wedi treulio oriau ar gôr pren caled capel Maengwyn!

Yn Llanelli arferem letya gyda chyfnither i Nhad: Bronwen, neu Anti Bronnie i ni. Roedd ei gŵr, Howell Evans, yn fferyllydd yn ardal y West End ac roedd ganddynt hwythau hefyd ddau fab:

Garvin a Peter. Priododd Garvin â merch o Lanelli, Gwenda, ac fe aethant i fyw i Iwerddon, gan godi dau fab a merch yno. Roedd Bronnie'n gymeriad bywiog, a chofiaf yn iawn iddi hi ddweud wrtha i fod un o feibion Garvin yn treulio gormod o amser, yn ei barn hi, yn canu'r gitâr. 'Dydw i ddim yn gwbod be ddaw o'n David ni,' meddai, 'gitâr, gitâr, wneith e ddim byd ond chwarae'r gitâr yna trwy'r dydd. Mi ddwedes wrtho fe, tala fwy o sylw i dy arholiadau lefel O, machgen i, fe fydd y rheini'n llawer mwy o werth i ti na'r gitâr yna.' Mae'n amlwg na chafodd y siars effaith o gwbl ar David oherwydd fe wnaeth enw iddo'i hun yn ddiweddarach fel 'Edge', prif gitarydd y band byd-enwog U2, a'i fedrusrwydd ar yr offeryn sydd wedi ei wneud yn filiwnydd sawl gwaith trosodd. Er iddi weld ymddangosiad cyntaf y band ar y rhaglen deledu *The Old Grey Whistle Test*, dagrau pethau yw na chafodd Anti Bronnie fyw i weld llwyddiant ysgubol y bachgen oedd ddim yn 'talu'r sylw digonol' i'w arholiadau ysgol. Gwaetha'r modd, mae Huw a Garvin bellach wedi ein gadael ond rwy'n falch o fedru dweud fod y cyfeillgarwch teuluol gyda'r ddau gefnder, Alun a Peter, yn parhau tan heddiw.

Rwy'n cofio un gwyliau arall yn arbennig, sef mynd i Lundain i aros gyda chwaer Mam, Anti Pegi, yn Islington Green. Roedd Anti Pegi wedi priodi Tom Evans o fferm Penlan, Blaenpennal, ac fel llawer o bobl Sir Aberteifi wedi mynd i Lundain i sefydlu busnes laeth. Byddai Wncwl Tom yn codi am bedwar bob bore i gario'r caniau llaeth mawr oedd wedi ymddangos ar stepen y drws dros nos drwodd i gefn y siop er mwyn didoli'r llaeth i mewn i'r poteli hanner peint, peint, a chwart oedd wedi eu golchi'n barod ar gyfer y rownd. Wedi i Wncwl Tom lenwi'r poteli, fy ngwaith i oedd rhoi'r caeadau cardbord ar ben pob potel i'w selio a'u llwytho ar y gert laeth. I mi, gan fod popeth yn newydd, roedd gwthio'r gert drwy strydoedd cefn Islington yn hwyl fawr – ond llai felly pan fyddai Wncwl Tom yn dweud wrtha i am fynd â photel hanner peint i fyny at y wraig weddw oedd yn byw ar y pumed llawr mewn tŵr o fflatiau heb lifft. Roedd y cyfan yn hwyl i mi am un wythnos, ond roedd e'n gorfod gwneud hynny chwe diwrnod yr wythnos drwy'r flwyddyn, cyn mynd yn ôl i weithio gydag Anti Pegi tu cefn i gownter y siop tan yn hwyr y nos. Roedd dydd Sul yn wahanol ac roedd y ddau'n aelodau selog yng Nghapel Jewin. Byddent yn bachu ar y cyfle i gwrdd â'r gwerthwyr llaeth eraill oedd yn dod at ei gilydd bob nos Sul yn y festri wedi'r oedfa i rannu newyddion a chymharu prisiau.

Roedd Wncwl Sam a chwaer i Nhad, Anti Gwen, hefyd yn byw yn Llundain ac roedd e'n un o bileri'r achos yng nghapel Charing Cross. Bu Sam yn cadw gwesty'r Cambria am flynyddoedd ac, fel y gwnaeth llawer o drigolion Llundain yn ystod y rhyfel, mae'n debyg ei fod yn arfer dringo i do'r gwesty i daflu bomiau tân i lawr i'r stryd islaw cyn iddynt achosi unrhyw ddifrod i'r adeilad. Wn i ddim ai gwir hyn ai peidio – ond mae'n stori dda. Roedd Anti Gwen yn ddibriod ac wedi byw yn Llundain ar ei phen ei hun am y rhan fwyaf o'i hoes. Bu yno drwy'r rhyfel yn gweithio fel gwas sifil yn gofalu am gaplaniaid y fyddin ac fel llawer o'r teulu, er yn fychan o gorff, roedd hi'n llawn hwyl ddireidus. Roedd hithau hefyd yn gerddorol ac yn canu mewn corau ar hyd a lled y ddinas.

Wedi i'r rhyfel ddod i ben, antur fawr i mi oedd cael mynd i Lundain am y tro cyntaf yn 1947 ac aros gydag Wncwl Sam ac Anti Mag. Roeddwn i wedi edrych ymlaen am fisoedd at y fenter fawr hon ac wedi rhestru'r mannau hanesyddol yr oeddwn am eu gweld. Un o ryfeddodau Llundain yr adeg hynny oedd y News Theatres, sef sinemâu oedd yn dangos dim byd ond ffilmiau newyddion, a'r rheini'n ailadrodd eu hunain bob awr.

Rhyfeddod arall yn y sinemâu hyn oedd peiriannau yn y cyntedd â newyddion y dydd yn rhedeg ar dâp.

Un diwrnod, darllenais ar y peiriant tâp fod y Brenin Siôr yn dod yn ôl o Sandringham i Balas Buckingham y bore wedyn. Bryd hynny, wrth gwrs, roedd gweld y brenin yn y cnawd yn achlysur anarferol – doedd e ddim yn troi heibio i Fachynlleth yn aml! Penderfynwyd felly y byddem yn mynd i'r palas a sefyll y tu allan i'r gatiau mawr i'w weld. Bore trannoeth, er mawr syndod i ni, doedd neb arall yn sefyll o flaen y palas, ac ar ôl holi fe'n cynghorwyd gan blismon cyfeillgar i symud ychydig i ffwrdd rhag creu torf. Addawodd y byddai'n rhoi arwydd i ni ddod yn ôl at y gatiau pan welai fodur y brenin yn dod i lawr y Mall.

Ymhen hir a hwyr daeth yr arwydd, a dyma ni'n rhedeg yn ôl i sefyll ar ymyl y pafin – ar ein pennau ein hunain. Y benbleth oedd beth i'w wneud pan fyddai'r car yn pasio yn ein hymyl? Doedden ni ddim eisiau chwifio baneri a gweiddi 'Hwrê', ac yn y diwedd gwnaeth fy nhad yr hyn y byddai'n ei wneud bob tro wrth gyfarch rhywun ar y stryd, a chododd ei het. Gwelodd y brenin ni ac yn foneddigaidd ddigon cododd yntau ei het yn ôl i Nhad.

Yn anffodus, o fewn diwrnod neu ddau llwyddais i ddal annwyd a datblygodd hwnnw'n niwmonia gan beri i mi dreulio gweddill y gwyliau yn y gwely. Yn y diwedd mi wellais yn ddigon da i ddod adre, ond bu'n rhaid aros am gyfle arall i weld y mannau hanesyddol oedd ar fy rhestr.

Pennod 4

Y Coleg ger y Lli

Doedd Aberystwyth fel tref ddim yn ddierth o gwbl i mi, gan mai yno y byddwn yn mynd i weld teulu Mam, ac yno hefyd y byddem yn mynd i gael awr neu ddwy o siopa. Roedd fy modryb Lydia, chwaer Mam, yn 'cadw stiwdents' ac yn naturiol, wrth ddechrau yn y coleg, ati hi a fy nghefnder John yr es i aros, yn Llanbadarn. Gan fod y pentre hwnnw ryw ddwy filltir o'r dre mi es â beic gyda mi, gan reidio yn ôl a blaen yn ddyddiol ym mhob tywydd.

Roedd awyrgylch Gymreig braf yn yr Adran Ffiseg bryd hynny, gyda'r mwyafrif o'r darlithwyr yn Gymry Cymraeg: Yr Athro R. M. Davies, a'r darlithwyr: I. C. Jones, D. H. Trevena, R. M. Job a Dr Edwards. Ond doedd fy nwy flynedd gyntaf yn Aber ddim yn rhai hapus o gwbl. Roedd fy nhad erbyn hyn mewn iechyd bregus ac yn ymddeol y Nadolig cyntaf hwnnw yn bump a thrigain mlwydd oed. Yn ystod fy nhymor cyntaf yn Aber fe waelodd, gan dreulio cyfnod yn yr ysbyty fechan ym Machynlleth. Bûm innau wedyn yn teithio adre yn aml i'w weld, a mawr oedd y gofid amdano. Daeth y Nadolig ac roedd yn rhy sâl i fynd i'w gyfarfod ffarwél yn yr ysgol, yr ysgol lle bu'n brifathro am un mlynedd ar hugain. Yn gynnar yn y flwyddyn newydd, cefais wŷs i fynd i weld y meddygon a chlywed fod y rhagolygon yn bur ddiflas. Bu'n rhaid i mi wedyn fynd adre i gyfleu'r newyddion trist i Mam. Ymhen rhai dyddiau aed ag ef i ysbyty yn Lerpwl ac yno y bu farw yn gynnar ym mis Chwefror, ar ôl pum wythnos yn unig o ymddeoliad – gwobr go druenus am bedair blynedd a deugain o wasanaeth i fyd addysg.

Rhaid i mi ddweud fy mod, yn ddeunaw oed, wedi gweld ei golli'n fawr iawn. Rwy'n eiddigeddus o lawer o'm ffrindiau sydd wedi tyfu i fyny i fod yn gyfeillion agos i'w tadau. Perthynas rhiant a phlentyn fu rhyngof i a Nhad erioed, ac er bod honno'n berthynas glòs a hapus, buaswn wedi hoffi cael y cyfle i'r berthynas ddatblygu i fod yn gyfeillgarwch rhwng dau oedolyn. Ond gan ei fod bron yn hanner cant oed pan anwyd fi, doedd hynny ddim yn mynd i fod, gyda'r canlyniad fy mod yn trysori'r berthynas nawr â'r plant ac yn falch iawn o weld yr wyres yn tyfu i fod yn fenyw ifanc hyderus.

Canlyniad marwolaeth fy nhad oedd i mi fod yn absennol o'r coleg am ran helaeth o 'mlwyddyn gyntaf, ac er i mi basio fy arholiad ffiseg ar ddiwedd y flwyddyn, roedd y fantais o fynd i'r coleg flwyddyn yn gynnar wedi ei golli'n llwyr. Gan fod Mam erbyn hyn yn weddw, roedd angen gwaith arnaf yn ystod yr haf hwnnw a bu fy ewythr David Ebenezer, yn Llanelli, yn garedig iawn a sicrhau gwaith i mi yng ngwaith tunplat Felindre. Bu ef a fy modryb Evelyn yn hael iawn yn cynnig lletty i mi am dri mis tra oeddwn i yno. Fy ngwaith yn Felindre oedd cynnal profion rheolaidd ar y broses o roi haen o alcam ar y rhuban o ddur i greu'r tunplat. Golygai hynny ddringo i lawr at y tanciau tanddaearol mawr o asid bob awr a gwneud yn siŵr fod cryfder yr asid yn gyson a bod yr haen o alcam ar y dur hefyd yn wastad. Am un mis o'r tri gweithiais y shifft nos yn ddi-dor, gan adael sgwâr Llanelli ar y bws am naw o'r gloch y nos a chyrraedd yn ôl yno am saith y bore. Bu'r tri mis yna'n gyfnod pwysig yn fy hanes gan iddo fy narbwyllo nad oeddwn am wneud gyrfa ym myd diwydiant trwm. Er mawr syndod i mi, cefais fy atgoffa o'r cyfnod hwn mewn ffordd annisgwyl iawn flynyddoedd yn ddiweddarach.

I gymhlethu pethau ymhellach yn y coleg, cefais anffawd yn ystod fy ail flwyddyn. Byddwn i'n mynd i faddonau'r coleg i nofio bob prynhawn Mercher, ac un diwrnod llithrais ar ymyl gwlyb y baddon gan fwrw bôn fy asgwrn cefn yn gas. Profodd yr ergyd hon yn broblem a threuliais ddau gyfnod yn yr ysbyty, un ohonynt dros y Nadolig, yn cael llawdriniaeth. Diolch byth, gwellais yn llwyr ac nid wyf wedi cael trafferth gyda fy nghefn byth ers hynny.

Roedd y ffaith fy mod yn aros gyda fy modryb yn fendith, a bu hi a fy nghefnder John Evans, neu J.R. fel y'i gelwid drwy Sir Aberteifi, yn gefn mawr i mi yn ystod yr adeg anodd yma. Bu J.R. yn blismon cyn iddo fynd i weithio i'r Awdurdod Lleol ac am ryw reswm nid oedd pethau'n rhy dda rhyngddo a'r plismon lleol yn Llanbadarn. Gwaetha'r modd, cefais fy nhynnu i mewn i'r ymrafael un nos Sadwrn pan oeddwn yn dod adre i Lanbadarn ar fy meic o ddawns y coleg. Hanner ffordd o'r dre, dyma'r plismon lleol yn camu i ganol y ffordd o'm blaen a gofyn i mi ble roedd y golau coch ar gefn y beic. Sut y gwyddai nad oedd gen i un ar y beic, dydw i ddim yn gwybod. 'Dyma fe!' meddwn i, gan godi o sedd y beic a dangos fy mod yn eistedd ar fflachlamp a honno'n dangos golau coch clir i unrhyw un oedd yn fy nilyn. Yn amlwg, doedd hyn ddim yn plesio a dechreuodd y plismon archwilio'r beic. Gwaetha'r modd, gwelodd nad oedd gen i *reflector* coch ar y cefn. Wel, dyna hi, roedd e wedi fy nal yn troseddu a mynnodd nodi'r manylion yn ei lyfr bach, gan ofyn i mi am fy nghyfeiriad, er y gwyddai'n iawn fy mod yn byw gyda J.R. Yna gorchmynnodd fy mod yn cerdded gweddill y ffordd adre yn gwthio'r beic. Cychwynnais ar fy ffordd, a'r plismon yn fy nilyn. Yn araf bach cyflymais fy ngham, a chyflymodd yntau. Yna dechreuais redeg, ac er mawr ddifyrrwch clywais y plismon yn tuchan wrth redeg tu cefn i mi. Bu'n rhaid iddo redeg yr holl ffordd i Lanbadarn ac er i mi gael dirwy o bum swllt, o leiaf cefais y boddhad o roi ychydig o ymarfer corff iddo.

I ddwysáu'r pwysau academaidd arnaf, roedd angen i mi basio fy arholiadau er mwyn parhau â'm hastudiaethau, oherwydd pe bawn yn methu byddwn yn mynd ar fy mhen i'r fyddin i wneud fy ngwasanaeth milwrol. Bryd hynny, roedd pob bachgen deunaw oed yn gorfod cofrestru a gwasanaethu yn y fyddin am ddwy flynedd. Roedd cwrs addysg uwch yn un o'r ychydig resymau dros gael ei ohirio ac roeddwn i ymhlith y garfan olaf i gofrestru. Erbyn i mi raddio roedd gwasanaeth milwrol gorfodol wedi dod i ben, ond rwy wedi ceisio dyfalu ar hyd fy mywyd sut y byddwn wedi ymgodymu â chyfnod yn y lluoedd arfog. Dywed rhai ei fod yn brofiad gwerthfawr ond mae eraill yn honni iddo fod yn wastraff o ddwy flynedd.

Beth bynnag, llwyddais i grafu trwy'r arholiadau, ac wrth fynd yn ôl i'r coleg ar ddechrau'r flwyddyn nesaf, penderfynais yr hoffwn aros yn nes at y dre a llwyddo i gael lle yn Neuadd Breswyl Pantycelyn. Setlais i lawr yno a dechrau mwynhau'r bywyd cymdeithasol sydd yn dal yn elfen bwysig ym mywyd y myfyrwyr yn Aberystwyth, er bod natur y bywyd cymdeithasol hwnnw wedi newid gyda'r oes. Tra oeddwn i ym Mhantycelyn, roedd y gwaith o adeiladu ail hanner yr adeilad yn mynd rhagddo. Yn anffodus, roedd y cymysgwr *cement* wedi'i leoli yn union o dan ffenestr fy ystafell a chefais flwyddyn o glywed hwnnw'n chwyrnu'n ddibaid drwy'r dydd. Rhaid cyfaddef, fodd bynnag, fod yr adeilad gorffenedig yn un arbennig o hardd, a diddorol deall, drigain mlynedd yn ddiweddarach, fod y gwaith o'i adnewyddu erbyn hyn ar y gweill.

Denai'r gweithgarwch cymdeithasol fi oddi wrth fy ngwaith academaidd bron bob noson o'r wythnos ac roedd hi'n ymdrech i gadw fy narlithwyr yn hapus. Rhwng y Gymdeithas Geltaidd ar nos Lun, y Gymdeithas Ffiseg, y Côr Madrigal, y Gymdeithas Ddrama Gymraeg, y Côr Mawr ar brynhawn Sul, paratoi at yr Eisteddfod Ryng-golegol, y gwahanol ddawnsfeydd blynyddol, y ddawns wythnosol ar nos Sadwrn yn Neuadd y Plwyf a mynych ymweliadau â sinemâu'r dre, roedd bywyd yn llawn dros ben. Roedd hyn cyn i Neuadd Pantycelyn droi'n neuadd Gymraeg, a rhaid dweud iddi fod yn ymdrech galed i ddod ag ymwybyddiaeth o Gymru a'r Gymraeg i mewn i'r gweithgareddau yno, gan fod cynifer o fyfyrwyr Pantycelyn o'r ochr arall i Glawdd Offa, a llawer o fyfyrwyr tramor yno hefyd. Y cyfle mawr oedd yr Eisteddfod Ryng-golegol flynyddol, a gwnaed ymdrech fawr i ddenu'r myfyrwyr di-Gymraeg i gymryd rhan – fel aelodau o'r côr mawr, mewn grwpiau canu ac yn y cystadlaethau celf. Arweinyddion côr mawr y coleg yr adeg yma oedd Rowland Wyn Jones a Roy Bohana, a chynhelid cyngerdd blynyddol rhwysgfawr yn Neuadd y Brenin. Yn y neuadd hon y cynhelid y dawnsfeydd mawr hefyd, gyda bandiau enwog fel band Johnny Dankworth yn dod i chwarae i neuadd dan ei sang.

Daeth tro Aber i gynnal yr Eisteddfod Ryng-golegol a rhaid oedd ffurfio pwyllgor i wneud y trefniadau – dyna noswaith neu ddwy arall o'r wythnos wedi mynd! Roedd angen ennyn diddordeb y myfyrwyr er mwyn ennill y darian ar ein tir ein hunain, ac felly buom yn cwrdd yn swyddfa'r eisteddfod i gynllunio posteri i'w gosod ar hyd a lled y coleg, yn yr Undeb ac yn y neuaddau preswyl. Dyna pryd y des yn ymwybodol o'r ferch ryfeddol yma o'r Rhondda oedd yn gweithredu fel ysgrifennydd yr eisteddfod. Yn wir, dros gyfnod y paratoi, daethom yn ffrindiau agos, a gofynnais iddi a fyddai'n fodlon i mi ei hebrwng adre o'r Geltaidd un noson. Fe gytunodd – ac felly, mewn pwyllgor eisteddfod y cwrddais â Myra Samuel, a ddaeth yn wraig i mi rai blynyddoedd yn ddiweddarach. O ystyried gymaint o'm bywyd sydd wedi ei dreulio mewn pwyllgorau eisteddfod, mae'n amlwg i hyn fod yn arwydd o bethau i ddod.

Yr adeg yma, doedd 'na ddim Adran Ddrama yn Aberystwyth, ac os oedd diddordeb mewn gwaith theatr byddai'n rhaid i'r myfyrwyr lwyfannu eu dramâu eu hunain, yn Gymraeg ac yn Saesneg. Yn naturiol, yn y ddrama Gymraeg yr oedd fy niddordeb i, a dyma'r blynyddoedd hefyd pryd y cynhelid Gŵyl Ddrama Maglona ym Machynlleth, cystadleuaeth flynyddol i gwmnïau drama amatur. Cynhelid yr ŵyl hon bob nos am wythnos dros gyfnod y Pasg ac felly, gan fy mod adre o'r coleg, gwirfoddolais i weithio fel rhan o griw llwyfan yr ŵyl a chael hwyl fawr wrth groesawu cwmnïau drama o bob cwr o Gymru –o'r Rhyl a Bodffari yn y gogledd i lawr at Resolfen a Llanelli yn y de, a deuthum yn gyfarwydd iawn â chwmnïau Edna Bonnell a Dan Mathews a'r Rhyl Liberty Players. Ar ôl blwyddyn neu ddwy cefais ddyrchafiad i swydd Rheolwr Llwyfan yr ŵyl, ond roedd y teitl yn fwy crand na'r swydd mewn gwirionedd. Byddai'r cwmnïau drama yn gadael i ni wybod ymlaen llaw am eu cynlluniau llwyfan, a'n tasg ni oedd tynnu un set llwyfan i lawr ar ddiwedd perfformiad er mwyn codi'r set newydd y bore wedyn. Des yn gyfarwydd iawn â bwrw hoelion i mewn i fflatiau llwyfan a chario dodrefn drwy strydoedd y dre er mwyn paratoi'r llwyfan – a'u cario yn ôl y bore wedyn. O weld sut roedd y gwahanol gwmnïau'n gweithio, a chlywed beirniadaethau Cynan, ac yn ddiweddarach Wilbert Lloyd Roberts, cefais gyflwyniad da i'r grefft o lwyfannu drama.

Ar ôl cael rhannau yn nifer o gynyrchiadau Cymdeithas Ddrama Gymraeg y coleg, daeth cyfle i gyfarwyddo drama fer Kitchener Davies, *Meini Gwagedd*. Ar ôl ei llwyfannu yn y coleg, aethom â hi i Ŵyl Ddrama Un-act Sir Aberteifi yn Nhal-y-bont, ac ennill y cwpan, yr unig dro i gwmni o'r coleg wneud hynny, mi gredaf.

Daeth tro ar fyd pan fu'n rhaid i mi ganolbwyntio ar fy astudiaethau yn yr Adran Ffiseg, a llwyddais i ennill gradd anrhydedd heb unrhyw syniad beth fyddwn yn ei wneud ar ddiwedd cyfnod coleg. Fodd bynnag, cododd un posibilrwydd tua diwedd fy mlwyddyn gradd pan es i weld Swyddog Gyrfaoedd y coleg a chlywed fod swyddog o'r BBC yn Llundain yn dod i Aberystwyth yr wythnos ganlynol i gynnal cyfweliadau ar gyfer swydd fel Rheolwyr Stiwdio Sain yn y BBC. Bryd hynny, roedd rhai cyfundrefnau mawr yn mynd o gwmpas y prifysgolion yn recriwtio graddedigion – y 'rownd laeth', fel y'i gelwid.

Rhaid cyfaddef nad oedd gen i syniad beth oedd bod yn Rheolwr Stiwdio yn ei olygu, ond roedd yn swnio'n ddiddorol, ac efallai'n cyfuno fy addysg wyddonol â'm diddordeb yn y celfyddydau. Felly, rhoddais fy enw ar y rhestr i weld y boi yma o Lundain. Cawsom sgwrs ddigon pleserus ond gadewais y cyfarfod yn grediniol nad oedd gennyf siawns o fynd ymhellach, gan fod dros ddeg ar hugain o fyfyrwyr Aber wedi rhoi eu henwau i lawr, a dim ond un brifysgol ymhlith ugeiniau o brifysgolion oeddem ni. Syndod mawr i mi felly oedd cael fy ngwahodd i fynd i Lundain am gyfweliad pellach, a syndod mwy fyth oedd deall fod y cyfweliad hwn yn cynnwys prawf llais mewn stiwdio fechan yng nghrombil Bush House. Gan nad oeddwn wedi bod mewn stiwdio radio erioed o'r blaen roedd hwn yn brofiad newydd a chyffrous ond, unwaith eto, ni chredwn fod unrhyw ddatblygiad pellach i'w ddisgwyl. Roedd hyn i gyd yn digwydd yn union cyn fy arholiadau gradd, ac felly rhoddais bob syniad am swydd heibio am y tro tan i mi orffen fy arholiadau.

Aeth wythnosau heibio a chredais yn siŵr fy mod wedi cael fy ngwrthod. Ond un bore daeth llythyr i'r bocs ym Mhantycelyn yn cynnig y swydd i mi – haleliwia! Er fy mod erbyn hyn wedi fy ethol yn Llywydd y Gymdeithas Geltaidd am y flwyddyn ddilynol, rhaid oedd gwneud penderfyniad anodd a gadael Aberystwyth a'i throi hi am Lundain.

Roedd un broblem, fodd bynnag. Gan fy mod yn un o nifer o raddedigion oedd yn ymuno â'r BBC dros y flwyddyn honno, doedd dim modd rhoi dyddiad pendant i mi ddechrau ar y gwaith. Fe allasai'r dyddiad dechrau fod mor ddiweddar â'r mis Mawrth canlynol, a hynny'n rhoi naw mis segur i mi. Os felly, roedd yn rhaid i mi gael rhyw gyflogaeth yn y cyfamser gan nad oeddwn am fyw ar enillion Mam, oedd yn athrawes yn ysgol fach Darowen erbyn hynny. Clywais drwy gyfaill ar y staff, Elfyn Jones, fod angen mawr am athro Ffiseg yn Ysgol Tywyn ar ôl hysbysebu deirgwaith a methu denu un ymgeisydd. Perswadiodd fi i fynd i weld y Prifathro, Gwyn Lewis Davies, ac egluro'r sefyllfa iddo, sef mai aros oeddwn i i fynd i'r BBC yn Llundain ac nad oedd gen i dystysgrif athro na phrofiad o sefyll gerbron dosbarth. Roedd yr ysgol mewn argyfwng, oherwydd fe gynigiodd le i mi lenwi bwlch nes y deuai athro parhaol o rywle.

A dyna ddechrau ar fy ngyrfa byrhoedlog fel athro. Cefais fy rhoi i aros yn Brynarfor, y llety preswyl i fechgyn yn Ysgol Tywyn, gyda Gareth Vaughan Williams a minnau'n ceisio cadw trefn ar ryw hanner cant o fechgyn. Daeth bore cynta'r tymor a cherddais i mewn i'r *staffroom* yn nerfus dros ben i wynebu'r athrawon profiadol. Chwarae teg, roedden nhw'n dra charedig tuag at laslanc dibrofiad, a daeth un athro penwyn ataf, athro oedd yn amlwg yn tynnu at ddiwedd ei yrfa. Gofynnodd yn dawel i mi faint o brofiad dysgu oedd gen i. Pan atebais nad oeddwn wedi sefyll o flaen dosbarth erioed, dywedodd, 'Wel, os derbyniwch chi air o brofiad gan un sydd wedi treulio'i oes o flaen dosbarth, hitiwch y diawled bach yn galed ar y dechrau. Gallwch ymlacio'ch gafael yn ddiweddarach.' Dyna'r unig hyfforddiant i fod yn athro a gefais erioed.

Wnes i ddim manteisio ar y cyngor, ond serch hynny mwynheais fy nghyfnod byr yn Nhywyn. Yn wir, ymhen rhai wythnosau, galwodd y prifathro fi i'w stafell a chynnig y swydd yn barhaol i mi, gan ddweud y byddai'r llywodraethwyr yn derbyn ei argymhelliad pe bawn yn derbyn. Yn ychwanegol, cynigiodd dâl cyfrifoldeb i mi fel pennaeth yr Adran Ffiseg ar raddfa uchel – ffortiwn yn wir i grwt oedd newydd orffen coleg. Serch bod y cyflog yn denu, penderfynais gadw at fy mwriad i fynd i'r BBC ar hanner y cyflog hwnnw, ac yn fuan daeth llythyr yn dweud wrthyf fod lle i mi ar gwrs hyfforddi yn Llundain ym mis Hydref. Felly, am bum wythnos gyfan yn unig y parhaodd fy ngyrfa dysgu, ond dydw i ddim yn credu fod byd addysg wedi cael colled ar fy ôl.

Pennod 5

Dechrau Gwaith – O Ddifrif

Ym mis Hydref 1961 ymunais â chwrs hyfforddi Rheolwyr Stiwdio yn un o ddwsin o raddedigion ifanc yn Ysgol Hyfforddi'r BBC yn Marylebone Street yng ngogledd Llundain. Bwriad y cwrs oedd ein hyfforddi yn y grefft o drin meicroffonau: mathau gwahanol o feicroffon ar gyfer gwahanol ansawdd sain ac yn y blaen; gweithio peiriannau disg a thâp, a phob agwedd arall ar reoli stiwdio radio. Yna fe'm hanfonwyd i bencadlys y BBC yn Portland Place i weithio ar raglenni go iawn. Er mawr ddiléit i mi, cefais fynd i'r Adran Ddrama Radio a gweithio yno'n darparu'r effeithiau sain, megis cau drysau'n glep, gwneud sŵn llestri te, rhedeg ar lwybr neu ffugio sŵn rhedeg trwy laswellt tal, dringo grisiau ac yn y blaen. Os oedd golygfa garu yn y sgript, fy ngwaith i oedd closio at y meicroffon a chusanu cefn fy llaw yn swnllyd!

Roedd angen paratoi seiniau ar gyfer cynyrchiadau, ac ar gyfer un cynhyrchiad yn benodol, cefais dasg anarferol. Roedd sgript y ddrama yn gofyn am sŵn un o'r cymeriadau'n cael ei drywanu â chyllell. Ar y radio oedd hyn, wrth gwrs, ac er bod yno lyfrgell eang o effeithiau ar ddisg, doedd y sain arbennig hon ddim ar gael, ac felly bu'n rhaid dyfeisio un. Ar ôl arbrofi'n aflwyddiannus droeon, es allan i brynu cabatsien wen, torri un pen i ffwrdd a llenwi'r gweddill â dŵr. Ergydiais y gabatsien gyda fy nwrn i gynhyrchu sŵn dyfrllyd, erchyll, a phan oedd yr actor yn griddfan i gyd-fynd â'r ergyd, roedd yr effaith yn arswydus ddigon. Gwaetha'r modd, ni chymerais hawlfraint allan ar y sain unigryw honno.

Profiad arbennig oedd gweithio o gwmpas y meic gydag actorion cwmni drama'r BBC, yn enwedig gyda rhai o gynhyrchwyr radio gorau'r wlad, pobl fel R. D. Smith, Val Gielgud a Cedric Messina, cynhyrchwyr oedd ar flaen y gad y dyddiau hynny, ac actorion fel Reginald Beckwith a June Tobin. Cefais gyfle i weithio ar y gyfres gyntaf o straeon Sherlock Holmes oedd wedi eu haddasu ar gyfer y radio, gyda Carleton Hobbs yn chwarae'r ditectif a Norman Shelley fel Dr Watson. Roedd Norman Shelley yn actor radio arbennig a datgelwyd yn ddiweddarach mai fe recordiodd rai o areithiau enwog Winston Churchill – 'fight them on the beaches' yn eu plith. Uchafbwynt arall oedd gweithio ar y cynhyrchiad cyntaf o *Lucky Jim* gan Kingsley Amis gyda'r actorion radio adnabyddus Michael Bryant a Denys Blakelock. Yn rhan o'r stori honno mae galw ar yr arwr i chwarae'r recorder, a dyma'r cynhyrchydd, Archie Campbell, yn gofyn oedd unrhyw aelod o'r criw stiwdio yn medru gwneud hynny. Codais fy llaw, ac yn wir dyna fy ymddangosiad cyntaf ar donfedd radio ledled Prydain. Rhaid oedd ffonio Myra er mwyn iddi wrando ar fy nghampwaith – campwaith a barodd am hanner munud cyfan!

Ar ddiwedd y cwrs hyfforddi bu'n rhaid sefyll arholiad. Roedd y rhan ymarferol yn golygu mynd i mewn i stiwdio sain lle roedd nifer o broblemau technegol cudd, problemau oedd angen eu datrys mewn deng munud er mwyn cael y stiwdio i weithio'n gywir. Doedd y dasg ddim yn hawdd a dydw i ddim yn credu i'r un ohonon ni ddatrys pob nam technegol cuddiedig. Ond ymlaen wedyn at y prawf llafar, a chael cyfweliad gan arbenigwr sain o'r enw Richard Grundy, neu 'Dic Meics' fel y'i gelwid ar lawr gwlad. Roedd ein hyfforddwr ar y cwrs wedi'n rhybuddio na ddylem ymddangos yn rhy wybodus gan y byddai'r arholwr yn sicr o wybod llawer mwy na ni. Gyda'r rhybudd yna'n canu yn fy nghlustiau, es i mewn i'r ystafell arholiad ac eistedd yr ochr arall i'r bwrdd i'r arbenigwr hwn, oedd yn awdur sawl llawlyfr ar y grefft o ddarlledu sain. Ar ôl gofyn i mi adnabod seiniau nifer o offerynnau cerddorol, gofynnodd i mi a fedrwn ddarllen sgôr gerddorol? Camddeallais y cwestiwn, gan dybio mai gofyn oedd e a fedrwn ddarllen cerddoriaeth? Atebais yn gadarnhaol, ond yna gofynnodd, 'Ymhle ar sgôr cerddorfa y gwelwch chi linell y chwythbrennau?' O'r nefi! Doedd gen i ddim syniad. Yr unig beth a wyddwn oedd mai ar waelod y dudalen yr oedd llinell y llinynnau. Meddyliais yn gyflym na fyddai'n gofyn i mi am linell ynghanol y sgôr ac felly atebais, 'Ar ben y dudalen.' 'Da iawn', oedd ei ymateb, er mawr ryddhad i mi.

Roedd hi'n amlwg nad oedd wedi edrych ar fy ffeil gan iddo ofyn, 'Mr Jenkins, a glywsoch chi erioed am *Ohm's Law*?' Nawr, o gofio rhybudd yr hyfforddwr, oedais am ychydig cyn ateb. Doeddwn i ddim am gyfaddef fod gen i radd mewn Ffiseg ac yna meddwn, 'Do, rwy'n rhyw gredu i mi glywed amdano.' Ar hynny, dyma fe'n rhoi problem syml yn defnyddio'r rheol i mi a llwyddais i ddianc heb fwy o holi, gan basio'r arholiad a chael fy ystyried yn Rheolwr Stiwdio llawn.

Wrth ddringo grisiau'r Ysgol Hyfforddi yn fuan wedyn yng nghwmni Cymro arall, Glyn Jones, oedd ar yr un cwrs â mi, gan sgwrsio yn Gymraeg, daeth gŵr tal i lawr y grisiau i'n cwrdd, a chan glywed yr iaith dyma fe'n stopio gan ofyn yn Gymraeg, 'Beth y'ch chi'ch dau'n ei wneud fan hyn?' Ar ôl egluro ein bod ar gwrs hyfforddi Rheolwyr Stiwdio, dyma fe'n ein gwahodd i'w swyddfa. Doedd gen i ddim syniad pwy oedd e, ac felly edrychais ar yr arwydd ar ei ddrws wrth fynd i mewn a gweld mai Elwyn Evans oedd ei enw: Pennaeth Hyfforddi Staff y BBC. Deallais yn ddiweddarach ei fod yn fab i'r Archdderwydd Wil Ifan. Pan eglurwyd iddo ein bod wedi ein penodi yn uniongyrchol gan BBC Llundain, dywedodd, 'Yng Nghaerdydd y dylsech chi fod. Hoffech chi fynd yno?' Doedd dim angen gofyn ddwywaith ac o fewn pythefnos fe'm hanfonwyd i Gaerdydd 'ar fenthyg' o Lundain. Diolch byth, ni ddaeth cais wedyn i mi fynd yn ôl.

Gan fod Myra wedi mynd yn ôl i'w hardal enedigol, ac erbyn hyn yn bennaeth Adran Gymraeg Ysgol Uwchradd y Porth, roedd cael dod i Gaerdydd yn fendith. Roedd gwreiddiau Myra yn ddwfn yn y Rhondda gan fod ei thad yn un o wŷr y Gloran a theulu ei mam wedi dod o ardal Pontrhydfendigaid yn Sir Aberteifi i weithio yn y pyllau glo. Gwŷr y Gloran oedd y bobl hynny oedd yn byw yn y cwm cyn darganfod y glo a chyn bod miloedd o weithwyr yn cyrraedd yno o bob rhan o'r byd. Roedd y teulu wedi bod yn ffermio yn y cwm cyn i'r glofeydd agor, ac maen nhw'n parhau i ffermio yno, serch bod y glofeydd wedi diflannu ers blynyddoedd bellach. Er i'w thad a'i frawd fynd i weithio yn y pwll yn ddeuddeg oed, roeddent yn gerddorol ac yn offerynwyr penigamp, a daethant allan o'r pwll i ennill eu bara drwy chwarae i'r *silent movies* yn un o sinemâu mwyaf Caerdydd. Buan iawn y daeth Al Jolson a'r ffilmiau sain, gan roi diwedd ar y gwaith hwnnw, ac aeth y brodyr Samuel i deithio'r byd yn chwarae mewn bandiau ar fwrdd y llongau mawr oedd yn teithio'n rheolaidd i America. Tarfodd yr Ail Ryfel Byd ar y bywyd hwn gan yrru'r ddau i'r fyddin. Bu tad Myra yn gwasanaethu yng ngogledd Affrica ac yn yr Eidal, yn gyrru lorri ac yn arwain ei fand ei hun wrth ddifyrru'r milwyr a hefyd enwogion fel y Brenin Farouk yn yr Aifft. Mae gennym gopi o raglen un o gyngherddau'r cyfnod yma: cyngerdd band Bryn Samuel a'i unawdydd, milwr o'r enw H. Secombe. Ni welodd Myra ei thad am saith mlynedd tan iddo ddod adre fisoedd ar ôl diwedd y rhyfel.

Wedi cyrraedd y BBC yng Nghaerdydd, ymunais â chriw o reolwyr stiwdio galluog dros ben, gan gynnwys nifer aeth yn ddiweddarach i wneud eu marc ar y cyfryngau yng Nghymru a thu hwnt. Yn eu plith roedd Geraint Stanley Jones a chwaraeodd ran amlwg yn hanes darlledu ym Mhrydain, y cynhyrchwyr teledu Rhys Lewis ac Ieuan Lewis, y cerddor a'r arweinydd corawl Alun John, ac un arall sydd, erbyn hyn, wedi hen wneud ei marc yn y byd gwleidyddol, sef Ann Clwyd.

Ychydig wedi i mi gyrraedd Caerdydd roedd y BBC yn dathlu ei ben-blwydd yn ddeugain oed a nodwyd hynny yng Nghymru drwy gynnal arddangosfa fawr ym mhafiliwn Gerddi Sophia. Ynghanol y pafiliwn mawr gosodwyd stondin recordiau a rhoddwyd Ann Clwyd, neu Ann Lewis fel roedd hi ar y pryd, a fi ar y stondin yma i chwarae recordiau ar gais yr ymwelwyr. Credaf mai dyma'r tro cyntaf a'r tro olaf i hithau ac i minnau fod yn *disc jockeys*.

Mantais fawr o weithio yng Nghaerdydd, yn wahanol i Lundain, oedd fod cyfle i gael profiad o bob agwedd ar ddarlledu – mewn stiwdio sain, mewn stiwdio deledu, ar lawr y stiwdio ac yn y galeri. Mwynheais yr amrywiaeth yma'n fawr, ond roedd yn dipyn o sioc pan ddaeth Morfudd Mason Lewis, Pennaeth yr Adran Gyflwyno, ataf a gofyn a fyddwn yn mynd am brawf llais yn un o'r stiwdios. Roedd gan Morfudd un o'r lleisiau darlledu cyfoethocaf a glywais erioed ac roedd ei rhaglen nos Sul gydag Emrys Cleaver yn denu cynulleidfaoedd mwyaf yr wythnos yn Gymraeg. Wrth reswm, felly, roeddwn i'n nerfus dros ben wrth fynd at y meic gan wybod ei bod hi'n gwrando arna i. Ar ôl fy nghlywed yn darllen sgript newyddion, dyma hi'n gwahodd un o hoelion wyth darlledu Cymreig, sef Hywel Davies, Pennaeth Rhaglenni'r BBC yng Nghymru, i mewn i wrando. Roedd Hywel Davies yn un o gewri darlledu yng Nghymru ond bu farw'n llawer rhy ifanc, a chafodd darlledu yng Nghymru golled enfawr ar ei ôl. Roedd ei gael e'n gwrando ar laslanc fel fi yn brawf annisgwyl ond bu'n garedig iawn, a'r canlyniad oedd i mi gael cyfle i ddarllen ambell fwletin newyddion yn Gymraeg ac yn Saesneg ar y BBC Welsh Home Service, fel y'i gelwid ar y pryd.

Mae fy mwletin cyntaf yn aros yn fy nghof o hyd gan mai hwnnw oedd diwrnod yr is-etholiad seneddol yn Sir Drefaldwyn yn 1962, pan etholwyd Emlyn Hooson i'r senedd am y tro cyntaf. Mae'n debyg i fy mam, oedd yn gwirfoddoli yn swyddfa'r Rhyddfrydwyr ym Machynlleth y diwrnod hwnnw, fynnu tawelwch llwyr drwy'r swyddfa brysur er mwyn i bawb glywed ei mab yn darllen y newyddion am y tro cyntaf. Diolch byth, llwyddais i fynd drwy'r bwletin, a gorffen ar yr amser penodedig, yn weddol ddidramgwydd.

Rhai misoedd yn ddiweddarach, yn 1963, ymgeisiais am swydd Cyhoeddwr Staff, ac yn wir fe'm penodwyd, gan roi i mi godiad cyflog derbyniol. Doedd y cyflog hwnnw'n ddim o'i gymharu â'r cyflogau mae darllenwyr newyddion yn ei gael heddiw, ond o leiaf roedd hi'n swydd ar y staff ac yn rhoi sicrwydd cyflogaeth i mi. Yn syth ar ôl clywed y newyddion am fy mhenodiad, es i fyny i Dreorci ac ar ôl cael te ardderchog gan ei mam, i mewn â ni i'r stafell orau a dyma fi'n gofyn i Myra a fyddai hi'n fodlon i ni ddyweddïo. Trwy drugaredd, cytunodd, ac allan â ni i ddweud wrth ei rhieni. Chwarae teg iddynt, rhoesant groeso cynnes i'w darpar fab yng nghyfraith, er gwaetha'r ffaith fy mod yn hanu o'r gogledd pell.

Dechreuais ar gyfnod prysur iawn wedyn, yn darlledu bob dydd, ar y radio i ddechrau ac yn ddiweddarach ar y teledu, yn darllen bwletinau, neu'n gweithio yn y stiwdio gysylltu yn clymu un rhaglen wrth y llall, gan lenwi'r bylchau rhyngddynt. Credaf mai Myra oedd yr unig wrandawr yng Nghymru oedd yn gwrando'n fwy astud ar y bylchau nag ar y rhaglenni!

Ym mis Gorffennaf 1964 priododd Myra a minnau yng Nghapel Bethlehem, Treorci, a threulio ein mis mêl yn Iwerddon cyn dychwelyd i ymgartrefu yng ngogledd Caerdydd. Dyna lle rydym hyd heddiw, ac er bod tynfa o hyd at y Rhondda ac at Faldwyn, dwi ddim yn credu y symudwn ni oddi yma bellach.

Y chwedegau oedd yr adeg pan ddatblygodd Caerdydd fel prifddinas yng ngwir ystyr y gair, gyda llawer o sefydliadau cenedlaethol yn symud yno a'r rheini'n denu llawer iawn o Gymry ifanc i weithio ynddynt. Cyn hynny arferai'r bobl ifanc hyn edrych at Lundain, Lerpwl, Manceinion a Birmingham am waith, ond bellach roeddent yn troi eu golygon at Gaerdydd. Er nad yw hyn yn lleddfu dim ar y diboblogi yng nghefn gwlad Cymru, o leiaf roedd yn fodd o gadw'r talent ifanc hwn o fewn ffiniau Cymru ac mae'r duedd yma'n parhau, ac yn cynyddu, hyd heddiw.

Yn fuan ar ôl inni briodi fe'n gwahoddwyd ein dau gan Mervyn Williams, a oedd yn Aber yr un pryd â ni, i gyfarfod cyntaf côr newydd yr oedd am ei ffurfio dan arweiniad Roy Bohana. Dyma'r côr a enwyd yn Gôr Poliffonig Caerdydd, côr sydd erbyn hyn wedi canu a lledaenu enw Caerdydd a Chymru dros y byd cyfan. Roedd y cyfarfod cyntaf hwn yn Neuadd Reardon Smith, Caerdydd, a daeth rhyw ddau ddwsin ohonom ynghyd, llawer ohonom wedi canu dan arweinyddiaeth Roy yn Aberystwyth. Cawsom i gyd wefr o glywed sain y criw yn canu gyda'i gilydd am y tro cyntaf ac ymhlith y cantorion roedd Rita Thomas, perchennog llais soprano clir fel cloch, a'i gŵr, Dewi Thomas, oedd â llais tenor hyfryd. Ar ddiwedd y noson gofynsom i'r ddau ddod adre gyda ni am goffi, gan ddechrau cyfeillgarwch sy'n parhau hyd y dydd heddiw, dros hanner can mlynedd yn ddiweddarach. Gan fod Myra yn gontralto a minnau â llais bariton, cawsom hwyl fawr fel pedwarawd yn diddanu ambell gymdeithas capel ac ati, ond rhoi pleser i ni ein hunain oedd ein prif ddiléit am flynyddoedd.

Ond yn ôl at ddarlledu. Rhan o'n dyletswyddau ni fel cyhoeddwyr staff oedd eistedd yn y stiwdio gysylltu yn clymu'r rhaglenni at ei gilydd a dod â phethau i ben ar ddiwedd y noson, a dymuno nos da i'r gwrandawyr. Tra oeddwn ar ddyletswydd yn hwyr un noson, daeth galwad ffôn o Bush House, Llundain, a llais mewn acen ddwyreiniol yn holi a oeddwn yn siarad Cymraeg. Wedi i mi ddweud fy mod, dywedodd perchennog y llais, oedd yn amlwg wedi cael noson o ddathlu da iawn yn rhywle, fod ganddo linell Gymraeg oedd angen ei chyfieithu. Tybiais efallai mai rhywbeth mewn sgript ddarlledu oedd y llinell a gofynnais iddo'i sillafu. Dyma fe'n dechrau, 'T-w-l-l ... t-i-n ...' O diar, roeddwn yn gwybod beth oedd yn dod, ac aeth ymlaen, 'p-o-b ... I-r-a-q-i.' Sut oeddwn i'n mynd i ddianc heb greu problem ryngwladol? Meddyliais ar fy nhraed a dweud, 'Nid Cymraeg yw'r iaith yma; does dim Q yn yr iaith Gymraeg' a rhoi'r ffôn i lawr yn glep!

Tua'r adeg yma roedd elfen o ddatganoli yn digwydd ym myd teledu a phenderfynwyd lansio Gwasanaeth Teledu BBC Cymru yn 1964. Tan hynny, roedd llawer o raglenni o Gymru yn cael eu darlledu yn hwyr y nos wedi i ddarlledu rhwydwaith ddod i ben. Yn awr, roedd gennym y gallu i hepgor rhaglenni o Lundain ar adegau mwy cyfleus, er ein bod wedi ein clymu i amserlen y rhwydwaith o hyd. Er mwyn i ni allu gwneud hyn, adeiladwyd stiwdio gysylltu un-dyn yn y stiwdios teledu yn Sblot. Roedd y system yma'n arloesol, nid yn unig yn y BBC, ond ym Mhrydain gyfan. Er mwyn ei gweithio, roedd gofyn i'r cyhoeddwr eistedd wrth ddesg mewn stiwdio gysylltu fechan iawn, gwneud yn siŵr fod y rhaglen gyfredol yn rhedeg i amser; llunio'r linc i'r rhaglen nesaf; dewis y sleidiau i'w dangos, a sicrhau fod y rhaglen nesaf ar gael. Yna, rhaid oedd cychwyn y peiriant tâp neu roi rhybudd i stiwdio os oedd y rhaglen yn fyw; newid sleidiau â'r droed dde, a siarad â'r gwylwyr yr un pryd, fel petai dim byd arall i'w wneud o gwbl. Roedd gweithio'r system bron mor gymhleth â hedfan awyren, ac roedd unrhyw gamgymeriad yn cael ei weld a'i glywed gan bawb. Cefais fy hun yn llywio sianel newydd BBC Cymru am ran o'r diwrnod cyntaf, ac wrth edrych yn ôl, mae'n siŵr fod y cyfan yn ymddangos yn amaturaidd iawn. Erbyn hyn mae technoleg fodern yn fodd o greu rhwydweithio llyfn a phroffesiynol iawn – ond o leia roedden ni ar flaen y gad am gyfnod.

Bu un digwyddiad trychinebus yn ystod y cyfnod hwn, achlysur nad anghofiaf byth. Erbyn hyn, roedd Myra a minnau wedi cael merch fach, Manon, ac roeddwn i wedi cael diwrnod yn rhydd o'r gwaith. Eisteddem yn y gegin yn bwyta cinio gan wrando ar newyddion ganol dydd ar y radio a chlywed fod rhywbeth mawr wedi digwydd yn un o gymoedd y de. Doedd dim llawer o fanylion eto, dim ond ei fod yn ymddangos yn dra difrifol a bod ysgol a phlant yn ei ganol.

Penderfynais fynd i mewn i'r gwaith i weld a oedd angen help, gan fod pwysau yn siŵr o fod ar yr Adran Gyflwyno ar adeg fel hyn. Cyrhaeddais y swyddfa a chael Morfudd Mason Lewis mewn gwewyr yn ceisio dygymod â'r holl ofynion darlledu oedd wedi codi'n sydyn. Gwelodd fi'n dod i mewn a gofynnodd yn syth a fyddwn yn mynd i'r stiwdio gysylltu i ofalu am y gwasanaeth radio ac aros yno tra bo angen. Mi wnes, wrth gwrs. Yn raddol yn ystod y prynhawn, daeth erchylltra'r sefyllfa yn Aberfan yn fwy eglur, a thrwy gydol y prynhawn a'r min nos hwnnw bu'n rhaid darlledu adroddiadau o'r sefyllfa rhwng pob rhaglen radio. Bryd hynny, doedd dim lloeren i'n helpu i gael adroddiadau teledu byw o'r fan, ac felly'r radio oedd y dull cyflymaf o gyfathrebu'r hanes. Cododd niferoedd y plant a'r oedolion a gollodd eu bywydau yn raddol nes peri i mi deimlo pwysau'r drychineb yn fawr iawn, ond rhaid oedd darlledu yn ddiemosiwn a ffeithiol gywir. Bu bron i mi fethu gwneud hynny ar un adeg, pan ruthrodd newyddiadurwr i mewn i'r stiwdio ataf gan ddweud, 'Rhaid i ni fynd ar yr awyr yn syth. Mae gen i stori fendigedig – cant a phedwar o blant ar goll!' Bu bron i mi golli fy limpyn yn lân, a'i fwrw am fod mor ddideimlad. Er bod angen i newyddiadurwyr fod yn wrthrychol, weithiau mae modd sefyll yn ôl yn ormodol oddi wrth stori newyddion ac roedd y stori hon ymhell o fod yn 'fendigedig'. Fodd bynnag, bu'n rhaid dal ati tan yr oriau mân cyn cau'r gwasanaeth tua dau o'r gloch y bore. Ymlwybrais adre yn gwbl luddedig ond methais â chysgu llawer y noson honno.

Dyma flynyddoedd olaf y BBC yn y pencadlys yn Park Place ynghanol Caerdydd ac adeiladwyd canolfan fodern, newydd sbon, ar gyrion y ddinas yn Llandaf. Roedd y stiwdios yn y ganolfan hon yn cynnwys y dechnoleg ddiweddaraf ac i ni, gyhoeddwyr, roedd y stiwdio gysylltu radio yn rhyfeddod – peiriannau newydd, desg reoli dra gwahanol a chysylltiadau llais â phob rhan o'r adeilad. Yn lle troi bwlyn y meicroffon i fynd ar yr awyr roedd botwm coch ynghanol y ddesg; gwasgu hwnnw a byddem 'yn fyw' ar yr awyr. Ar ôl sesiynau hyfforddi ar y ddesg newydd, daeth y diwrnod mawr i Landaf fynd ar yr awyr am y tro cyntaf. Gwelais ar y rota mai fi oedd i lawr i wneud y darllediad cyntaf o'r pencadlys newydd, sef bwletin newyddion pum munud i chwech yr hwyr, yn union o flaen y newyddion chwech o Lundain. Yn ystod y prynhawn hwnnw, cyn yr oes ddigidol, roedd angen datgysylltu pob gwifren o Park Place a'i chysylltu o'r newydd â Llandaf – tasg fyddai'n cymryd rhai oriau. Penderfynwyd y dylid gadael un gwifren gyswllt ar ôl, rhag ofn y byddai'r peirianwyr wedi methu cwblhau'r dasg o drosglwyddo popeth mewn pryd, a thra oeddwn i'n paratoi'r bwletin yn Llandaf, roedd Ronnie Williams yn eistedd mewn adeilad gwag yn Park Place yn barod i ddarllen yr un bwletin newyddion, rhag ofn i ni fethu gwneud hynny o Landaf.

Fel roedd yr amser darlledu'n nesáu, roedd hi'n ymddangos fel pe bai popeth yn ei le ac eisteddais wrth y ddesg newydd yn barod am y darllediad cyntaf o'r ganolfan newydd. Munud i fynd, a dyma ddrws y stiwdio'n agor a daeth Alun Oldfield Davies, y Rheolwr, i mewn, gan ddweud, 'Oes ots 'da chi os eisteddaf i mewn ar y darllediad cyntaf yma, Emyr?' Nawr, pwy oeddwn i, gyhoeddwr bach ifanc, i wrthod lle i bennaeth y BBC yng Nghymru, yn yr adeilad roedd e wedi bod wrthi'n ei gynllunio am flynyddoedd. 'Wrth gwrs, Mr Davies,' mynte fi, ac aeth i sefyll y tu cefn i mi er mwyn gweld bysedd y cloc yn nesáu at yr amser penodedig. Tri, dau, un ... a gwasgais y botwm coch. Yr union eiliad honno dyma fflach fawr o olau, fel mellten, o rywle. Edrychais at y peiriannydd yr ochr arall i'r ffenest a'i weld yn syfrdan lygad agored, y ddau ohonom heb weld dim byd tebyg yn ystod yr wythnosau o ymarfer. Beth oeddwn i'w wneud? Oedden ni ar yr awyr? Penderfynais fwrw ymlaen â'r bwletin gan wybod fod Ronnie â bwletin wrth gefn os na fyddem ni'n darlledu. Rhywfodd, es drwy'r bwletin, yn hanner credu y byddai'r larwm tân yn canu unrhyw funud, a serch i mi glywed sŵn rhwygo od yn y stiwdio, llwyddais i ddod allan eiliad neu ddwy cyn y pips chwech o'r gloch. Wedi gwasgu'r botwm coch i ddiffodd y meic, gofynnais i'r peiriannydd beth ar y ddaear oedd y fflach fawr? Cyn iddo fedru ateb, dyma lais y Rheolwr y tu cefn i mi, 'Emyr, hoffech chi weld y llun polaroid gymres i wrth i chi fynd ar yr awyr?' Doeddwn i ddim wedi gweld y camera oedd yn ei law pan ddaeth i mewn, a dyna sylweddoli mai'r synau rhwygo oedd sŵn y llun yn cael ei dynnu o'r camera. 'Hyfryd iawn, Mr Davies,' medde fi! Aeth sawl blwyddyn heibio cyn i mi fod yn ddigon dewr i ddweud wrtho ei fod bron â difetha'r darllediad cyntaf o Landaf.

Un o'r pynciau llosg ym myd gwleidyddiaeth y cyfnod hwn yng Nghymru oedd ymgyrch Plaid Cymru i gael Darllediad Gwleidyddol ar y teledu. Hyd yn hyn, dim ond y tair plaid fwyaf, sef Llafur, y Ceidwadwyr, a'r Rhyddfrydwyr, oedd â hawl i gael darlledu'n uniongyrchol i wylwyr teledu. Ar ôl blynyddoedd o ymgyrchu, enillwyd yr hawl gan Blaid Cymru, a phenderfynwyd mai'r BBC fyddai'n cynhyrchu ac yn darlledu'r pum munud pwysig cyntaf yma. Roedd rheolau caeth iawn bryd hynny ynghylch darllediadau gwleidyddol. I ddechrau, roeddent i'w darlledu ar y ddwy sianel yng Nghymru yr un pryd, hynny yw, ar y BBC ac ar y sianel fasnachol. Yn ail, roedd angen i'r telediad ddod o un ffynhonnell, sef yr un peiriant tâp, er mwyn sicrhau fod pawb yn cael yr un neges yr un pryd. Cynlluniwyd y rheolau hyn er mwyn ei gwneud hi'n amhosib osgoi'r darllediad. Diolch byth, mae pethau wedi newid yn ddirfawr erbyn heddiw ac mae botwm hwylus ar gael i newid sianeli a dianc rhagddynt.

I staff yr Adran Gyflwyno, roedd y darllediad cyntaf hwn yn sialens, gan y byddai angen i ni reoli'r rhwydwaith cyfan, gan gynnwys rhaglenni o Lundain, am rai oriau er mwyn gwneud lle i'r pum munud hwn ar sianelau Cymru. Gwaetha'r modd, fy nhro i oedd eistedd yn y gadair boeth yn y stiwdio gysylltu un-dyn a cheisio gweithio'r drefn hon. Cofiaf i mi, ar y pryd, deimlo'r cyfrifoldeb yn drwm ar fy ysgwyddau. Aeth popeth yn iawn i ddechrau, ac fel roedd amser y darllediad yn nesáu ceisiais sicrhau fy mod mewn cysylltiad â'r peiriant tâp cywir a'n bod yn ei fwydo drwodd i stiwdios HTV. Cefais gadarnhad gan y peirianwyr fod popeth yn iawn ond, er mwyn bod yn sicr o bethau pe bai'r peiriant yn methu, roedd gennym gynllun B, sef peiriant tâp wrth gefn ar beiriant arall mewn rhan wahanol o'r adeilad. Yn ôl a ddeallem, roedd yr un drefn yn HTV hefyd. Daeth y funud olaf cyn darlledu, ac yn sydyn aeth fy sgrin yn dywyll a dim ymateb o gwbl oddi wrth y peiriant tâp, er i mi alw a galw ar y peiriannydd i roi arwydd i mi ei fod yn fy nghlywed. Ugain eiliad i fynd, a bu'n rhaid gwneud penderfyniad. Dyma alw ar y peiriant wrth gefn. Diolch byth, roedd peiriannydd hwnnw'n fy nghlywed ac fe gymerodd y ciw deng eiliad. Roedd hi'n rhyddhad mawr i weld y peiriant yn cychwyn a gobeithio i ni ddarlledu'r pum munud hanesyddol hynny heb i'r gynulleidfa sylweddoli fod unrhyw beth od wedi digwydd. Yn anffodus, ni lwyddodd HTV i redeg y peiriant oedd ganddyn nhw wrth gefn a bu'n rhaid iddynt ddarlledu'r rhaglen yn ddiweddarach y noson honno. Wrth gwrs, bu ymchwiliad i'r digwyddiad a darganfyddwyd fod peiriannydd arall, yn ddamweiniol, wedi taflu swits a diffodd y cyfan gan dorri'r cysylltiad a'm gadael i gyda sgrin dywyll!

Dro arall, roeddwn i ar ddyletswydd ar ddydd Sul yn 1964 pan ddaeth y newyddion fod Lynn Davies, Nant-y-moel, wedi ennill medal aur yn y Gemau Olympaidd yn Tokyo. Penderfynodd y cynhyrchydd teledu Dewi Griffiths fod yn rhaid creu rhaglen chwarter awr a'i darlledu'n fyw y prynhawn hwnnw i ddathlu'r achlysur hanesyddol hwn, a chan fy mod i ar ddyletswydd, fi oedd i'w chyflwyno. Yn 1964 doedd dim cysylltiad lloeren ar gael ond llwyddwyd i gael lluniau du a gwyn gwael eu hansawdd o Tokyo, ac er mwyn llenwi'r amser daethpwyd â rhieni Lynn Davies i Gaerdydd o Nant-y-moel i sgwrsio am lwyddiant eu mab. Yn y dyddiau hynny hefyd doedd dim *autocue* i roi'r sgript o flaen y darlledwr, ond roedd gennym yr hyn a elwid yn *teleprompter*, sef peiriant oedd yn rhoi'r sgript ar rolyn papur y tu cefn i chwyddwydr wedi ei sgriwio i'r camera o dan y lens. Fel roedd y darllenwr yn adrodd y sgript, roedd y rholyn papur yn symud i fyny tu ôl i'r chwyddwydr. Gan nad oedd amser i mi ymgyfarwyddo â'r sgript, penderfynwyd defnyddio'r teclyn hwn ac aed ati i deipio'r cyfan ar frys ar y rholyn papur. Ond och! Pan aed i mewn i'r stiwdio doedd dim modd cysylltu'r *teleprompter* o dan lens y camera oedd yno. Doedd dim amdani felly ond gosod y teclyn ar gadair o flaen y camera lle gallwn ei weld yn weddol rwydd.

Doedd dim amser i ymarfer, dim ond gosod rhieni Lynn yn eu cadeiriau ac roedden ni ar yr awyr. Aeth y cyflwyniad agoriadol yn weddol gyda fi'n rheoli'r peiriant â 'nhroed dde. Ond yna, er mawr syndod i mi, penderfynodd Dewi fod angen gwell llun arno a gwelais y camera yn dechrau crwydro i'r chwith, ymhell o'i safle gwreiddiol. Yn anffodus, roedd y sgript yn aros yn ei hunfan ar y gadair ynghanol llawr y stiwdio ac felly, er mwyn ei gweld, roedd angen i mi edrych dros fy ysgwydd i un cyfeiriad i'w darllen a throi fy mhen fel pendil yn ôl a blaen i wynebu'r camera. Mae'n siŵr mai dyna un o'r rhaglenni mwyaf amaturaidd a ddarlledwyd erioed yng Nghymru.

Yn y cyfnod hwn roedd hi'n braf iawn medru gadael y swyddfa ar ddiwedd dydd, am wythnos o wyliau dyweder, gan adael desg lân ar fy ôl a chael y ddesg yn llawn mor lân wrth ddod yn ôl i'r swyddfa. Wrth reswm, doedd dim modd pentyrru bwletinau newyddion tra oeddwn i ffwrdd. Wnes i ddim sylweddoli cymaint o fantais oedd hyn tan i mi, mewn swyddi eraill yn ddiweddarach, orfod gweithio'n galed i glirio fy nesg cyn y gwyliau, ac yna wynebu pentwr arall o bapur wrth ddychwelyd at y ddesg. Yn ystod yr adeg yma, cafodd Manon chwaer fach, Ffion; roedd y ddwy adre gyda Myra ac roedd gweithio shifftiau yn rhoi bore neu brynhawn yn rhydd i mi yn yr wythnos i'w dreulio gyda'r teulu. Yr oedd ochr arall i hyn, wrth gwrs, oherwydd bu'n rhaid gweithio bob yn ail benwythnos a hefyd ar ddydd Nadolig yn rheolaidd.

Un o'r atgofion hapusaf o'r cyfnod hwn oedd ein gwyliau blynyddol gyda theulu Myra ar fferm Gilfachydwn Fawr, ger Pontrhydfendigaid yng Ngheredigion. Fel y soniais ynghynt, roedd teulu Myra wedi symud o'r ardal i weithio ym mhyllau glo'r Rhondda, ond roedd Myra a'i mam wedi bod yn mynd yn ôl yno bob blwyddyn am wyliau. Roedd William Hughes yn gefnder i fam Myra ac fe gawsom ni fel teulu o bedwar groeso bendigedig ganddo ef a'i wraig, Megan, am bythefnos bob haf. Roedd bywyd y fferm yn brofiad newydd i'r merched ac roeddent wrth eu boddau ymhlith y gwartheg, y defaid a'r ŵyn, y ffowls, a'r cŵn. Doedden ni ddim i wybod hynny ar y pryd, ond bu'r profiad o fywyd cefn gwlad Cymru o werth mawr i'r ddwy yn eu gyrfaoedd yn ddiweddarach, ac o bosib wedi rhoi iddynt imiwnedd rhag llawer o'r alergeddau sydd yn gyffredin yn ein bywydau trefol heddiw. Byddwn yn ddiolchgar i Megan a William weddill ein hoes am eu caredigrwydd yn rhoi atgofion hyfryd o'r cyfnod hwn i'r teulu cyfan. Mae'n dda medru dweud ein bod mewn cysylltiad clòs o hyd â'r genhedlaeth nesaf o'r teulu yn ardal y Bont a Thregaron.

Rhaid dweud i ni hefyd fod yn ffodus fel teulu fod bywyd cerddorol ysgolion Caerdydd a Bro Morgannwg yn llewyrchus iawn yn y cyfnod hwn. Mae Manon a Ffion wedi etifeddu'r traddodiad cerddorol teuluol ac roedd y cyfleoedd a gawsant drwy'r system addysg i chwarae mewn cerddorfeydd a chanu mewn corau o fudd mawr i'r ddwy. Gan nad oedd ysgol uwchradd Gymraeg yng Nghaerdydd ar y pryd, aeth Manon i Ysgol Gyfun Gymraeg Llanhari yn y fro: yr ysgol a agorwyd wedi i Ysgol Rhydfelen gyrraedd ei llawn dwf, ac ar ôl rhoi cynnig ar nifer o offerynnau, fe gymerodd at ganu'r delyn. Bu'n canu'r offeryn yng Ngherddorfa Canol Morgannwg ac yn ddiweddarach yng ngherddorfeydd Prifysgol Caergrawnt. Bu hefyd yn ddigon hirben i gynnig ei gwasanaeth i un o westai mwyaf Caergrawnt ac ennill arian da drwy ganu'r delyn yno am ddwyawr, ddwywaith yr wythnos, tra oedd y gwesteion yn swpera. Cawsom fwynhad mawr o wrando arni'n perfformio, ond rhaid cyfaddef i mi gael ambell edrychiad od gan werthwyr moduron wrth geisio prynu car newydd a gofyn, 'Gymrith e' delyn yn y cefn?'

Pan ddaeth amser addysg uwchradd i Ffion, roedd Ysgol Gyfun Glantaf wedi agor yng Nghaerdydd ac ar ôl chwarae'r *cello* am gyfnod, setlodd Ffion ar y clarinét, er mawr foddhad i'w thad-cu yn y Rhondda gan mai ar yr offeryn hwnnw y bu e'n ennill ei fywoliaeth am flynyddoedd. Fel ei chwaer, bu Ffion yn aelod o gerddorfa'r sir ac aeth ymlaen i chwarae gyda'r Gerddorfa Ieuenctid Genedlaethol ac i ganu gyda'r Côr Ieuenctid Cenedlaethol. Eto, fel ei chwaer, bu cerddoriaeth yn gymorth mawr iddi wneud ffrindiau pan oedd yn canu mewn corau ym Mhrifysgol Rhydychen.

I mi, un o freintiau swydd cyhoeddwr oedd cyflwyno cyngherddau clasurol gan Gerddorfa Gymreig y BBC a llawer o artistiaid adnabyddus ar Radio 3. 'Cerddorfa Gymreig y BBC' oedd teitl y gerddorfa, cyn ei hehangu'n gerddorfa symffoni lawn drwy nawdd Cyngor y Celfyddydau. Yn y cyfnod hwn, yr arweinydd oedd Rae Jenkins a'r blaenwr oedd Philip Whiteway, ac roedd y syniad o gael fy nhalu i eistedd i wrando ar gerddoriaeth glasurol fyw yn bleser pur i mi. Gan mai pedwar deg pedwar o aelodau oedd i'r gerddorfa ar y pryd, roedd cerddoriaeth Mozart a Haydn yn amlwg iawn yn y *repertoire* ac rwy'n credu i mi glywed pob un o 'Symffonïau Llundain' gan Haydn yn ei thro, ac ambell un fwy nag unwaith.

Rhaglen rheolaidd gan y gerddorfa bryd hynny oedd y *Midday Concert* a ddarlledid ganol dydd Mercher o Neuadd y Ddinas ynghanol Caerdydd. Doedd Neuadd Dewi Sant ddim wedi ei chodi bryd hynny, a chynulleidfa fechan ond rheolaidd oedd yn arfer dod i wrando, gyda llawer ohonynt yn eistedd yn yr un seddau bob tro yn y neuadd. Daeth y cyhoeddwr i adnabod llawer ohonynt a chael aml i sgwrs ddifyr am y rhaglen wedi i'r darllediad ddod i ben. Fodd bynnag, roedd un aelod o'r gynulleidfa'n peri ychydig ofid i mi. Dyn canol oed oedd e, a byddai'n dod i mewn i'r neuadd â thamborîn dan ei gesail. Byddai'n mynd i eistedd yng nghefn y gynulleidfa, gan osod y tamborîn yn ofalus ar y sedd wag wrth ei ochr. Ar ddiwedd y cyngerdd, byddai'n codi'r tamborîn ac yn gadael cyn i ni gael cyfle am sgwrs. Wyddwn i ddim amdano, ond fy ofn i oedd y byddai'r demtasiwn i daro'r tamborîn yn drech nag e rywbryd yn ystod y cyngerdd. Ddigwyddodd hynny ddim, ond efallai ei fod yn gobeithio y byddai'r arweinydd rywbryd yn troi at y gynulleidfa a gofyn, 'Is there a tambourine in the house?' a rhoi iddo ei awr fawr.

Roedd Rae Jenkins wrth ei fodd yn darlledu'n fyw ac yn aml byddai tempo'r gerddoriaeth yn ymateb i'r amser oedd gan y rhaglen cyn dod i ben. Gallaf ei weld yn awr gyda *stopwatch* ar ymyl ei rostrwm a gwên fawr ar ei wyneb os llwyddodd i gael symudiad olaf symffoni i orffen bum eiliad cyn yr amser penodedig. Weithiau teimlwn fod y gofyniad hwn wedi mynd yn drech na'r awydd i gael perfformiad derbyniol o'r gwaith.

Daeth cyfle arall diddorol pan ofynnwyd i mi gyflwyno rownd derfynol Cystadleuaeth Piano Mozart y BBC. Roedd y rhaglen i'w darlledu'n fyw o'r neuadd gyngerdd yn Llandaf ar brynhawn Sul o flaen cynulleidfa o wahoddedigion. Gan nad oedd stiwdio deledu yn Llandaf bryd hynny, dyma'r rhaglen deledu gyntaf i'w darlledu o'r ganolfan newydd, ac fe'i trefnwyd fel Darllediad Allanol gyda cheblau mawr yn rhedeg i mewn i'r neuadd o'r Uned Deledu symudol y tu allan. Er i'r gystadleuaeth a'r darllediad fod yn llwyddiant mawr, ni chynhaliwyd y gystadleuaeth byth wedyn, gwaetha'r modd. Ond am flynyddoedd ar ôl hynny, roeddwn i'n sylwi fod llawer o bianyddion gorau'r wlad wedi dod i amlygrwydd drwy ymddangos yn y gystadleuaeth hon yng Nghaerdydd.

Dyma'r adeg pan gefais gyfle hefyd i sylwebu ar seremonïau'r Brifwyl. Y sylwebydd arferol oedd y darlledwr chwedlonol Alun Williams, ond yn 1966 doedd e ddim ar gael gan fod Gemau'r Gymanwlad yn digwydd yr un pryd yn Jamaica. Felly, yn Eisteddfod Aberafan, cefais fy nghyfle cyntaf i sylwebu ar seremonïau mawr yr wythnos. Roeddwn i'n bur nerfus yn dilyn y fath ddarlledwr profiadol, ond ar y bore Mawrth, cyn y coroni, dyma delegram yn cyrraedd o Kingston, Jamaica, oddi wrth Alun yn dymuno'n dda i mi'r prynhawn hwnnw. Bu ei garedigrwydd tuag at sylwebydd dibrofiad yn hwb mawr i fy hyder ac roeddwn yn ddiolchgar iawn amdano.

Yn y pafiliwn mawr pren, roedd stiwdios y BBC ar y llawr cyntaf ar un ochr i'r llwyfan, ac er eu bod yn gyfyng iawn roeddent yn rhoi golwg dda o'r llwyfan ac o'r gynulleidfa. Prin ddigon o le oedd yna i eistedd o flaen desg â'm nodiadau o'm blaen, ac ar ddiwrnod braf byddai'r lle'n mynd yn gynnes dros ben oherwydd y diffyg awyru. Un flwyddyn, cawsom ymweliad gan ddau Wyddel oedd yn gweithio i'r gwasanaeth teledu Gwyddelig yn Iwerddon. Seán Mac Réamoinn, siaradwr Cymraeg rhugl, oedd un ohonynt, a gofynnwyd a fyddai'n bosib i Seán wneud sylwebaeth yn yr Wyddeleg ar un o'r seremonïau. Er nad oedd unrhyw drefniadau wedi eu gwneud ymlaen llaw, cytunwyd a rhoddwyd cadair arall wrth fy ochr er mwyn i Seán weld y llwyfan. Y gwir oedd fod cael person arall yn y lle cyfyng hwn yn gwneud pethau'n anghyfforddus dros ben, ond aed ymlaen, serch ein bod bron yn eistedd yn arffedau ein gilydd.

O fewn eiliadau i ddechrau'r seremoni, sylweddolais nad oedd gan wylwyr Seán unrhyw ddiddordeb yn y sain oedd yn dod o'r llwyfan. Doedden nhw ddim yn medru'r Gymraeg, wrth reswm, ac felly doedden nhw ddim callach o wrando ar elfennau o'r seremoni, fel Gweddi'r Orsedd neu'r feirniadaeth. Y canlyniad oedd fod Seán yn cyfieithu popeth ac yn parablu heb stop mewn llais uchel yn yr Wyddeleg, ysgwydd ac ysgwydd â mi. Roedd sain y seremoni a'r sylwebaeth Gymraeg yn cael eu boddi'n llwyr gan don o'r iaith Wyddeleg drwy fy meicroffon i. Rhaid oedd gwneud rhywbeth ar fyrder. Doedd hi ddim yn bosib symud Seán o'i sedd ac yn y diwedd cafwyd hyd i flanced fawr a'i thaflu dros ei ben ef a'i feicroffon. Gorffennodd Seán ei sylwebaeth yn chwysu'n gorn ac yn gwylio'r seremoni drwy fwlch bychan ym mhlygiadau'r flanced. Wn i ddim hyd heddiw o ble daeth y flanced, ac er iddi dawelu ychydig ar lais Seán, clywodd ein gwylwyr ni sylwebaeth ddwyieithog y flwyddyn honno. Ddigwyddodd hynny byth wedyn, diolch byth.

Bryd hynny roedd y ddwy seremoni fawr yn yr Eisteddfod yn cael eu darlledu i Brydain gyfan drwy rwydwaith teledu'r

BBC – mantais fawr i wylwyr Cymraeg oedd yn byw y tu allan i Gymru. Roedd yr un peth yn wir am y rhaglen *Heddiw* a fyddai'n darlledu ar y rhwydwaith tua chanol ddydd, gydag Owen Edwards yn cyflwyno. Dyna un o'r ychydig fanteision i'r drefn honno. Gan fod amserlen y rhwydwaith yn rheoli popeth, cefais fy anfon i Lundain i weld sut oedd rhwydwaith rhaglenni'r BBC yn gweithio, er mwyn i ni gael gwell dealltwriaeth ynghylch sut oedd ein rhaglenni ni o Gymru yn plethu i mewn i'r rhwydwaith Prydeinig. Daeth cyfle i fynd i Alexandra Palace i weld y darllediad newyddion ganol ddydd, gan sefyll yn y galeri i'w wylio. Ar ddiwedd y darllediad, gwahoddwyd fi i lawr i'r stiwdio i gwrdd â Robert Dougall, prif gyhoeddwr Newyddion y BBC ac wyneb cyfarwydd i filiynau o bobl. Cododd o'i sedd i'm cyfarch, a'i eiriau cyntaf wrthyf oedd, 'I've seen you on television.' Mae'n debyg fod y sgrin deledu ar ei ddesg yn y stiwdio yn dangos y bwletin Cymraeg oedd yn rhagflaenu ei fwletin ef, lle byddwn i'n darlledu o Gaerdydd – dyna i chi enwogrwydd!

Pennod 6

Heddiw a'r Arwisgiad

Tra oeddwn i yn yr Adran Gyflwyno, daeth cyfle i mi symud i gadair y rhaglen deledu ddyddiol *Heddiw*, rhaglen a gyflwynwyd am flynyddoedd gan Owen Edwards ac am gyfnod wedyn gan Hywel Gwynfryn. Erbyn hyn, roedd *Heddiw* wedi symud o fod yn rhaglen ganol dydd i wahanol amserau gyda'r nos. Gwaetha'r modd, doedd y newid hwn ddim wedi bod o les i'r rhaglen gan ein bod yn colli'r gwylwyr tu fas i Gymru, ac roedd yr amrywiol amserau darlledu yn torri arfer y gwyliwr o wylio'r rhaglen yn rheolaidd ar yr un amser bob diwrnod gwaith.

Roedd patrwm fy niwrnod gwaith innau hefyd wedi newid ac erbyn hyn roedd Manon yn dair a Ffion bron yn flwydd oed. Er mwyn eu gweld cyn iddynt fynd i gysgu ar nosweithiau pan fyddai gennym raglen hwyr, byddwn yn mynd adref tua phump o'r gloch i gael swper ac yna'n troi yn ôl i'r stiwdio i gyflwyno'r rhaglen. Does dim rhyfedd felly mai geiriau cyntaf Ffion oedd, 'Ta-ta Da-dad'.

Bryd hynny roedd cysylltiadau teledu rhwng de a gogledd Cymru yn drafferthus oherwydd natur fynyddig y dirwedd a doedd dim modd darlledu'n uniongyrchol o Fangor. Roedd gan *Heddiw* ddau ohebydd yn y gogledd, sef Harri Gwynn yn y gorllewin a T. Glynne Davies yn y dwyrain. A bwrw bod angen ffilm o'r gogledd, dim ond un ffordd oedd o'i chael, sef ei chludo i lawr mewn car. O gofio ein bod yn aml ar yr awyr o Gaerdydd cyn saith o'r gloch – ac nad oedd heolydd y canolbarth ddim hanner cystal â heddiw – roedd angen i Harri a T. Glynne orffen ffilmio erbyn un ar ddeg o'r gloch y bore os oedd y ffilm i'w darlledu'r noson honno. Yna, byddai gyrrwr yn gyrru i lawr i Gaerdydd ac yn cyrraedd rhwng pedwar a phump y prynhawn. Roedd hi'n ras wyllt wedyn i ddatblygu'r ffilm, ei golygu, gosod sylwebaeth arni, ac ysgrifennu cyflwyniad iddi yn barod i'w ddarlledu. Meddyliais yn aml am y gyrrwr yma druan; ar ôl rhoi'r caniau ffilm i ni, byddai'n llyncu paned a brechdan cyn ei chychwyn hi yn ôl am Fangor. Bore wedyn am un ar ddeg, byddai'n rhaid iddo ailadrodd y siwrnai gan wneud hynny bron bob diwrnod o'r wythnos waith. Mae'n siŵr ei fod yn gyfarwydd iawn â phob twll a chornel o'r A470.

Roedd derbyniad teledu yn y canolbarth hefyd yn fympwyol dros ben. Ar ôl iddo ymgodymu â'r broblem hon am flynyddoedd, cofiaf i Alun Oldfield Davies, Rheolwr y BBC yng Nghymru, ddweud, wrth draddodi araith ar achlysur ei ymddeoliad, mai'r unig ffordd o setlo cwestiwn derbyniad teledu yng Nghymru, yn ei farn ef, oedd drwy gael lloeren sefydlog uwchben y ddaear yn darlledu o'r gofod i lawr i'r cymoedd cul. Chwerthin oedd ymateb pawb i hyn!

Dagrau'r sefyllfa ddiflas hon oedd mai'r ardaloedd Cymreiciaf gan mwyaf oedd yn methu derbyn teledu o Gymru, a dyma sut y bu pethau am flynyddoedd. Achosodd hyn i lawer o bobl ddanto a throi at y cyfryngau Seisnig o Loegr oedd, am ryw reswm, yn haws cyrraedd atynt o drosglwyddyddion Holme Moss a Sutton Coldfield. Daeth trosglwyddydd Blaen-plwyf â rhywfaint o welliant, ond am flynyddoedd wedyn bu cynulleidfa de Cymru yn derbyn eu gwasanaeth teledu oddi wrth drosglwyddydd dros y dŵr yng Ngwlad yr Haf.

Cynhyrchwyr *Heddiw* yn y cyfnod hwn oedd John Roberts Williams a Geraint Stanley Jones, a buan iawn y des i werthfawrogi crefft y naill a'r llall yn gweu rhaglen ddyddiol at ei gilydd wythnos ar ôl wythnos. Nid tasg hawdd oedd hon, ond roedd gallu a phrofiad newyddiadurol John yn amlwg iawn yn y ffordd y byddai'n dehongli stori ac yn sgriptio eitem: byddai'n dechrau ysgrifennu ar ben y dudalen a gorffen ar y gwaelod, heb newid gair o gwbl ar y ffordd. Roedd gan Geraint ddychymyg byw wrth greu rhaglen deledu ac roedd cyfuniad o'r ddwy ddawn arbennig yma'n peri fod *Heddiw* ar y pryd bob amser yn rhaglen werth ei gwylio.

Adeg y Pasg un flwyddyn, dywedodd Geraint wrthyf ei fod yn awyddus i greu rhaglen â naws grefyddol iddi ar gyfer y Groglith, a chofiais am gyfaill bore oes oedd wedi creu argraff ddofn arnaf. Ei enw oedd Ian Burton, brawd i gyfaill mawr i'r teulu, Nancy Burton. Pan oeddwn yn fy arddegau, cofiaf i Ian a Nancy ddod gyda ni ar ymweliadau â Gŵyl Llangollen, ac ar ambell daith arall o gwmpas Cymru. Yn enedigol o Bennal, dangosodd Ian yn ifanc iawn ei fod am ddilyn galwedigaeth eglwysig, a phenderfynodd fynd yn offeiriad yn yr Eglwys yng Nghymru. Fodd bynnag, roedd ganddo feddwl annibynnol iawn ac ar ôl anghytuno ag Esgob Bangor ar ryw bwnc neu'i gilydd, penderfynodd adael yr Eglwys yng Nghymru ac ymunodd â'r Eglwys Babyddol gan fynd i fyw gyda'r Tadau Cowley yn Rhydychen. Bu yno am beth amser nes iddo deimlo'n anghyfforddus â phenderfyniadau a pholisi'r Pab. Symudodd i Baris wedyn ac ymuno ag Eglwys Uniongred Rwsia, yr unig offeiriad Cymraeg yn yr eglwys fyd-eang honno ar y pryd.

Tua'r adeg yma, aeth dau o staff y BBC i Baris i wneud rhaglen radio i'r BBC ar y Cymry oedd yn byw yno, rhaglen i'w darlledu'n fyw noswyl gêm rygbi rhwng y ddwy wlad. Wedi darlledu'r rhaglen, ymlwybrodd y ddau ar draws y ddinas yn ôl i'w llety yn weddol hwyr y nos, ac yn un o'r strydoedd cefn fe welsant ffigwr unig yn cerdded yn gyflym tuag atynt, gan gadw'n glòs at y wal – offeiriad â barf laes ac wedi ei wisgo mewn het ddu a gwisg laes, ddu at ei draed. 'Drycha ar hwn,' meddai un ohonynt wrth y llall, ac yna wrth y dieithryn, 'Sut wyt ti'r hen greadur?' Sioc eu bywyd iddynt oedd cael yr ateb gan Ian Burton, 'Yn iawn, diolch yn fawr. Sut 'dech chi?' Gwaetha'r modd, roedd y rhaglen eisoes wedi ei darlledu a chollwyd cyfle am ddarllediad diddorol tu hwnt.

Ar gais Geraint, es i i chwilio am Ian Burton, a darganfod ei fod erbyn hyn wedi mabwysiadu'r enw 'Y Tad Barnabas' a'i fod wedi sefydlu mynachlog fechan mewn ffermdy yn Willand, ger Cullompton yn Nyfnaint. Ar wahân i ambell ymwelydd achlysurol, dim ond Barnabas oedd yn y fynachlog. Ar ôl ymweld ag e yno, gwelodd Geraint a minnau ei fod yn cadw'r drefn o gynnal gwasanaethau dyddiol bob bore, prynhawn a nos, yn amlach na dim ar ei ben ei hun, mewn capel bach yr oedd wedi ei adeiladu yn un o dai allan y ffermdy. Cawsom groeso cynnes ganddo, er ei bod yn fis Chwefror oer iawn ynghanol tymor y Grawys, a doedd y salad a jeli oer i ginio ddim yn fodd i'n cynhesu lawer. Ar ôl pendroni tipyn am briodoldeb gwneud hynny ar gyfer y camerâu, cytunodd Barnabas i ni ffilmio rhan o'r litwrgi ddyddiol yn yr eglwys fechan hon yn llawn iconau ac arogldarth. Fel sy'n arferol yn Eglwys y Dwyrain, roedd sgrin ar draws yr eglwys yn cuddio'r allor ac fel yr âi'r gwasanaeth yn ei flaen yn yr iaith Rwsieg, roeddem yn mynd yn fwyfwy i mewn i awyrgylch ac ysbryd y ddefod ddieithr hon. Yna, ynghanol y gwasanaeth, agorodd Barnabas ddrysau'r sgrin a'i daflu ei hun i'r llawr gan ddechrau llafarganu, 'Ein Tad, yr hwn wyt yn y nefoedd …'

Roedd clywed Gweddi'r Arglwydd yn Gymraeg ynghanol yr awyrgylch estron yma yn sioc, fel cawod o ddŵr oer yn arllwys trosom a gyrru cryd i fyny'r cefn. Darlledwyd y rhaglen deledu adeg y Pasg a chafodd groeso mawr gan y gwylwyr. Flwyddyn neu ddwy yn ddiweddarach, lluniais raglen radio gyda Barnabas yn mynd â ni drwy ddefodau Pasg Eglwys y Dwyrain, gyda chymorth lleisiau bendigedig côr Don Cossack o Baris. Gofynnais iddo beth oedd y rheswm dros ei bererindod o gwmpas gwahanol ganghennau'r Eglwys Gristnogol. Ei ateb oedd na fedrai'n rhwydd dderbyn awdurdod dynol dros elfennau o Gred, ac fe welodd yn Eglwys y Dwyrain fod yr eglwys ei hun yn ymgorfforiad o awdurdod. Roedd yn bwysig ganddo gydnabod fod yna ddirgelwch yr oedd yn rhaid ei dderbyn, dirgelwch y tu hwnt i grebwyll dynol.

Daeth Barnabas i ymweld â ni yng Nghaerdydd pan oedd y merched yn ifanc iawn. Yr adeg honno roedd trafferthion Ynys Cyprus yn y newyddion ac roedden ni wedi rhybuddio'r plant fod y ffigwr yma, wedi ei wisgo yn debyg i'r Archesgob Makarios, yn dod am bryd o fwyd. Bu llawer o ddyfalu ynghylch hyn, ond pan ddaeth, nid oedd neb yn fwy caredig a thyner ei agwedd tuag at y plant na Barnabas, a chawsant fodd i fyw yn ei gwmni.

Ond nid dyna ddiwedd stori'r Tad Barnabas, gan iddo yn fuan wedyn symud yn ôl i Gymru a sefydlu mynachlog fechan yn y Felin Newydd yn Sir Drefaldwyn, a chyflawni ei orchwyl litwrgïaidd yno am weddill ei oes. Dagrau pethau oedd iddo farw a chael ei gladdu pan oedd Myra a minnau allan o'r wlad, ac felly ni fu modd i ni gyflawni'r gymwynas olaf iddo. Fodd bynnag, beth amser yn ddiweddarach, roeddem yn ymweld â mynachlog fawr ger St Petersburg yn Rwsia, ac ynghanol sgwrs gyda mynach ifanc buom yn sôn am Barnabas a'n hoffter ohono. Ar ddiwedd y sgwrs, dywedodd y mynach y byddent yn enwi Barnabas yn eu gweddïau'r noson honno yn eglwys y fynachlog. Mewn ffordd, teimlem ein bod felly wedi gwneud iawn am fethu mynd i'w angladd.

I unrhyw un oedd yn ymwneud â materion cyfoes yng Nghymru, roedd y cyfnod hwn, yn arwain at yr Arwisgiad yng Nghaernarfon, yn adeg gyffrous a hynod ddiddorol. Codai teimladau cryfion o'r ddwy ochr i'r ddadl – rhai'n cefnogi'r Arwisgo yn gryf a rhai'n wrthwynebus tu hwnt, hyd at drais ar adegau. I'r rheini oedd yn gweithio ar raglen *Heddiw* ar y pryd, roedd angen ceisio bod mor ddi-duedd â phosib, er bod gan bob un ohonom farn bendant am yr achlysur a'r wleidyddiaeth oedd o'i gwmpas

Dyma'r adeg, wrth gwrs, y bu sôn mawr am Fyddin Rhyddid Cymru, yr FWA. Yn ogystal â gorymdeithio trwy fannau hanesyddol, fel tref fy ngeni, roedd un achlysur o bwys mawr iddynt, sef cynnal seremoni ger cofeb Llywelyn ein Llyw Olaf yng Nghilmeri. Fe'm hanfonwyd i a Rhys Lewis i ffilmio'r achlysur, ac roedd torf chwilfrydig o newyddiadurwyr eraill yno hefyd. Wedi ymgynnull yn y dafarn gyfagos, dyma'r dyrnaid o lanciau yn eu lifrai milwrol yn dechrau ymdeithio tua'r gofeb gerllaw. Ar flaen y gad yr oedd Cayo Evans ac yn dod y tu cefn i'r fintai o ryw ddwsin yr oedd Dennis Coslett, y 'Dirprwy Bennaeth', a chanddo gi Alsatian anferth yn tynnu cymaint ar ei dennyn nes bod ei berchennog yn cael trafferth i'w gadw dan reolaeth. Fe fuon ni'n eu dilyn ar hyd y ffordd o'r dafarn i'r gofeb, gyda Rhys a minnau yn cerdded ochr yn ochr, a Harry, ein dyn camera, tu cefn i ni'n ffilmio dros ein hysgwyddau. Ar hynny, dyma Coslett, a'r ci, yn troi i'n gweld a rhuthro'n ôl atom gyda'r ci yn ysgyrnygu ac yn neidio i'n hwynebau. Fe safon ein tir, gan dybio fod hyn i gyd ar ffilm ac yn creu lluniau trawiadol, arbennig. Meddai Rhys wrth y dyn camera, 'Ydy hyn i gyd gen ti, Harry?' Dim ateb. 'Harry, ydy hyn ar ffilm gen ti?' Eto dim ateb. Dyma ni'n edrych dros ein hysgwyddau a gweld Harry, a'i gamera, ryw ganllath i fyny'r ffordd yn rhedeg nerth ei draed, gan ein gadael ni ar ein pennau ein hunain o flaen y ci ffyrnig. Fuon ni ddim yn hir cyn rhedeg ar ei ôl nerth ein traed ninnau. Esgus y dyn camera yn ddiweddarach oedd fod ganddo gamera newydd a doedd e ddim eisiau iddo gael ei ddifrodi ond, a ninnau'n credu fod ein bywydau yn y fantol, roedd hwn yn esgus gwael iawn.

Un o'r chwedlau a adeiladwyd o gwmpas T. Glynne Davies yn y cyfnod hwn oedd iddo fynd i gyf-weld gwraig o ardal Wrecsam oedd wedi croesi'r canmlwydd oed (ffenomen anarferol bryd hynny) a'i fod wedi mynd ati hi flwyddyn ar ôl blwyddyn wrth iddi ddathlu ei phen-blwydd yn gant a dau, cant a thri, yn gant a phedwar ac ymlaen. Nid yn annisgwyl, roedd T. Glynne wedi rhedeg allan o gwestiynau erbyn y trydydd a'r pedwerydd ymweliad, a gofynnodd iddi'r tro hwn eto, 'Faint o blant sydd gynnoch chi?' A daeth yr ateb fel saeth o wn, 'Yr un nifer â phan ofynsoch i mi y llynedd!'

Daeth galwad annisgwyl i mi fynd i weld y Dirprwy Bennaeth Rhaglenni, D. J. Thomas, ac er mawr syndod i mi gofynnodd i mi fod yn brif sylwebydd Radio Wales ar seremoni'r Arwisgo yng Nghaernarfon. Dywedais nad oeddwn yn awyddus iawn i fynd, gan fy mod yn teimlo y dylai sylwebydd ymddangos fel petai'n frwdfrydig ynglŷn â'r achlysur, a doeddwn i dim yn teimlo felly am yr achlysur arbennig hwn. Roedd fy mhrif anhapusrwydd ynghylch yr achlysur ei hun, yn hytrach na'r person ifanc oedd yn cael ei ddefnyddio gan wleidyddion y cyfnod, George Thomas yn benodol. Roedd e wedi codi nyth cacwn gwleidyddol drwy drefnu'r cyfan fel ymateb i dwf cenedlaetholdeb yng Nghymru, a gwaetha'r modd roedd llawer oedd yn gysylltiedig â'r achlysur yn cael sen, fel y cafodd yr Urdd, Gorsedd y Beirdd a llawer o unigolion eraill ar y pryd. Gan fy mod yn ceisio gweithredu fel newyddiadurwr diduedd yn cyflwyno *Heddiw* yn y cyfnod hwn, roeddwn yn ofni, efallai heb eisiau, y byddai fy hygrededd yn y niwtraliaeth honno'n dioddef pe bawn yn cael fy nghysylltu'n rhy glòs â'r digwyddiad.

Ymhen diwrnod neu ddau, cefais ail alwad i fynd i weld D.J. a gofynnodd yr eildro i mi fynd i Gaernarfon gan ddweud nad oedd angen bod o blaid achlysur, yn ei farn ef, er mwyn ymddwyn yn broffesiynol a sylwebu arno. Er braidd yn anfoddog, cytunais y tro hwn gan ddweud y byddwn yn gwneud fy ngorau fel darlledwr proffesiynol. Eglurodd D.J. y byddai dau arall yn sylwebu yn Saesneg gyda mi, sef T. Glynne Davies a John Darran. Roedd John Darran yn gyfarwydd iawn i wylwyr teledu o Gymru gan iddo gyflwyno *Wales Today* am flynyddoedd ac, fel Morfudd Mason Lewis, roedd ganddo lais darlledu arbennig iawn. Unwaith eto felly, ond yn yr iaith Saesneg y tro hwn, roedd llwybrau T. Glynne a minnau yn croesi. Cynhyrchydd y rhaglen oedd W. R. Owen, pennaeth BBC Bangor ar y pryd, ac fe ddechreuson ni baratoi ar gyfer y darllediad. Cawsom gyfarfod â Herodr Arbennig Cymru er mwyn cael ein goleuo ar symboliaeth y seremoni a'r holl faneri fyddai'n chwifio yno. Bu'n rhaid i mi hefyd fynd i Lundain i gynhadledd y wasg yn swyddfa'r Iarll Farsial, Dug Norfolk. Roedd hwn yn achlysur rhyngwladol, a chyfryngau'r byd yn bresennol i glywed manylion y diwrnod.

Yn ein plith y diwrnod hwnnw roedd newyddiadurwr o Awstralia a fynnodd ofyn nifer o gwestiynau crafog. Pan eglurwyd i ni y byddai coets y Frenhines yn cyrraedd drws

Castell Caernarfon ar amser penodedig, gofynnodd beth fyddai'n digwydd pe bai'r frenhines yn hwyr? Yr ateb swta gafodd oedd, 'Fydd y Frenhines DDIM yn hwyr.' O glywed y byddai'r Frenhines yn teithio mewn coets agored, gofynnodd beth fyddai'n digwydd pe byddai'n bwrw glaw? Yr ateb swta eto oedd, 'Fe wlychwn.'

Ar ôl darllen tomen o bapur yn rhoi cefndir pob agwedd dan haul o'r seremoni, es i'r gogledd ryw dridiau cyn y diwrnod penodedig. Roedd y BBC wedi llogi Neuadd Reichel ym Mangor ar gyfer y staff oedd yn gweithio ar y darllediad ac ymunais â John a T. Glynne i wneud y paratoadau terfynol, dan oruchwyliaeth W. R. Owen. Roeddem yn ymwybodol iawn, wrth gwrs, o'r tensiynau o gwmpas y digwyddiad, ac yn wir fedren ni ddim osgoi'r plismyn cudd oedd yn ein mysg ddydd a nos. Roeddent ym mhobman: yn yr hostel, ar y stryd, a hyd yn oed yn y tŷ bach, yn gwrando ar bob sgwrs – teimlad anghyfforddus iawn.

Ar gyfer y darllediad, roeddwn i sefyll ar ben Tŵr y Siambrlen yn y castell tra oedd John mewn safle is i lawr y tu ôl i'r llwyfan a T. Glynne allan ar ganol y Maes yn y dre. Roedd cylchfan bryd hynny ar ganol y Maes a lleolwyd camera arno er mwyn gweld yr orymdaith yn dod i lawr y stryd o gyfeiriad Bangor, ac yna'n mynd o amgylch y gylchfan ac i lawr tuag at fynedfa'r castell. Roedd T. Glynne i eistedd yn union dan y camera hwn, ac yn eu doethineb roedd y BBC wedi gorchuddio'r cyfan â phanelau pren wedi eu paentio'n llwyd. Yn wir, roedd y cyfan, â lens y camera'n gwthio allan o ben blaen yr adeiladwaith anffodus hwn, yn edrych fel tanc rhyfel, gyda T. Glynne druan yn ei ganol yn edrych allan trwy dwll cul yn y panel pren. Trefnwyd rihyrsal i'r ceffylau yn blygeiniol am bump o'r gloch y bore, ryw ddeuddydd cyn y digwyddiad, a chan mai T. Glynne yn unig fyddai'n gwylio'r rhan hon o'r seremoni, bu'n rhaid i'r ddau arall ohonom weithredu fel cloc larwm er mwyn gwneud yn siŵr ei fod yn dal y bws oedd yn gadael Neuadd Reichel am bedwar y bore i gludo'r staff i'r rihyrsal. Teimlem mai'r ffordd orau o wneud hynny oedd peidio â mynd i'r gwely tan fod Glynne yn saff ar y bws, ac yna fe aethom ni i glwydo gan ei adael, yn hanner cysgu, yn y bws ar ei ffordd i Gaernarfon.

Yn ddiweddarach y bore hwnnw, wedi i bawb ddod yn ôl o'r rihyrsal, clywsom am yr hyn oedd wedi digwydd ar y Maes yng Nghaernarfon. Roedd milwyr yn sefyll bob ochr i'r ffordd i warchod yr orymdaith wrth iddi ddod i mewn i'r dre, ac o'i guddfan gallai Glynne weld y cyfan. Wedi i'r milwyr gymryd eu lle, safodd sarjiant bach yn union o flaen man sylwebu Glynne a phan glywyd y ceffylau'n nesáu dyma'r sarjiant yn gweiddi, 'Squad, 'tention!' a'r milwyr yn sefyll yn unionsyth. Yna, 'Squad, present arms!' a dyma'r milwyr yn ymateb gan godi eu harfau yn syth o'u blaenau. Yna, 'Squad …' a dyna lle gwnaeth gamgymeriad wrth adael saib bychan. Cyn iddo fedru cwblhau ei orchymyn, dyma Glynne yn gweiddi, 'Ffeiar!' drwy'r twll bychan, gan achosi anhrefn llwyr ymhlith y milwyr. Trodd y sarjiant bach o'i gwmpas yn gandryll, ond erbyn hyn roedd Glynne yn ei gwrcwd allan o'r golwg yn y 'tanc' a doedd neb yn y golwg yn unman. Cafodd Glynne hwyl fawr wrth adrodd ac ailadrodd y stori honno.

Cyrhaeddodd y diwrnod mawr ac aethom yn blygeiniol i'n mannau priodol i wneud yr holl baratoadau angenrheidiol ar gyfer y darllediad. Roedd y BBC wedi darparu cinio oer mewn bocs i ni, ac felly dringais y grisiau serth i ben Tŵr y Siambrlen a chael cwmni newyddiadurwr tramor yno gyda mi. Gallem weld pawb yn ymgynnull oddi tanom yn ystod y bore ac erbyn hanner dydd roedd popeth yn barod – pob meicroffon yn gweithio a phawb yn clywed ei gilydd ac yn y blaen.

Rhyw awr cyn dechrau'r seremoni, penderfynodd y ddau ohonom ar ben y tŵr mai dyma'r cyfle gorau i ni fwyta ein cinio ac agorwyd y pecynnau bwyd. Gwelsom yn syth fod llawer mwy yno nag y gallem ei fwyta – yn frechdanau, coesau cyw iâr, pasteiod porc, a chreision. Ar ôl bwyta'n gwala, roedd llawer o'r bwyd yn weddill, a gwelsom wylan yn sefyll ar wal y tŵr yn ein llygadu. Taflwyd darn o frechdan at yr aderyn – a dyna pryd dechreuodd y llanast. O fewn eiliadau, roedd bron pob gwylan yn Sir Gaernarfon wedi anelu am ein tŵr ni, yn sgrechian a chwyrlïo o'n cwmpas. Parhawyd i'w bwydo hyd nes i swyddog bychan chwyslyd redeg i fyny'r grisiau a'i wynt yn ei ddwrn gan weiddi arnom i stopio. Dim ond bryd hynny y sylweddolwyd yr anhrefn yr oedd y gwylanod yn ei achosi oddi tanom ar lawnt y castell. Pan mae gwylanod yn cynhyrfu, maen nhw'n tueddu i ollwng pob math o ddrewdod, ac roedd hwnnw'n disgyn ar ben y gwesteion islaw yn eu dillad smart, ac ar ben y band milwrol yn eu lifrai gorau. Wrth edrych i lawr dros ymyl y tŵr, gwelsom fod pawb yn ceisio cysgodi er mwyn osgoi'r cawodydd o lysnafedd oedd yn disgyn arnynt: rhai'n codi ymbarél neu raglen uwch eu pennau ac eraill yn ceisio symud o'u seddau ar frys i fan mwy diogel. Ynghanol hyn i gyd, roedd y band milwrol yn chwarae â'u lifrai gorau'n smotiau byw!

Yn ystod ein hymarferion, roedd y cynhyrchydd, W. R. Owen, yn bryderus am ddiogelwch y digwyddiad; yn wir, roedd trasiedi wedi digwydd y bore hwnnw pan laddwyd dau lanc ar lein y rheilffordd ger Abergele. Un o'r arwyddion yr oeddem i'w ddisgwyl yn ystod y seremoni oedd y byddai gynnau mawr yn tanio salíwt o un ergyd ar hugain i'n hysbysu fod trên y Frenhines wedi cyrraedd a'i bod hithau'n cychwyn yn y goets ar ei ffordd i'r castell. Roedd W.R. am osgoi peri i'r gwrandawyr feddwl fod rhywbeth anffodus wedi digwydd. Cawsom gyfarwyddyd felly fod pwy bynnag oedd yn darlledu pan glywid ergyd gyntaf y salíwt i drosglwyddo yn ôl ataf fi, ac yna byddwn i'n egluro fod y tanio'n arwydd fod yr orymdaith yn dechrau ac y byddem yn awr yn clywed ugain ergyd arall y salíwt brenhinol.

Dechreuwyd ar y darllediad yn hwylus gyda John, Glynne a minnau'n disgrifio'r olygfa – John o ymyl lawnt y castell, Glynne ar ganol y Maes yn y dre a minnau o ben y tŵr. Yn sydyn, a braidd yn annisgwyl, clywyd sŵn ergyd ac yn unol â'r cyfarwyddiadau trosglwyddodd Glynne yn syth ataf fi a dyma fi'n egluro wrth y gwrandawyr fod yr ergyd yn arwydd fod yr orymdaith ar ei ffordd ac y byddem yn awr yn clywed yr ugain ergyd arall. Tawelwch llethol! Dim smic o ddim! Deallwyd wedyn mai ffrwydryn bychan oedd y sŵn tanio, a hwnnw wedi ffrwydro ar y bryn yr ochr arall i'r harbwr, gyferbyn â'r castell. Edrychais dros fy ysgwydd a gwelwn fwg yn codi a phobl yn rhedeg o gwmpas y bryn, ond sut oeddwn i egluro'r tawelwch i'r gwrandawyr? Credaf i mi osgoi dweud llawer, dim ond dweud nad hwn oedd yr arwydd yr oeddem yn ei ddisgwyl a throsglwyddo'n syth yn ôl at Glynne i barhau â'i sylwebaeth. Diolch byth, ni chafwyd problem arall gyda'r darllediad y diwrnod hwnnw.

Mam-gu a Dad-cu Llanelli: Ann a John Jenkins, rhieni fy nhad

Mam-gu a Dad-cu Comins Coch: Mari a John Elias Jones, rhieni fy mam

Fy nhad, Llewelyn Jenkins

Fy mam, Mary
Olwen Jenkins

Y tri brawd yn eu lifrai milwrol: Tom, Llew yn y cefn a Sam, 1917

Fy nhad; Cadeirydd Cyngor y Dre yn croesawu'r sioe i Fachynlleth, 1952. Roedd y meic wedi ei osod ar gyfer y siaradwr blaenorol!

Betws-y-Coed, y prynhawn cyn i Sam farw. O'r chwith: fi; fy mam; fy nhad; Anti Mag; Yncl Sam; Mr Price, y fferyllydd yn y Rhyl lle roedd Sam a Mag yn aros

Fy nhad, ei fam a'i chwaer a fi

Fi yn ddwyflwydd oed ar lethrau Penrallt, y bryn ger y dre

Fi a Hefin ar gefn ein beiciau y tu cefn i Railway Terrace

Fy rhieni a fi
ar fore Sul,
ar wyliau yn
Llandudno

Dosbarth Miss Edwards yn yr ysgol gynradd. Fi yw'r pumed o'r chwith
yn y rhes flaen, Hywel sydd ar y dde i mi, Eurwyn yw'r nesaf ond un ar
y dde iddo yntau, Gareth yw'r nesaf ond un ar y dde eto. Mae Hefin yn
y rhes gefn rhwng Hywel ac Eurwyn

T. Glynne Davies yn cael ei groesawu yn ôl i Gorris ar ôl ennill coron Llanrwst

Tîm Pêl-droed Ieuenctid Machynlleth: Gareth Jones yn gapten a finnau ar y chwith iddo

Tîm Criced Ysgol Uwchradd Machynlleth. Fi yw'r capten Gareth yw'r trydydd o'r dde, ac Iwan yw'r ail o'r dde yn y rhes gefn

Fi fel Ernest Worthing yn *The Importance of Being Earnest*

Golygfa'r *handbag* yn *The Importance of Being Earnest*. R. Alun Evans fel Algernon Moncrieff ar y dde

Taith Adran Ffiseg Aberystwyth i gopa Tryfan

Fy mrawd, Roy, gydag Yncl
Bert, ymwelydd ysbyty yn
Birmingham. Bu Roy farw bum
mis yn ddiweddarach yn ddwy
ar bymtheg oed

Fy chwaer, Llywela, yn nyrs yn
Sheffield

Fy mrawd, Lynn, yn ei
lifrai milwrol

Yr unig lun o'r tri
ohonom gyda'n
gilydd yn oedolion

Fy rhieni'n ffarwelio
â Llywela wrth iddi
ymfudo i Ganada ar
fwrdd llong yn Lerpwl

Myra a fi ar ddydd ein
priodas yng nghapel
Bethlehem, Treorci,
21 Gorffennaf 1964

Y grŵp teuluol yn y briodas: Mam a fy mrawd ar y chwith; rhieni Myra
ar y dde. Dei, fy nghefnder, yw'r gwas priodas a Victoria, cyfnither Myra
yw'r ferch fach

Myra a fi ar risiau Bethlehem ar ddiwrnod ein priodas aur yn dilyn te parti gan ein ffrindiau yno

Myra ar fferm Gilfachydwn, Pontrhydfendigaid

Helpu gyda'r cynhaeaf ar fferm Gilfachydwn

Dysgu sut oedd creu effeithiau sain yn Ysgol Hyfforddi'r BBC. Fi'n canu cloch ac agor a chau'r drws

Ann Clwyd a fi fel *disc jockeys*
yng Ngerddi Sophia, 1962

Darllen
newyddion radio
yn stiwdio y BBC
yn Llandaf

Gyda Morfudd
Mason Lewis
yn y stiwdio
gysylltu teledu,
Chwefror 1966

Tîm *Heddiw*, 1969: Harri Gwynn, fi, Arwel Ellis Owen a Mary Middleton

Llun cyhoeddusrwydd
ar gyfer yr Arwisgiad

Y Tad Barnabas a fi

Mynachlog Sant Elias, y fynachlog a sefydlwyd gan Barnabas yn Willand, ger Cullompton yn Nyfnaint

Myra, Manon a Ffion ar lan afon Dyfi

Pabell cyntaf Mudiad Ysgolion Meithrin yn Eisteddfod Hwlffordd, 1972

Myra ac aelodau o deulu fy mam o flaen y babell yn Hwlffordd

Cael fy nerbyn i'r Orsedd gan yr Archdderwydd Jâms Niclas yn
Eisteddfod Genedlaethol Abertawe, 1982

Emrys Evans, y Llywydd, a fi gyda'r Ysgrifennydd Gwladol a'i deulu ar faes Eisteddfod Genedlaethol Machynlleth, 1981, mewn awyrgylch tra gwahanol wedi i'r llywodraeth gytuno i sefydlu S4C

Portread David Griffiths o Syr Geraint Evans. Comisiynwyd gan yr Eisteddfod Genedlaethol 1982

Morio canu yn Seremoni'r Cymry ar Wasgar, Eisteddfod
Genedlaethol Môn

Campwaith Paul
Davies, Eisteddfod
Abergwaun, 1986

Derbyn llun gan
Aneurin Jones wrth
ffarwelio â'r Eisteddfod

Rhannu jôc gyda Mathew Prichard, Cadeirydd Cyngor y Celfyddydau

Seremoni sefydlu darn o gelfyddyd gyhoeddus ger ffatri O. P. Chocolates yn Nowlais. Maer Merthyr sy'n gwisgo'r gadwyn

Cadeirydd ac Is-gadeirydd Coleg Cerdd a Drama Cymru: Geraint Stanley Jones a fi

Gwyliau cerdded yn y Dolomitiaid, Awst 2012

Merched y teulu: Myra, Manon, Indeg, Ffion a fi ym mhriodas Manon a John

Pennod 7

Newid Cyfeiriad

A minnau erbyn hyn wedi pasio'r deg ar hugain oed, dechreuais feddwl am y dyfodol. Er fy mod yn mwynhau'r gwaith, roedd natur y gwaith hwnnw yn fy ngwneud yn anfodlon rywsut. Roeddwn erbyn hyn yn weddol hyderus fel darlledwr ond, ar wahân i ambell gyfle fel sylwebydd, llefaru geiriau pobl eraill oeddwn i, heb fawr o ddylanwad ar y sgriptiau na'r rhaglenni yr oeddwn yn eu cyflwyno. Hyd y gwelwn, nid oedd y ddawn honno o lefaru sgript yn rhywbeth y gallwn elwa ohoni heblaw ym myd darlledu. Nid oedd gen i unrhyw brofiad gweinyddol a allasai fod o gymorth i mi yn y dyfodol ac, yn wahanol i'r dyddiau hyn, doedd y cyflog, er yn ddigonol, ddim yn orhelaeth gan fy mod yn aelod o staff y BBC ac ynghlwm yn y strwythur corfforaethol.

Daeth cyfle i symud allan o'r Adran Gyflwyno pan benodwyd Owen Edwards yn Bennaeth Rhaglenni Cymru a gadael swydd Trefnydd Rhaglenni Cymru. Swydd weinyddol oedd y swydd olaf hon, yn trefnu cyllidebau ac adnoddau rhaglenni. Mewn gair, swydd fewnol, allan o'r golwg, ond un a fyddai'n rhoi i mi'r profiad gweinyddol yr oeddwn am ei gael ac un hefyd fyddai'n rhoi llais i mi fel aelod o'r tîm oedd yn cynllunio rhaglenni ac amserlenni radio a theledu BBC Cymru. Ceisiais amdani a chefais fy hun yn gweithio'n glòs gydag Owen Edwards, Geraint Stanley Jones, Owen Thomas ac, yn ddiweddarach, Gareth Price.

Roedd tri o'r pedwar yn adnabyddus i gynulleidfaoedd darlledu ond roedd Owen Thomas yn ŵr na chafodd, yn fy marn i, y clod na'r amlygrwydd a haeddai. Yn enedigol o Abergwaun ac yn fab i Edgar Thomas, enillydd coron Eisteddfod Genedlaethol Caerdydd 1938, roedd Owen wedi treulio llawer o'i yrfa yn Adran Gynllunio Rhaglenni'r BBC yn Llundain tan i Hywel Davies ei ddenu yn ôl i Gymru.

Dydw i ddim yn credu i mi gwrdd erioed â dyn oedd â chymaint o wybodaeth am gerddoriaeth glasurol. Roedd Owen yn byw ar y pryd ym mhentre'r Groeswen uwchben Caerffili ac roedd un mur mawr yn ei ystafell fyw wedi ei orchuddio'n llwyr gan silffoedd o recordiau LP (cofier bod hyn cyn dyddiau CD). Ar ddiwedd ei oriau gwaith, byddai Owen yn gwrando ar saith neu wyth LP cyfan bob min nos. Yn ei swyddfa roedd ganddo radio wedi ei droi at Radio 3 yn barhaus, ond gwnâi hynny fi'n anghyfforddus weithiau. Yn aml, pan fyddwn yn mynd i mewn i'w swyddfa, byddai'n cyfeirio at y radio a gofyn, 'Ydych chi'n nabod y gerddoriaeth yma?' a byddai'n rhaid i mi wrando'n astud a cheisio dyfalu beth oedd y gwaith. Weithiau, byddwn yn ateb yn gywir a hynny'n rhoi boddhad mawr i mi am weddill y dydd!

Er fy mod wedi bwriadu i'r swydd hon lenwi bwlch yn fy mhrofiad, synnais o sylweddoli cymaint roeddwn yn gweld eisiau'r wefr o ddarlledu a'r cysylltiad uniongyrchol â'r gynulleidfa. Roedd fy mherthynas ag aelodau eraill o'r tîm cynllunio rhaglenni'n un hapus ond doedd y swydd ddim yn rhoi i mi'r wefr o fod yn rhan o'r byd darlledu byw. Cysylltu â chynhyrchwyr a chyfarwyddwyr radio a theledu i drafod cyllidebau ac adnoddau rhaglenni a chynllunio amserlenni darlledu oedd y rhan fwyaf o'r gwaith, ac i un oedd wedi cyfarwyddo â darlledu'n fyw doedd hwn ddim yn fywyd cyffrous. Ond penderfynais ddal ati am rai blynyddoedd er mwyn ennill sgiliau newydd, er nad oeddwn yn mwynhau'r gwaith yn fawr iawn. Wrth edrych yn ôl, fodd bynnag, mae'n bosib mai dyma'r blynyddoedd fu'n sail i fy ngyrfa wedi hynny.

Chwarae teg i fy mhenaethiaid, rwy'n credu iddynt sylweddoli nad oeddwn yn gwbl fodlon â'm sefyllfa a gadawsant i mi ddianc allan o'r swyddfa o bryd i'w gilydd i gynhyrchu ambell raglen radio megis *Tocyn Wythnos* o'r Eisteddfod Genedlaethol ynghyd â rhai rhaglenni dogfen. Cofiaf i mi gynhyrchu cyfres radio yn cymharu hiwmor pobl o wahanol rannau o Gymru, megis hiwmor y glöwr â hiwmor y chwarelwr, gydag Islwyn (Gus) Jones a Gwenlyn Parry yn rhoi portreadau byw o'r naill a'r llall. Wrth recordio'r rhaglen gerbron cynulleidfa fyw, roedd modd cael llond lle o chwerthin, a llwyddodd y rhaglen arbennig hon i wneud yn union hynny. Dau arall a greodd raglen lwyddiannus yn y gyfres oedd Charles Williams a Moc Rogers, yn cymharu hiwmor Môn â hiwmor Ffair-rhos. Rhaid cyfaddef, fodd bynnag, na fu pob rhaglen yn y gyfres hon yn llwyddiant, ond af fi ddim i fanylu ymhellach!

Cofiaf hefyd i mi greu rhaglen i ddathlu ugeinfed pen-blwydd Caerdydd fel prifddinas Cymru, a gofyn i Carwyn James ei chyflwyno. Arwyddair Caerdydd yw 'Deffro, mae'n ddydd' ac roeddwn am geisio darganfod a oedd y ddinas wedi 'deffro' dychymyg pobl Cymru ac ennill ei phlwy yn eu calonnau. Fel un elfen o'r rhaglen, es mor bell ag y gallwn o Gaerdydd i siarad â chriw o aelodau Cylch Cinio Caergybi; yn eu plith roedd John Elfed Jones, a ddaeth yn gyfaill agos yn ddiweddarach. Gan fod prif heolydd a rheilffyrdd Cymru'n rhedeg ar draws y wlad o'r gorllewin i'r dwyrain, yr arfer yn y gogledd oedd edrych tuag at Lerpwl a Chaer yn hytrach nag i lawr i'r de, ac roeddwn i am wybod a oedd creu prifddinas wedi newid ychydig ar hyn.

Gofynnais i'r criw i ble y byddent yn mynd â'u gwragedd am ddiwrnod o siopa, am bryd bwyd, neu i'r theatr ac ati, gan dybio yn sicr nad i Gaerdydd fyddai'r ateb. Ond nid Lerpwl na Chaer chwaith, oherwydd fel un dyn daeth yr ateb: 'Dulyn'. Dylwn fod wedi sylweddoli fod fferi cyfleus i Iwerddon a *duty-free* yn fwy o atyniad na siwrnai hir ar draws gwlad.

Deuthum i'r casgliad fod gan Caerdydd fel dinas gryn dipyn o waith i'w wneud i fod yn ffactor bwysig ym mywyd bob dydd trigolion y gogledd. Ddeugain mlynedd yn ddiweddarach nid wyf yn argyhoeddedig fod y sefyllfa wedi newid rhyw lawer, er bod y Cynulliad yn elfen bwysig yn ein bywydau erbyn hyn. Er mwyn cael barn bobl gorllewin Cymru ar Gaerdydd gofynnais i Carwyn ddod gyda mi i farchnad Llanelli i holi pobl am eu barn ynghylch Caerdydd fel prifddinas. Credwn y byddai Carwyn yn gartrefol iawn ymhlith ei bobl ei hun ac na fyddai dim trafferth i gael sgyrsiau bywiog. A dyna pryd y gwelais natur swil Carwyn yn dod i'r amlwg. Er ei fod yn adnabyddus dros ben yno, doedd e ddim yn hapus o gwbl yn mynd at bobl i ddechrau sgwrs a chefais braidd ddim deunydd defnyddiol yn ystod yr amser y bu yno.

Dyma'r adeg yr oedd pwyslais ar radio lleol, a esgorodd ar nifer o orsafoedd radio bychain ar hyd a lled Prydain, gan gynnwys rhai gorsafoedd radio masnachol yng Nghymru. Mae'n bosib mai fel ymateb i'r datblygiadau hyn y penderfynwyd y byddai'r BBC yng Nghymru yn cynnal arbrawf Radio Bro, sef gorsaf radio fyddai'n defnyddio trosglwyddydd pŵer isel i ddarlledu ar draws cylch cyfyng iawn o ryw bum neu chwe milltir. Roedd gan Wasanaeth Darlledu Iwerddon drosglwyddydd felly oedd ynghlwm â stiwdio symudol, gan fynd i ganol pentre i ddarlledu i'r gymdogaeth o'i gwmpas. Penderfynwyd gofyn am fenthyg y trosglwyddydd hwn i weld beth fyddai'r ymateb yng Nghymru, a chefais i'r dasg o fynd draw i Ddulyn gyda'r peiriannydd Cedric Jones i weld a oedd yr offer newydd hwn yn addas.

Roedd gennym apwyntiad gyda phennaeth radio Telifís Éireann a thrwy gyd-ddigwyddiad, pwy oedd y cyfaill hwn ond Seán Mac Réamoinn, fy nghyd-sylwebydd eisteddfodol flynyddoedd ynghynt. Cefais fynd i'w swyddfa tua deg y bore a chael croeso twymgalon ganddo yn Gymraeg. Yn syth ar ôl eistedd, cynigiodd baned o goffi i mi ac ar ôl i mi derbyn, gofynnodd, 'A beth gymrwch chi ynddo fe – Scotch, neu whisgi Gwyddelig?' Pan welodd fi'n oedi cyn ateb dywedodd, 'Och! Fe gymrwch chi'r Scotch; mae'n drueni difetha'r whisgi Gwyddelig.' Digon yw dweud fod y cyfarfod wedi mynd yn dda iawn a chawsom fenthyg y stiwdio symudol, a'i gyrrwr.

Dewiswyd mannau yng Nghymru i gynnal yr arbrawf, mannau oedd â chymdogaeth Gymraeg gref o'u cwmpas. Ar gyfer darlledu yn Gymraeg dewiswyd Pwllheli, Rhosllannerchrugog, Tregaron, Hendy-gwyn, a Llwynhendy. Rhoddwyd cynhyrchydd gwahanol i ofalu am bob un o'r canolfannau hyn a dechreuwyd ar chwe wythnos o ddarlledu lleol iawn. Es i'n gyfrifol am Radio Bro Tregaron, a dyma fynd â'r stiwdio symudol i sgwâr y dre a chodi'r erial i ddarlledu i gylch o'r wlad yn ymestyn o Bontrhydfendigaid i lawr at Landdewibrefi a Llangeitho. Y syniad oedd i'r trigolion gymryd meddiant o'r gwasanaeth drwy alw i mewn i'r stiwdio am sgwrs ar bynciau o'u dewis ac i'r gwasanaeth adlewyrchu bywyd y fro. Er bod ein dulliau recordio yn amrwd iawn, cafwyd hwyl fawr wrth recordio'r ddrama un-act *Diwrnod i'r Brenin* gan Glwb Ffermwyr Ifanc y cylch, drama oedd wedi ei chyfansoddi gan ffarmwr lleol a ddaeth yn adnabyddus yn ddiweddarach fel digrifwr, sef Ifan Gruffydd. Cafwyd eitemau ar hanes lleol, a rhoddwyd cyfle i gantorion a cherddorion lleol, llawer ohonynt heb ddarlledu erioed o'r blaen. Cymaint oedd y diddordeb lleol nes i ni gael ceisiadau di-ri i beidio â symud ymlaen ar ddiwedd yr wythnos. Lluniais adroddiad llawn ar ddiwedd yr arbrawf a'i orffen drwy ofyn, 'Pryd gawn ni wneud hyn eto?' Gwaetha'r modd, ni chafwyd cyfle arall fyth.

Erbyn hyn roedd angen meddwl am addysg Manon a Ffion. Doedd dim cwestiwn mai addysg trwy gyfrwng y Gymraeg fyddai ein dewis ni ac roeddem yn ffodus fod Ysgol Feithrin Gymraeg ar gael yn Rhiwbeina, diolch i Gwilym Roberts oedd wedi ei chynnal am flynyddoedd. Roedd Gwilym bob amser yn awyddus iawn i dynnu rhieni newydd i mewn i bwyllgor y Cylch, a buan iawn y cafodd Myra a minnau ein hunain yn codi arian drwy helpu i gynnal ffeiriau, nosweithiau caws a gwin, boreau coffi ac yn y blaen.

Cefais wŷs i weithredu fel Siôn Corn yn y parti Nadolig am rai blynyddoedd a pharodd hyn benbleth i mi un tro gan fod Manon yn un o blant yr ysgol feithrin ar y pryd. Roedd angen rywfodd i mi guddio fy hun rhagddi ac felly, cyn mynd i'r parti, es draw i adran goluro'r BBC ac egluro'r sefyllfa gan ofyn am help. Dim problem. Cefais golur coch ar fy wyneb, barf ffug o wlân cotwm, aeliau gwyn, a hyd yn oed golur ar fy nwylo. Petawn yn medru newid fy llais roeddwn yn weddol sicr na fyddai Manon yn fy adnabod – er i mi gael ambell edrychiad od gan yrwyr eraill wrth yrru'r car ar draws Caerdydd i Rhiwbeina.

I mewn â fi at y plant yn fy ngwisg Siôn Corn, gan siarad mewn llais dwfn a dosbarthu'r anrhegion. Roedd yn ymddangos fy mod wedi llwyddo gan fod Manon wedi derbyn ei hanrheg yn union fel y lleill, a llwyddais i ddianc gan dybio fod popeth yn iawn. Fodd bynnag, ar y ffordd adre o'r parti gofynnodd Myra i Manon a oedd hi wedi mwynhau'r parti a chwrdd â Siôn Corn.

'Do,' meddai Manon. 'Ond dim Siôn Corn oedd hwnna. Dadi oedd e – ro'n i'n nabod ei socs e!' Roedd fy holl ymdrechion i guddio fy hun yn ofer, ond, chwarae teg iddi, wnaeth hi ddim difetha'r achlysur i'r plant eraill.

Mae codi arian wedi bod yn faen tramgwydd i lawer menter wirfoddol ac roedd galw am ymdrechion parhaus i gadw'r blaidd rhag drws yr ysgol feithrin. Un o'r ymdrechion hynny yn Rhiwbeina oedd cynnal nosweithiau caws a gwin. Sicrhawyd ystafell bwrpasol iawn a chafwyd llond trol o win o siop leol. Benthycwyd gwydrau a phrynwyd llwyth o gaws a bara, a bu'r noson gyntaf yn gymaint o lwyddiant fel y penderfynwyd ailadrodd yr achlysur y flwyddyn ddilynol. Wrth geisio cynllunio'r ail noswaith roedd angen i ni feddwl am rhywbeth gwahanol, ac awgrymwyd y dylem gael adloniant o ryw fath.

Roedd Myra a minnau wedi bod mewn Noson Lawen yn Eisteddfod Bangor ac wedi clywed digrifwr ifanc o'r de yn perfformio ac ennill bonllefau o gymeradwyaeth gan gynulleidfa yn y gogledd. Cynigiais ei enw i bwyllgor yr Ysgol Feithrin, ond gan nad oedd neb wedi clywed amdano, gwrthodwyd yr awgrym. Yn gwbl groes i reolau pwyllgor, cynigiais ei enw eto yn y cyfarfod nesaf, a'r tro hwn, er mwyn fy nhawelu, mae'n siŵr, derbyniwyd fy awgrym ar yr amod mai fi fyddai'n gwneud y trefniadau. Llwyddwyd i gysylltu â'r gŵr ifanc a chynigiais ffi o ddeuddeg punt iddo. Er mawr ryddhad i mi, cytunodd a bu'n llwyddiant ysgubol, gan greu tonnau o chwerthin gyda'i hiwmor ffres a'i ganeuon digri. Gymaint oedd y mwynhad roddodd e i'r gynulleidfa fel y rhoddais botel o win iddo ar ben ei dâl o ddeuddeg punt! Doedd yr un ohonom wedi llawn sylweddoli ar y pryd fod nifer o bobl y cyfryngau'n bresennol, yn gynhyrchwyr ac yn gyfarwyddwyr teledu, ac yn fuan wedyn cafodd y gŵr ifanc ymddangos ar deledu a dechrau ar yrfa lwyddiannus iawn fel digrifwr adnabyddus dros ben. Hyd y dydd heddiw, rwy'n falch i mi fedru chwarae rhan fechan yng ngyrfa Max Boyce.

Mae hanes Mudiad Ysgolion Meithrin wedi ei gofnodi'n drylwyr iawn yng nghyfrol Catrin Stevens ac felly af fi ddim i fanylion fan yma, dim ond rhoi fy atgofion personol o'r cyfnod cyffrous hwnnw. Wedi i'r tair ysgol feithrin Gymraeg oedd yng Nghaerdydd ddiwedd y chwedegau ffurfio Pwyllgor Canolog, gwelwyd fod gweithio gyda'n gilydd a chronni adnoddau o les mawr i bawb. Mewn un cyfarfod cododd y cwestiwn, 'Os yw cydweithio ar lefel Caerdydd yn llesol, pam na ddylai cydweithio ar lefel genedlaethol wneud yr un peth?' Ar ôl trafodaeth, penderfynwyd galw cyfarfod cyhoeddus yn Eisteddfod Bangor 1971 i weld a fyddai croeso i'r awgrym, a chan fy mod i'n mynd yno i weithio ar ran y BBC, gofynnwyd i mi gadeirio'r cyfarfod hwnnw. Cytunais, gan dybio mai dim ond am un cyfarfod fyddai'r gofyn, a sicrhawyd Pabell y Cymdeithasau ar Sadwrn olaf y Brifwyl.

Rhaid dweud ein bod yn nerfus iawn wrth fynd â'r neges o'r brifddinas i ogledd Cymru. Pa fath o ymateb fyddai i'r awgrym? Pa fath o dderbyniad y byddem ni o Gaerdydd yn ei gael yn y gogledd? Dechreuwyd ar greu cyhoeddusrwydd i'r cyfarfod drwy lunio posteri bychain yn hyrwyddo 'Digwyddiad Pwysig' oedd i'w gynnal ar y Sadwrn. Tra oeddwn i'n gweithio ar raglenni o'r Brifwyl, treuliodd Myra yr wythnos gyfan yn mynd i bob pabell ar faes yr Eisteddfod gan egluro pwrpas y cyfarfod a gofyn i'r stondinwyr arddangos y poster mewn lle amlwg. Gosodwyd y poster hefyd ar bob hysbysfwrdd, pob polyn a phob gofod amlwg ar y maes lle byddai'r poster yn cael ei weld. Siawns, erbyn diwedd yr wythnos, y byddai pawb ar y maes wedi sylwi ar yr hysbysrwydd, ond roeddem yn dal yn ofni na fyddai neb yn dod i'r cyfarfod.

Daeth y Sadwrn, ac er mawr syndod i ni, gwelwyd bod Pabell y Cymdeithasau'n llawn i'r ymylon. Gofynnwyd i Bethan Roberts weithredu fel ysgrifennydd y cyfarfod ac fe agorais y mater trwy olrhain hanes yr hyn oedd yn digwydd yng Nghaerdydd a'n bod yn grediniol y gallasai cydweithio ar lefel genedlaethol fod o fudd mawr i addysg feithrin Gymraeg drwy Gymru gyfan. Ar ôl siarad am ryw ddeng munud eisteddais, gan daflu'r cyfarfod yn agored i'r llawr. Bu distawrwydd am funud neu ddau ac yna cododd Mair Jenkins Jones o Lanystumdwy ar ei thraed gan groesawu a chefnogi'r arweiniad yma o'r brifddinas. Rhyddhawyd ton o frwdfrydedd gan hyn, ac er mawr ryddhad i mi penderfynwyd yn unfrydol i symud ymlaen i gynnal cyfarfod ffurfiol yn Aberystwyth fis yn ddiweddarach er mwyn sefydlu corff cenedlaethol i hybu addysg feithrin trwy gyfrwng y Gymraeg.

Tybiais mai llywio'r cyfarfod hwn ym Mangor fyddai diwedd fy nyletswyddau personol ond na, penderfynwyd fy mod i gadeirio'r cyfarfod nesaf hwn hefyd, gyda Bethan Roberts eto fel ysgrifennydd. Aed ati felly i wneud y paratoadau gan wahodd cyfeillion yr achos o bob rhan o Gymru. Y mis Medi yn dilyn yr Eisteddfod, roedd y neuadd ym mhencadlys yr Urdd yn Aberystwyth hefyd yn llawn i'r ymylon, gyda'r un brwdfrydedd yn amlwg. Ar ddiwedd y cyfarfod etholwyd pwyllgor cenedlaethol cryf, gyda chynrychiolwyr o bob rhan o Gymru i ddechrau ar y gwaith o sefydlu Mudiad Ysgolion Meithrin. Chefais i ddim dianc, fodd bynnag, ac fe'm hetholwyd yn gadeirydd cyntaf y pwyllgor cenedlaethol newydd.

Dechreuwyd felly ar ddeng mlynedd o wasanaeth a lanwodd unrhyw amser sbâr oedd gen i. I ddechrau, roedd yn rhaid ethol swyddogion eraill, a buom yn ffodus o gael Bethan Roberts fel Ysgrifennydd ac Oliver Gregory o Aberystwyth fel Trysorydd. Dyn banc oedd Oliver ac yn ei swyddfa yn Aberystwyth y cynhaliwyd y pwyllgorau cynnar. Yn wir, ei gyfrif banc personol ef a gariodd faich y mudiad am y blynyddoedd cyntaf yna. Roedd angen llunio cyfansoddiad i'r mudiad newydd hwn ac roedd angen darganfod a chofrestru pob Ysgol Feithrin yng Nghymru er mwyn sefydlu ymhle roedd ein cryfder ac ymhle roedd y mannau gwan. Yn ychwanegol, roedd angen ei gofrestru fel elusen – proses hir a chymhleth a olygai fod angen llunio cyfansoddiad derbyniol.

Roedd ein strategaeth yn glir ac yn syml o'r dechrau. Roedd Gweinidog Addysg y Llywodraeth wedi cyhoeddi polisi o ddarparu addysg feithrin statudol i hanner y plant tair oed a phob plentyn pedair oed ym Mhrydain. Daeth y Gweinidog Addysg yma'n fwy adnabyddus yn ddiweddarach fel y Prif Weinidog Margaret Thatcher. Er bod croeso cyffredinol i'r bwriad o ddarparu addysg feithrin statudol, y gred oedd mai addysg feithrin drwy gyfrwng y Saesneg fyddai hyn, ac roedd hi'n angenrheidiol i ni ddangos ar frys felly fod galw yng Nghymru am addysg feithrin drwy gyfrwng y Gymraeg. O lwyddo yn ein bwriad i sefydlu grwpiau meithrin lluosog, byddent hwy yn eu tro yn bwydo'r sector gynradd ac yn cynyddu'r galw am addysg gynradd statudol drwy'r Gymraeg. Byddai hyn wedyn yn creu galw am addysg uwchradd.

Aethpwyd ati ar unwaith i sefydlu pwyllgorau sirol ac i gofrestru'r grwpiau oedd yn gweithio'n annibynnol dros Gymru gyfan. Llwyddodd gwaith caled yr arloeswyr i sefydlu tua saith deg o grwpiau annibynnol ar hyd a lled Cymru, ond roedd angen llawer mwy. Rwy'n hynod ddiolchgar i Myra a'r plant am eu goddefgarwch wrth fy ngweld yn gadael y cartref bob penwythnos, bron, i deithio i bwyllgora neu i gyfarfodydd sefydlu grwpiau newydd ym mhob rhan o Gymru. Rhaid cyfaddef nad oedd y croeso yn un twymgalon ym mhobman. Cofiaf yn dda am un cyfarfod mewn neuadd bentref lle sylweddolwyd yn gyflym iawn fod ein cefnogwyr pybyr yn eistedd un ochr i lwybr canol y neuadd a'n gwrthwynebwyr chwyrn yn eistedd yr ochr arall. Cafwyd trafodaeth fywiog y noson honno, a dweud y lleiaf, ond sefydlwyd ysgol feithrin yno yn y diwedd.

Dro arall, bu Myra a minnau'n cerdded o gwmpas tai ym Merthyr gyda Dafydd ac Elinor Wigley yn cynnig addysg feithrin Gymraeg. Cofiaf i ni gael derbyniad da a sefydlwyd Ysgol Feithrin yno yn fuan wedyn.

Cefais yr argraff yn gryf fod y gweithwyr gwirfoddol oedd yn cynnal eu grwpiau bychain yn croesawu'r teimlad nad oeddent ar eu pennau eu hunain, fod yna gefnogaeth iddynt y tu allan i'w broydd a'u bod bellach yn rhan o fudiad cenedlaethol oedd yn tyfu'n gyflym. Ond roedd un broblem fawr o hyd: diffyg arian.

Doedd y ffaith fod ein trysorydd, Oliver Gregory, yn cynnal y mudiad ar ei gyfrif banc personol ddim yn sefyllfa foddhaol o gwbl, ac felly penderfynwyd sefydlu apêl genedlaethol. Yn hytrach na chyhoeddi taflen apêl, penderfynais ysgrifennu'n bersonol at hanner dwsin o Gymry amlwg yn gofyn iddynt am rodd o ganpunt tuag at y mudiad newydd hwn. Chwarae teg, daeth sieciau yn ôl yn syth gan nifer ohonynt. Yna, ysgrifennais at hanner dwsin rhagor o bobl, gan enwi'r bobl oedd wedi ymateb y tro cyntaf. Cofiaf yn dda i mi fynd i weld ein meddyg teulu, Dr Davies, Cymro Cymraeg oedd â'i feddygfa yn Rhiwbeina, ac eistedd yn yr ystafell aros nes daeth fy nhro i'w weld. Pan es i mewn i'w stafell gofynnodd i mi, 'Nawr 'te, beth sy'n bod arnoch chi?' 'Dim byd,' meddwn i. 'Dim byd! Pam y'ch chi yma felly?' 'Eisiau canpunt gynnoch chi,' meddwn innau'n ddigywilydd.

Ac ymhen pum munud, ar ôl i mi egluro fy neges, dyma fe'n estyn am ei lyfr siec ac roeddwn i'n gallu ychwanegu ei enw at y rhestr. Bu ymdrechion fel hyn gan nifer ohonom yn ddigon i gadw'r gwaith arloesol i fynd am ychydig, ond yn amlwg roedd angen sail ariannol fwy parhaol o lawer ar fudiad oedd yn tyfu'n gyflym.

Yn ychwanegol at gyllid dibynadwy, roedd angen mawr am gyhoeddusrwydd arnom, a ble gwell i'w gael nag ar faes yr Eisteddfod Genedlaethol. Roedd Gwilym Roberts wedi ymgymryd â'r gwaith o gyhoeddi'r cylchgrawn *Meithrin* a bu hwnnw o werth mawr yn lledaenu newyddion amdanom. Fodd bynnag, roedd angen rhywbeth arall gweladwy, a phenderfynwyd cymryd pabell yn Eisteddfod Genedlaethol Hwlffordd, 1972. Dyma ymddangosiad cyntaf y mudiad newydd hwn ac, i mi, roedd hi'n bwysig ein bod yn arddangos delwedd broffesiynol o'r cychwyn. Roedd yn rhaid i ni wneud hynny heb fawr o arian ac fe ddihysbyddwyd ein cyllideb bron yn llwyr trwy logi'r safle ar y maes.

Clywais fod y BBC yn cael gwared â hen setiau stiwdio teledu ac felly es at bennaeth yr adran honno a gofyn a fyddai'n fodlon i mi gael unrhyw beth fyddai o werth i'r Mudiad. Gan mai cael ei daflu fyddai'r deunydd hwn, dywedodd fod croeso i mi gael unrhyw beth hoffwn i am ddim, ond i mi fod yn gyfrifol am ei symud oddi yno. Gofynnais i gyd-weithiwr, y dylunydd Julian Williams, a fyddai'n fodlon fy helpu trwy gynllunio pabell, gan egluro na fedrwn dalu mwy na phum punt ar hugain iddo am ei waith. Chwarae teg iddo, cytunodd yn syth i ddefnyddio'r deunydd ail-law ar y tu mewn a chreu wyneb trawiadol iawn ar y tu fas gan lunio pabell ardderchog a dynnodd sylw pawb fu yn Eisteddfod Hwlffordd y flwyddyn honno. Rhoddodd yr arian i'w gynorthwyydd a chafwyd wythnos lwyddiannus dros ben yn creu cyhoeddusrwydd ardderchog i'r mudiad newydd.

Y flwyddyn ddilynol roedd yr Eisteddfod yn Rhuthun a symudwyd y babell i fyny yno. Cyhoeddwyd rhifyn newydd o *Meithrin* yn arbennig ar gyfer yr Eisteddfod, ac er mawr ryddhad i ni cyrhaeddodd cyflenwad o'r cylchgrawn y maes ar noswyl yr Eisteddfod. Rhoddwyd y cyfan mewn swp yng nghornel y babell yn barod at y bore wedyn. Ar y funud olaf, pan oedd Myra a minnau a Glan a Bethan Roberts ar fin gadael ar ôl gorffen paratoi'r babell, am ryw reswm penderfynwyd symud y swp cylchgronau i'r pen arall. Er mawr syndod i bawb, y noson honno gorlifodd yr afon gerllaw'r maes gan foddi nifer o bebyll. Llifodd y dŵr i mewn i'n pabell ni hefyd, gan adael dim ond un gornel yn sych – y gornel lle safai'r swp cylchgronau! Oni bai ein bod wedi ei symud ar y funud olaf, byddem wedi colli rhifyn cyfan. Ymhen blwyddyn neu ddwy dirywiodd y deunydd ail-law oedd yng ngwneuthuriad y babell a chafwyd un newydd, ardderchog wedi ei dylunio gan Gerald Latter. Fodd bynnag, gwnaeth y gwreiddiol ei waith a chreu delwedd ffres a newydd i fudiad newydd.

Soniais yn gynharach na chafodd y mudiad newydd groeso ym mhobman ac un corff oedd yn anhapus oedd y Pre-school Playgroups Association, y PPA. Roedd y mudiad Seisnig hwn yn gwrthwynebu ein bodolaeth yn chwyrn gan mai newydd-ddyfodiaid oedden ni, yn eu tyb nhw, yn mentro i mewn ar eu tir nhw. Bu'n frwydr galed mewn llawer cylch yng Nghymru – yng Ngheredigion ac yn arbennig yn y gogledd-ddwyrain, lle roedd ein pwyllgor sir, dan lywyddiaeth Gerald Latter, yn gorfod brwydro'n galed i fynnu annibyniaeth i'r mudiad newydd a gwrthsefyll ymgyrch gref i gael y grwpiau Cymraeg yn aelodau o'r PPA. Cawsom fwletinau gan Gerald ym mhob cyfarfod o'r pwyllgor cenedlaethol, bron, fel gohebydd yn adrodd o faes y gad. Bu Gerald a'i gyd-weithwyr yn gwrthsefyll yr ymosodiad hwn yn ddewr a di-ildio.

Teimlwn yn gryf bryd hynny na fedrem ddatblygu llawer ymhellach heb incwm blynyddol sefydlog, a dim ond un ffynhonnell fedrai roi hwnnw i ni, sef y Llywodraeth. Gwnaethpwyd cais felly i'r Swyddfa Gymreig am gymhorthdal, a thua diwedd 1972, ar ôl llythyru cyson, cawsom ni a'r PPA wahoddiad i Lundain i drafod ein gwaith gyda'r Ysgrifennydd Gwladol, Peter Thomas, a swyddogion y Swyddfa Gymreig. Penderfynais mai gwell fyddai cael cyfarfod ymlaen llaw gyda'r PPA i weld a oedd unrhyw fodd y gallem gytuno i gyd-fyw fel dau fudiad. Aeth Bethan Roberts a minnau i swyddfa'r PPA yn Llundain y bore hwnnw a chael bod Marjorie Dykins, prif gynrychiolydd y PPA yng Nghymru, yno hefyd. Rhaid cyfaddef mai cyfarfod anodd dros ben oedd hwnnw, a daeth yn amlwg nad oeddem yn mynd i gytuno â'n gilydd ar y ffordd ymlaen. Trwy'r cyfan, teimlem don o wrthwynebiad i'n bodolaeth, a phan ddaeth dau dacsi i'n cyrchu i Whitehall gofynnais i Bethan fynd yn un tacsi ac es innau yn y llall gan fy mod yn sicr y byddai cynllwynio mawr yn digwydd ar y siwrnai i Whitehall pe baem allan o glyw.

Cyrhaeddwyd y cyfarfod a chafwyd croeso boneddigaidd gan Peter Thomas a'i swyddogion. Cyflwynwyd cais gennym ni am gymhorthdal i gyflogi trefnydd cenedlaethol, a dilynodd y PPA ni gan ofyn am drefnydd fyddai'n gwasanaethu'r ddau fudiad ar y cyd, sef yr union beth yr oeddem wedi'i wrthod yn ein cyd-gyfarfod yn gynharach yn y dydd. Yna, gofynnodd y gweision sifil am fanylion polisi'r PPA tuag at addysg feithrin yng Nghymru. Wrth iddynt ymhelaethu, daeth yn amlwg iawn mai'r un polisi oedd hwn â'u polisi dros Brydain gyfan ac nad oeddent wedi gwneud unrhyw ymdrech i lunio polisi fyddai'n benodol ar gyfer ardaloedd dwyieithog yng Nghymru. Ymhen rhai dyddiau wedyn clywsom fod y Swyddfa Gymreig wedi penderfynu rhoi cymhorthdal o £5,500 y flwyddyn i ni, ac roedd modd yn awr i ni symud i ddechrau gweinyddu'r mudiad yn broffesiynol.

Ar ôl dwy flynedd yn y gadair penderfynais roi'r gorau iddi. Wedi'r cyfan, am gyfnod o ddwy flynedd y byddai plant dan ein gofal yn y grwpiau a theimlwn fod angen i'r prif swyddogion hefyd gylchdroi ar yr un amserlen gan obeithio y byddai hyn yn dod â rhieni newydd i gysylltiad â'r corff canolog. Etholwyd Cennard Davies yn fy lle a chynigiais fy hun fel Ysgrifennydd Ariannol gan y teimlwn fod angen am swyddog fyddai'n canolbwyntio'n llwyr ar osod rheolaeth gyllidol ar y gwaith. Bûm yn y swydd honno am wyth mlynedd. Esgorodd y grant cyntaf hwnnw ar grantiau mwy yn y blynyddoedd dilynol a llwyddwyd i benodi trefnydd a sefydlu swyddfa fechan.

Fodd bynnag, roedd cynnwys y teitl 'ysgol' yn yr enw yn peri penbleth i'r gweision sifil, gan fod hynny, iddyn nhw, yn golygu sefydliad addysgiadol statudol dan y Llywodraeth. Roedd y term 'ysgol feithrin' yn un oedd wedi hen ennill ei blwy yn Gymraeg, ond cyn bo hir dechreuwyd galw'r 'ysgolion' yn 'gylchoedd' meithrin ac erbyn hyn mae'r mudiad cyfan wedi gollwng yr enw 'ysgolion'. Mae'n destun llawenydd mawr i mi fod Mudiad Meithrin yn awr yn gwario rhai miliynau o bunnoedd y flwyddyn ac yn rhoi cyfle i filoedd o blant dderbyn addysg trwy gyfrwng y Gymraeg. Yn ogystal, mae'r Mudiad Meithrin wedi sefydlu cyfundrefn o hyfforddiant i arweinwyr y cylchoedd er mwyn sicrhau bod y ddarpariaeth o'r safon uchaf posibl. Diolch i'r arloeswyr cynnar a'r miloedd o weithwyr gwirfoddol a ddaeth ar eu hôl, cyrhaeddwyd ein nod o greu mudiad cenedlaethol fyddai, yn ei dro, yn bwydo ysgolion Cymraeg cynradd ac uwchradd ac yn sail i addysg statudol trwy gyfrwng y Gymraeg o'r blynyddoedd cynnar hyd at oedran prifysgol.

Fedra i ddim ond meddwl yn ôl at y dyddiau cynnar pan ddaethom i Gaerdydd i fyw yn y chwedegau cynnar. Un ysgol gynradd Gymraeg oedd yno, sef Bryntaf, a thair ysgol feithrin. Bu'n rhaid brwydro am bopeth, megis adeiladau addas a chludiant i'r ysgol. Yn wir, bu adegau pan oedd gwrthwynebiad agored i addysg Gymraeg, hyd at daflu cerrig at y bws ysgol. Roedd y sefyllfa'n golygu bod yn rhaid i Tom Evans, y prifathro ar y pryd, fynd allan o'r ysgol gyda'r bws i sicrhau diogelwch y plant. Roeddem fel Cymry Cymraeg yn y lleiafrif llethol yn y ddinas, a phetaech yn clywed yr iaith yn y stryd byddech yn troi i weld pwy oedd yno gan fod siawns go dda y byddech yn eu hadnabod. Erbyn hyn mae'r iaith i'w chlywed yn aml yn y siopau ac mae'r hinsawdd wleidyddol a chymdeithasol wedi newid – er bod angen brwydro o hyd.

Mae'n dda meddwl fod strategaeth y blynyddoedd cynnar hynny wedi gweithio a'n breuddwydion wedi eu gwireddu. Llwyddwyd i greu galw am addysg trwy gyfrwng y Gymraeg dros Gymru gyfan ac er nad yw'r brwydro am adnoddau wedi dod i ben, mae'r galw, diolch byth, yn cynyddu o hyd.

Pennod 8

O'r Badell Ffrio i'r Tân

Tra oedden ni yn Eisteddfod Genedlaethol Wrecsam, 1977, cyhoeddodd Cyngor yr Eisteddfod ei fod am greu swydd Cyfarwyddwr i'r Eisteddfod Genedlaethol a sefydlu swyddfa ganolog. Ers blynyddoedd, roedd y Brifwyl wedi sefydlu trefnyddion a swyddfeydd i fod yn gyfrifol am drefniadau lleol eisteddfodau'r de a'r gogledd, ond roedd yr holl drefniadau am gytundebau a chynllunio tymor hir yn nwylo'r Cyngor, gyda swyddogion gwirfoddol yn gwneud y gwaith gyda'r nos, neu ar benwythnos ar ôl gorffen eu gwaith llawn-amser eu hunain. Roedd y baich trymaf wedi disgyn ar ysgwyddau Ysgrifennydd y Cyngor, R. T. D. Williams a'r Trysorydd, Hywel F. Jones, a mawr ddiolch iddynt am eu hymdrechion. Fodd bynnag, nid oedd modd i'r sefyllfa hon barhau ac roedd Cyngor y Celfyddydau wedi rhoi arian i'r Brifwyl i greu pafiliwn Celf a Chrefft newydd, gan ei roi yn dair rhan dros gyfnod o dair blynedd. Derbyniwyd dwy ran o'r arian i'r pwrpas hwnnw, ond cafwyd cytundeb y gellid defnyddio'r drydedd ran i sefydlu swyddfa weinyddol ganolog a swydd cyfarwyddwr llawn-amser.

Yr adeg hon, roeddwn wedi bod yn gweithredu dros dro am gyfnod fel Pennaeth Adran Gynllunio Rhaglenni BBC Cymru ac yn ymwybodol fy mod wedi fy nghlustnodi ar gyfer y swydd honno yn barhaol pan fyddai Owen Thomas, oedd yn fregus ei iechyd, yn ymddeol ymhen blwyddyn neu ddwy. Er bod y swydd yn un ddylanwadol ac yn un oedd yn talu'n dda, doeddwn i ddim yn awyddus i'w chael oherwydd doeddwn i ddim yn gweld fy hun yn treulio gweddill fy ngyrfa mewn swyddfa yn trefnu cyllidebau, amserlenni ac adnoddau darlledu, heb unrhyw gysylltiad uniongyrchol â gwrandawyr a gwylwyr.

Roeddwn i ar y pryd hefyd yn aelod o Bwyllgor Cyllid Eisteddfod Caerdydd, 1978, ac roedd y cyfryngau'n frith o straeon fod yr Eisteddfod mewn trafferth ariannol, gyda diffyg incwm a chostau cynyddol yn peri pryder am ei dyfodol. Roedd cymryd swydd i geisio gwyrdroi'r sefyllfa yn fenter fawr, yn enwedig i berson fel fi gyda theulu ifanc. Roeddwn yn aelod o gynllun pensiwn y BBC ac erbyn hyn roedd gen i bymtheg mlynedd o gyfraniadau yn un o gynlluniau pensiwn gorau'r wlad a swydd oedd yn ymddangos yn sicr. Fodd bynnag, roedd sialens y swydd gyda'r Eisteddfod a'r cyfle i gyfrannu at rywbeth oedd yn agos at fy nghalon yn fy nenu'n fawr. Bu Myra a minnau'n trafod a thrafod y posibiliadau a'r peryglon o gamu allan o gyfundrefn fawr, cyn i ni benderfynu yn y diwedd y dylwn anfon cais i mewn i weld beth ddeuai ohono.

Roedd trafodaeth fawr yn y wasg Gymreig ar y pryd ymhle yng Nghymru y dylid sefydlu'r swyddfa ganolog newydd, gyda charfan o blaid ei gosod yn Aberystwyth. Petawn yn cael cynnig y swydd, roeddem fel teulu'n gwbl barod i godi pac o Gaerdydd; wedi'r cyfan, roedd ein gwreiddiau ni'n dau yn y canolbarth. Roedd y ffaith fod Myra a minnau wedi cwrdd yn Aberystwyth hefyd yn ychwanegu at briodolrwydd symud yno i fyw. Yn ogystal â hyn i gyd, byddem yn arfer mynd i'r ardal ar ein gwyliau ac roedd hynny'n ychwanegu at ein parodrwydd i symud yno yn barhaol pe bai angen. Roedd carfan arall o'r farn mai yn y brifddinas y dylai'r swyddfa ganolog fod, gan fod llawer o'r sefydliadau cenedlaethol erbyn hynny yng Nghaerdydd ac y byddai cydlynu â'r rheini yn haws pe byddai'r Cyfarwyddwr ar stepen y drws.

Ym mis Hydref 1977 cefais wahoddiad i gwrdd â phanel penodi yng Ngwesty'r Bear yn y Drenewydd. Daeth Myra gyda mi ar y siwrnai ac yno cefais gyfweliad gan rai o brif swyddogion Cyngor yr Eisteddfod dan gadeiryddiaeth Tom Jones. Dywedwyd wrthyf mai yng Nghaerdydd y byddai'r Swyddfa Ganolog, ac ar ôl fy holi am hanner awr dyma ofyn i mi a oedd gen i gwestiwn i'w ofyn iddyn nhw. Gofynnais beth oedd cynlluniau'r Cyngor am daith yr Eisteddfod yn y blynyddoedd i ddod. Eglurwyd bod y Brifwyl yng Nghaerdydd yn 1978 wrth gwrs, ac yng Nghaernarfon yn 1979. Roedd trafodaeth ar y gweill hefyd am eisteddfod yn ardal Tregŵyr yn 1980, ond dim byd pendant. 'Mae'n ymddangos, felly,' medde fi, 'fod gennym ryw ddeunaw mis i newid pethau', gan ddisgwyl yn ffyddiog i'r panel anghytuno â mi. Ond na, cytunodd pawb fod angen symud ar frys neu bydden ni'n wynebu argyfwng go iawn. Taflodd hyn fi braidd, er fy mod wedi darllen digon yn y wasg am broblemau'r Brifwyl. Roeddwn yn amlwg yn ystyried symud o swydd ddiogel, swydd oedd yn talu'n weddol a chyda pensiwn da ar ei diwedd, a symud i gyfundrefn oedd yn ymddangos yn fregus dros ben. Es allan o'r ystafell at Myra a disgwyl y canlyniad. Ymhen hir a hwyr daeth gwahoddiad i fynd yn ôl i mewn a chynigiwyd y swydd i mi.

Gofynnais am funud neu ddau i drafod gyda Myra, gan fod hyn yn golygu gosod dyfodol y teulu hefyd yn y fantol. Er mawr ddiolch iddi, roedd hi'n amlwg yn gweld fy mod i'n awyddus i gymryd y sialens a dywedodd yn syth, pe byddai'r hwch yn mynd trwy'r siop, y byddai hi'n mynd yn ôl i ddysgu'n llawn-amser fel athrawes ysgol uwchradd er mwyn cynnal y teulu.

Yn ôl â fi felly at aelodau'r panel a'u hysbysu fy mod yn derbyn eu cynnig, gan ddweud fod yn rhaid i mi roi tri mis o rybudd i'r BBC ac y byddwn yn barod i ddechrau ym mis Ionawr, 1978. Rhaid cyfaddef nad wyf yn cofio llawer o'r siwrnai adre o'r Drenewydd, dim ond i ni stopio ar ochr y ffordd i glywed un o'm cyn-gydweithwyr yn cyhoeddi ar y radio benodiad Cyfarwyddwr cyntaf y Brifwyl. Wel dyna ni, roedd hi'n rhy hwyr i dynnu yn ôl nawr!

Er mwyn dechrau dysgu am y gwaith, cefais wahoddiad i fynd i rai o bwyllgorau Cyngor yr Eisteddfod a chofiaf yn arbennig fynd i gyfarfod o'r Pwyllgor Cyllid canolog. Yn y cyfarfod hwnnw, daeth cyflwr ariannol truenus y Brifwyl yn fwy amlwg fyth i mi. Roedd Eisteddfod Wrecsam, 1977, wedi gwneud colled o ddeng mil ar hugain o bunnoedd ac roedd amcangyfrifon Caerdydd, 1978, yn dangos fod yr Eisteddfod honno ar fin gwneud colled o ryw ddeng mil ar hugain hefyd. Roedd yr Eisteddfod newydd brynu'r pafiliwn mawr dur oedd wedi ei gynllunio gan Gerald Latter, ac roedd trigain mil o bunnoedd ar ôl yn y cyfrif banc i dalu'r colledion hyn – gan wacáu'r pwrs yn gyfan gwbl. Wrth fy ngweld yn gwelwi wrth ddarllen y ffigyrau, gofynnodd Hugh Thomas, Cyd-ysgrifennydd y Llys, i Emrys Evans, cadeirydd y pwyllgor, fy sicrhau fod trafodaethau ar droed gyda'r Llywodraeth i achub y sefyllfa drwy roi grant unwaith ac am byth i helpu i dalu am y pafiliwn. A gwir y gair, o fewn ychydig wythnosau cyhoeddodd yr Ysgrifennydd Gwladol, John Morris, gymhorthdal o dros chwarter miliwn o bunnoedd i gadw'r blaidd o'r drws dros dro, gan roi i ni amser i ystyried beth fedrid ei wneud yn y tymor hir.

Dechreuais y swydd yn gynnar ym mis Ionawr, 1978, gan gychwyn ar y dasg o gynllunio i'r dyfodol. Fodd bynnag, roedd yn rhaid llwyfannu Eisteddfod Caerdydd yn gyntaf, ac erbyn i mi gyrraedd roedd llawer o'r paratoadau yn eu lle, wrth reswm. Roedd y pafiliwn dur yn cael ei godi ar gaeau Pontprennau ar gyrion y ddinas, ac roedd y dau ddwsin o bwyllgorau dan arweiniad Emyr Currie Jones yn brysur yn rhoi sglein ar eu trefniadau. Gan fy mod wedi bod yn aelod o Bwyllgor Cyllid yr ŵyl, roeddwn i'n gwybod fod yr amcangyfrifon yn rhoi pictiwr pur ddiflas o'r sefyllfa ariannol, a dechreuais feddwl sut fyddai modd gwella ychydig ar bethau. Gyda'r pafiliwn bron yn gyfan ym Mhontprennau, meddyliais tybed a fyddai modd elwa ar yr adnodd hwn. Es at fy nghyfaill Geraint Stanley Jones i holi a fyddai'r BBC yn medru gwneud defnydd ohono yn yr wythnosau cyn yr ŵyl ei hun. Ymatebodd Geraint yn bositif iawn, gan weld cyfle i greu cyfres o gyngherddau ar raddfa fawr.

Ar ôl cytuno ar ddyddiadau, sylweddolais fod gwaith mawr eto i'w wneud ar y pafiliwn er mwyn iddo fod yn barod yn gynharach na'r disgwyl ar gyfer cynulleidfaoedd a pherfformwyr. Roedd angen gosod tua phum mil o seddau, oherwydd yn y blynyddoedd cynt roedd yr Eisteddfod wedi prynu nifer fawr o seddau o hen sinemâu a neuaddau oedd yn cau, ac roedd y rhain i gyd mewn tomen ar y maes. Gan fod pob sedd mewn pedair rhan, roedd angen rhoi'r darnau at ei gilydd ac yna sgriwio'r traed i'r llawr pren er mwyn eu gwneud yn ddiogel – ugain mil o ddarnau, a deugain mil a mwy o sgriwiau! Dyma pryd y gwelais ysbryd gwirfoddol Eisteddfodwyr Caerdydd ar ei orau, gydag aelodau'r Pwyllgor Maes a Phafiliwn dan arweiniad Richard Hall Williams, Gwilym Humphreys a Lloyd Evans yn treulio pob munud sbâr yn cario seddau i mewn i'r pafiliwn o'r domen ar y maes ar gyfer eu rhoi yn eu lle. Un pictiwr sydd wedi aros yn fy nghof: gweld y prifathro Lloyd Evans yn gyrru tractor a threilyr a phentwr o seddau arno, a dau farnwr, Dewi Watcyn Powell a Cynric Lewis, yn rhedeg bob ochr i'r treilyr er mwyn cadw'r llwyth rhag cwympo i'r llawr.

Trwy nifer o ymdrechion tebyg, cafwyd y pafiliwn yn barod a chynhaliwyd yr ŵyl gerddorol a drefnwyd gan y BBC. Cafwyd noswaith o gerddoriaeth Ivor Novello, noswaith yng nghwmni Tessie O'Shea, oedd yn enedigol o Gaerdydd gyda llaw, a chyngherddau gan gorau unedig a bandiau roc. Yn un arall o'r cyngherddau roedd Cerddorfa Symffoni Gymreig y BBC yn perfformio Agorawd 1812 gan Tchaikovsky. Bydd y sawl sy'n gyfarwydd â'r gwaith yn gwybod fod y portread byw o'r frwydr yn cynnwys drymiau'n cyfleu sŵn y gynnau mawr yn tanio. Ond doedd sŵn drymiau ddim yn ddigon i Geraint Stanley Jones ac fe gludwyd magnelau mawr y fyddin i'r maes a'u gosod yn union tu fas i'r pafiliwn. Bu'n rhaid mynd o gwmpas y tai cyfagos cyn y perfformiad i rybuddio'r trigolion am y tanio ac i ofyn iddynt agor eu ffenestri rhag i sioc yr ergydion greu llanast. Bu'r cyfan yn llwyddiant mawr a'r ergydion enfawr yn ychwanegu at ddrama'r darn cerddorol. Ar ddiwedd y perfformiad, cafwyd banllef o gymeradwyaeth a'r dorf ar ei thraed am funudau lawer, a bu'r cyfan yn hysbyseb anhygoel i'r Eisteddfod oedd i ddilyn ymhen rhai wythnosau.

Rhaid cyfaddef i'r Eisteddfod honno wibio heibio fel rhyw fath o freuddwyd i mi. Os cofiwch, roedd yr hinsawdd wleidyddol yn ddiddorol dros ben yn haf 1978, gyda Llywodraeth Lafur James Callaghan yn gwegian a phawb yn disgwyl etholiad yn yr hydref. Mae'n siŵr mai hyn oedd yn gyfrifol am atgoffa nifer fawr o aelodau'r Cabinet am eu gwreiddiau neu eu cysylltiadau Cymreig.

Yn ogystal â'r Prif Weinidog ei hun, oedd yn Aelod Seneddol dros safle'r ŵyl, penderfynodd David Owen, Michael Foot, Merlyn Rees, yr Arglwydd Elwyn Jones, ynghyd ag Ysgrifennydd Cymru, John Morris, a Llefarydd Tŷ'r Cyffredin, George Thomas, eu bod yn awyddus i ymweld â'r Brifwyl. Treuliais gyfran sylweddol o'r wythnos yng nghwmni'r Special Branch yn gofalu am ddiogelwch y gwleidyddion. Tybed, meddyliais, tybed ai dyma beth sydd yn ofynnol i Gyfarwyddwr Eisteddfodol ei wneud? Ond na, ni ddigwyddodd y fath beth fyth wedyn. Ni chafwyd etholiad yr hydref hwnnw ac fe gafwyd 'gaeaf yr anniddigrwydd' a roes ben ar y Llywodraeth honno'r flwyddyn ddilynol.

Dau atgof penodol sy'n aros gyda mi, sef fod Llefarydd Tŷ'r Cyffredin, George Thomas, wedi credu fod yr ŵyl i'w chynnal, fel yn 1960, ar gaeau'r castell yn ei etholaeth ef, ac wedi llyncu mul gan nad oedd wedi cael ei wahodd. Yn y pen draw, bu'n rhaid rhoi gwahoddiad iddo ar y funud olaf gan achosi pob math o ad-drefnu trafferthus. Yn ail, gan fod y Brifwyl yn ei etholaeth ef y tro hwn, gwahoddwyd James Callaghan, y Prif Weinidog, i lywyddu yn y cyngerdd ar y nos Sul cyntaf, cyn bod yr Eisteddfod yn agor y bore Llun wedyn. Ar ddiwedd y cyngerdd daeth y Prif Weinidog a Mrs Callaghan i ystafell y Cyngor y tu cefn i'r llwyfan a gofynnwyd i Myra a minnau i edrych ar eu hôl tra oedd Llywydd yr Eisteddfod, Syr Alun Talfan Davies, oedd hefyd yn gadeirydd HTV ar y pryd, yn mynd o'n blaen i'w croesawu i dderbyniad a drefnwyd gan HTV.

Cafodd Myra a minnau sgwrs braf gyda'r ddau ac yna, ynghanol ein sgwrs, dyma aelod o staff y Prif Weinidog yn dod ato a sibrwd yn ei glust. Trodd y Prif Weinidog ataf fi a gofyn a fyddai modd iddo fynd at ffôn. 'Wrth gwrs,' medde fi, 'dewch trwodd i fy swyddfa i ddefnyddio'r ffôn sydd ar fy nesg.' 'Diolch,' meddai'r Prif Weinidog. 'Rwyf newydd glywed fod y Pab wedi marw ac mae angen i mi anfon neges o gydymdeimlad.' Hwn oedd y Pab a fu farw dair wythnos yn unig ar ôl ei ethol ac rwy'n credu mai dyma'r unig dro i Eisteddfod Genedlaethol Cymru fod mewn cysylltiad uniongyrchol â'r Fatican yn Rhufain – a does gen i ddim syniad pwy dalodd am yr alwad ffôn!

Yn ystod y cyfnod cynnar hwn pwysais yn drwm ar Ysgrifennydd a Thrysorydd y Cyngor, R. T. D. Williams a Hywel F. Jones, a chefais y ddau yn hael iawn gyda'u cymorth a'u hamser. Gwaetha'r modd, bu R.T.D farw yn sydyn iawn ar ymweliad ag Eisteddfod Genedlaethol yr Urdd yng Nghaerdydd yn 1985 ond bu Hywel F., fel y'i gelwid, yn gefn mawr i mi drwy gydol fy amser yn y swydd.

Un o oruchwylion y Cyfarwyddwr newydd oedd wynebu aelodau'r wasg yn y gynhadledd ddyddiol. Ac un a fu'n gymorth mawr i mi yn y blynyddoedd cynnar hyn oedd Swyddog y Wasg, Cliff Phillips, hen law o newyddiadurwr oedd wedi bod yn cywain straeon ar hyd a lled Cymru i'r Press Association am flynyddoedd. Fe'i dilynwyd yn y swydd wirfoddol hon yn ddiweddarach gan Dyfed Evans, gynt o'r *Cymro*, a chefais yr un cymorth gwerthfawr ganddo yntau hefyd.

Roedd gweld y newyddiadurwyr yn crynhoi yn Ystafell y Wasg, gan wybod y byddent am godi pa grachen bynnag fyddai'n bodoli ar y maes, yn brofiad diddorol, a dweud y lleiaf. Ond roedd cael dau berson fel Cliff a Dyfed yn llywio pethau yn gefn i Gyfarwyddwr dibrofiad; wedi'r cyfan, roeddwn i'n fwy cyfarwydd â holi'r cwestiynau na'u hateb. Roedd rhyw deimlad teuluol ymhlith y criw yno, a phan aeth y si ar led fod Cliff am gael ei wneud yn aelod o'r Orsedd, o gofio'i yrfa faith yn y maes mewn cyfnod pan nad oedd ffôn symudol yn bod, penderfynwyd yn syth mai ei enw barddol ddylai fod 'Ap Ciosg'.

Brenin Ystafell y Wasg bryd hynny oedd Caradog Prichard, aelod o staff y *Daily Telegraph* a bardd y goron yn 1927, 1928 ac 1929 a'r gadair yn 1962. Teyrnasai Caradog yn un gornel o'r ystafell, cornel y byddai'n ei rhannu â Mattie, oedd bob amser yno'n gofalu amdano, a'i gi. Roedd y ci'n hen gyfarwydd â dwndwr ystafell brysur â sŵn teipiaduron a ffonau'n ddi-baid, a byddai'n gorwedd yn ddigyffro yn ei gornel drwy'r dydd. Cofiaf i mi ymbalfalu fy ffordd drwy gynadleddau'r wythnos gyntaf honno yng Nghaerdydd a chael llythyr hyfryd gan Caradog ar ei diwedd yn diolch i mi, ar ran y newyddiadurwyr i gyd, am y gwasanaeth a roddais iddynt yn ystod yr ŵyl. Roedd cael llythyr caredig fel hwnnw gan newyddiadurwr ac Eisteddfodwr mor brofiadol yn hwb enfawr i fy hunanhyder.

Fel Cyfarwyddwr mewn swyddfa yng Nghaerdydd, roedd angen i mi ymweld yn gyson â swyddfeydd y trefnyddion lleol, un yn y de a'r llall yn y gogledd: swyddfa'r de dan ofal Idris Evans ac yn ddiweddarach, Penri Roberts, a swyddfa'r gogledd dan ofal John Roberts i ddechrau, ac yna Osian Wyn Jones ac yn ddiweddarach Elfed Roberts. Ceisiais gyfuno'r ymweliadau hyn â chyfarfodydd y Pwyllgorau Gwaith, a thrwy hyn des i adnabod llawer o'r eisteddfodwyr lleol dros gyfnod o bymtheng mlynedd. Deuthum i barchu'r gweithwyr gwirfoddol hyn a rhyfeddu at eu dycnwch yn llafurio'n dawel i hybu'r Gymraeg a'r diwylliant Cymreig.

Trwy gydol fy amser gyda'r Eisteddfod ceisiais gofio mai gŵyl werin wirfoddol oedd hon, un o'r mwyaf yn Ewrop, a'n bod ni'r gweithwyr cyflogedig yno i gefnogi gwaith cannoedd o garedigion yr iaith ledled Cymru. Fy nod oedd creu gŵyl werin wirfoddol ac amatur, ond gŵyl oedd yn arddel y safonau proffesiynol uchaf posibl, yn ei chyflwyniad ac yn ei gweinyddiaeth.

Wrth edrych ar weinyddiaeth yr ŵyl, un o'r pethau a'm synnodd oedd pa mor wahanol oedd systemau rheolaeth ariannol y ddwy swyddfa leol. Roedd yn anodd dros ben cysoni cyfrifon y ddwy swyddfa, ac felly roedd bron yn amhosib cymharu perfformiad y gwahanol eisteddfodau. Er enghraifft, roedd aelodau'r wasg wrth eu bodd yn cyhoeddi'r ffigyrau presenoldeb, ond doedd dim cysondeb o flwyddyn i flwyddyn yn y modd yr oeddem yn cyrraedd y ffigyrau hyn. Y gost fwyaf oedd cost y maes, wrth gwrs, ond doedd dim modd gweld ymhle yr oedd modd arbed arian gan fod cyfrifon y de a'r gogledd mor wahanol. Un o'r tasgau cyntaf, felly, oedd cysoni cyfrifon ac amcangyfrifon y ddwy swyddfa, a gweithiwyd yn galed i gyrraedd sefyllfa lle roedd modd gwneud cymhariaeth deg rhwng un ŵyl â'r llall, gan ddarganfod gwendidau a chryfderau yn eu gweithrediadau.

Roedd hefyd angen creu tîm gweinyddol yn ganolog. Pan ddechreuais, roedd bachgen ifanc dibrofiad yn trefnu'r maes ac yn teithio'n flynyddol rhwng de a gogledd, yn llogi lorïau di-ri i gario'r gwahanol ddefnyddiau – yn ddur, yn ddarnau pren, yn ddarnau hen gadeiriau ac yn y blaen – i fyny ac i lawr y wlad. Gofalai cwmni peirianyddol Williamsons am yr adeilad dur, ond roedd popeth arall dan ofal y bachgen ifanc hwn oedd wedi olynu ei daid yn y gwaith. Gyda llaw, y swyddog yn Williamsons oedd yn gofalu am y pafiliwn oedd Dyfrig Roberts, neu Dyfrig ab Ifor, yr Arwyddfardd presennol.

Rhoddodd un o'r banciau mawr hefyd swyddog ar fenthyg i'r Eisteddfod i gadw rhyw fath o drefn ar y cyfrifon, ond roedd y person hwn yn byw yn y Rhyl ac yn gweithio o'i gartref. Roedd hyn cyn dyddiau cyfrifiaduron a'r We, wrth gwrs. Gwelais yn fuan ei bod yn amhosib cael trefn ar bethau gydag aelodau o'r tîm gweinyddol yn wasgaredig dros y wlad, a pherswadiais y Cyngor fod angen crynhoi adnoddau mewn un swyddfa. Llwyddwyd i benodi Goff Davies, peiriannydd proffesiynol, yn Swyddog Technegol, a Glyn Jones yn Swyddog Ariannol, a bu'r Eisteddfod ar ei hennill o gael gwasanaeth y ddau. Er i mi barhau i bwyso'n drwm ar brofiad a chyngor R. T. D Williams ac ar allu cyllidol Hywel F. Jones, yn raddol roeddwn i'n crynhoi'r adnoddau oedd ar gael, adnoddau fyddai'n fodd i ni symud ymlaen i roi gwedd broffesiynol ar weinyddiaeth y Brifwyl.

Daeth gwahoddiad i gynnal cyfarfod cyhoeddus yn fy hen gartre, Machynlleth, er mwyn gweld a fyddai modd estyn gwahoddiad i Brifwyl 1981, ac aeth nifer o swyddogion y Cyngor, a minnau yn eu plith, i neuadd Ysgol Bro Ddyfi i geisio perswadio'r ardal i ymgymryd â'r dasg. Rhaid cyfaddef ei fod yn brofiad od i mi eistedd ar lwyfan yr oeddwn wedi perfformio arno droeon mewn eisteddfodau a dramâu tra oeddwn i'n ddisgybl ysgol. Chwarae teg i bobl dda Bro Ddyfi, doedd dim angen perswâd mawr arnynt. Cafwyd araith rymus gan y Cofiadur, Gwyndaf, ac un arall gan gadeirydd y Cyngor, Tom Jones. Wedyn dyma fi'n codi, yn nerfus braidd o ymddangos mewn rôl newydd gerbron pobl roeddwn i'n eu hadnabod yn dda, gan egluro'r cefndir ariannol a dweud wrthynt beth a ddisgwylid ganddynt. Diolch byth, penderfynwyd yn ddiwrthwynebiad estyn gwahoddiad ar gyfer 1981, a dyma ni wedi ennill ychydig mwy o amser i osod y tŷ mewn trefn.

Hyd y gwelwn, roedd angen edrych ar nifer o elfennau o weinyddiaeth y Brifwyl. Yn gyntaf, roedd angen agor ffynhonnell arall o incwm. Roedd rhai o awdurdodau lleol Cymru yn cefnogi'n gadarn ond roedd eraill yn llugoer ar y gorau. Gwnâi'r Cronfeydd Lleol waith arwrol, ond roedd pen draw i faint y gallem fynd ar ofyn eisteddfodwyr. O ran yr ŵyl ei hun, byddai'n anodd codi pris tocynnau'n sylweddol ac nid oedd llawer o le i gynyddu'r tâl am ddarlledu. Roedd un peth yn fy mlino am yr elfen olaf hon. Oherwydd fy nghefndir, roeddwn i'n hynod ymwybodol o werth darlledu'r Brifwyl i bedwar ban byd – yn arbennig gan fod y prif seremonïau'n ymddangos ar rwydwaith Prydeinig y BBC – ond roedd HTV yn darlledu'n fyw o'r Eisteddfod drwy'r bore a'r BBC yn teledu'r gweithrediadau trwy gydol y prynhawn. Roedd radio yn darlledu drwy'r dydd a hefyd yn rhoi darlun cynhwysfawr o'r ŵyl drwy *Tocyn Wythnos* gyda'r nos. Ar y cyfan, teimlwn fod y balans wedi mynd yn ormodol i un cyfeiriad fel ei fod yn perswadio rhai eisteddfodwyr nad oedd gwerth ymdrechu i ddod i'r maes gan fod modd cael mwy o'r ŵyl wrth aros gartre. Yn fy marn i, roedd angen adfer y balans rhwng darlledu teilwng a gwneud y maes mor atyniadol fel y byddai pawb oedd o fewn cyrraedd eisiau bod yn rhan o'r hwyl. O dipyn i beth, llwyddwyd i gael y balans hwn yn well, er i ni golli cynulleidfa werthfawr yn sgil penderfyniad y BBC i beidio darlledu'r seremonïau drwy Brydain gyfan.

Soniais ynghynt fod John Morris wedi rhoi cymorth gwerthfawr i'r Eisteddfod trwy gynnig grant sylweddol i helpu i dalu am y pafiliwn dur newydd. Ond arian unwaith am byth oedd hwn i adfer cyfalaf yr Eisteddfod. Roedd problemau ariannol yr ŵyl yn parhau. Yn 1979 collodd y Blaid Lafur yr etholiad a daeth Margaret Thatcher yn Brif Weinidog a Nicholas Edwards yn Ysgrifennydd Gwladol Cymru. Roedd y Swyddfa Gymreig yn rhoi cymorth i rai elfennau o raglen yr ŵyl a Chyngor Celfyddydau Cymru'n gwneud yr un peth, yn ogystal â rhoi grant blynyddol at gostau canolog y Cyngor. Yn sydyn, fodd bynnag, cyhoeddwyd bod yr arian a ddaethai gan Gyngor y Celfyddydau tuag at gynnal y costau canolog hyn i ddod bellach o'r Swyddfa Gymreig. Rhaid dweud i mi deimlo'n flin iawn fod hyn wedi cael ei benderfynu yn hollol ddirybudd, heb i'r Eisteddfod gael cyfle i fynegi barn ar y newid o gwbl. Rhannodd y Cyngor fy siom gan ysgrifennu'n chwyrn at y ddau gorff.

Roedd ofn ymhlith llawer o eisteddfodwyr y byddai hyn yn fodd i'r Swyddfa Gymreig gael dylanwad mawr ar bolisïau'r Eisteddfod ac y byddem yn gorfod dawnsio i diwn y gwleidyddion o hyn allan. Trosglwyddodd Nicholas Edwards y berthynas rhwng y Llywodraeth a'r Brifwyl i ddwylo'r Gweinidog Gwladol, Wyn Roberts. Wrth edrych yn ôl, rhaid cyfaddef mai di-sail fu ein pryderon ar y cyfan, a buan y daeth ein cyfarfod blynyddol gyda Wyn Roberts yn elfen gyfarwydd yn y calendr blynyddol. Teimlais, serch hynny, fod perygl mynd yn orddibynnol ar arian cyhoeddus ac roedd yn rhaid meddwl am ffyrdd o greu incwm annibynnol.

Roedd un ffynhonnell o incwm nad oedd, yn fy marn i, wedi cael ei datblygu'n ddigonol, sef y posibilrwydd o gael Diwydiant a Masnach Cymru i gynnig nawdd masnachol i'r Eisteddfod. Yn y cyfeiriad hwn roeddwn yn hynod ffodus fod nifer o bobl fusnes amlwg naill ai'n aelodau o Gyngor yr Eisteddfod neu'n gefnogwyr pybyr, pobl fel Emrys Evans, Eddie Rea, Tom Jones, Meirion Lewis, John Elfed Jones, W. J. Jones, Syr Melvyn Rosser, Syr Alun Talfan Davies a Lewis Evans. Hefyd, roedd nifer o arweinwyr llywodraeth leol yng Nghymru – R. T. D. Williams, D. Hugh Thomas, D. E. Alun Jones, Hywel F. Jones a Geraint R. Jones – yn amlwg yng ngweithgareddau'r Brifwyl. Ceid nifer o academyddion amlwg ar y Cyngor hefyd, pobl fel Derec Llwyd Morgan, Bedwyr Lewis Jones, Alwyn Roberts a Gwyn Thomas – cyfathrebwyr gwych bob un. Bûm yn ffodus hefyd fod y Cyngor yn gyforiog o dalentau amlwg fel Owen Edwards, Dr Emyr Wyn

Jones a'r Dr Eirwen Gwynn, yn ogystal ag addysgwyr blaenllaw fel Gwilym Humphreys, Norah Isaac, Desmond Healy, Dr J. A. Davies, Hywel D. Roberts ac Alun Tegryn Davies.

Gyda'u cysylltiadau eang ar hyd a lled Cymru, roedd y bobl hyn yn creu tîm pwerus fu o gymorth mawr yn yr ymgyrch i ddenu cefnogaeth gan sector o fywyd Cymru nad oedd, tan hynny, wedi cael cysylltiad clòs â'r Brifwyl. Wrth restru'r enwau fel hyn, gwelir mai ychydig iawn o wragedd oedd ar y Cyngor bryd hynny. Dyna oedd ethos yr oes wrth gwrs, ac nid methiant ar ran yr Eisteddfod oedd hyn, gan mai aelodau Llys yr Eisteddfod sydd yn ethol aelodau'r Cyngor. Erbyn hyn mae pethau wedi newid yn ddirfawr, a'r Brifwyl wedi penodi gwragedd fel Llywydd ac Archdderwydd, ac yn awr mae Betsan Moses yn dechrau ar ei swydd fel Prif Weithredwr – a phob hwyl iddi yn y gwaith.

Mae nawdd masnachol yn bartneriaeth ddwy-ffordd ac roedd yn bwysig sylweddoli fod angen i'r cyfundrefnau masnachol hyn deimlo eu bod ar eu hennill o gysylltu â'r Eisteddfod. Roedd rhai eisteddfodwyr yn ofnus mai byd masnach fyddai, yn y pen draw, yn rheoli'r ŵyl; ond teimlwn yn gryf fod angen i'r Eisteddfod gadw rheolaeth drwy nodi'n glir hyd a lled unrhyw berthynas fasnachol. Felly, lluniais nifer o gynlluniau noddi oedd yn cynnig manteision i'r noddwyr, fel nifer o seddau am ddim i gyngerdd, hysbyseb yn y rhaglen ac ystafell iddynt groesawu eu gwesteion. Yn ogystal, cedwais nifer o seddau ychwanegol naill ochr er mwyn iddynt eu prynu pe baent angen gwneud hynny. Yn wir, dyna wnaeth nifer o'r noddwyr, gyda rhai'n prynu hyd at ddau gant o seddau, er mawr fudd i'r Eisteddfod.

Bu Dafydd Elis Thomas yn garedig iawn wrthyf a threfnu cyfarfod rhyngof a Luke Rittner, cyfarwyddwr corff oedd newydd ei sefydlu, gyda'r bwriad o gysylltu cwmnïau masnachol â chyrff celfyddydol. Dysgais lawer o'r cyfarfod hwn a chyfarfodydd tebyg, ac yn wir tyfodd yr incwm o'r ffynhonnell arbennig yma nes ei fod heddiw yn ganran sylweddol o incwm yr ŵyl. Gan fod cyrff cenedlaethol fel y banciau a'r cwmnïau trydan, nwy, a dŵr yn gweithio dros Gymru gyfan, cynigiais gytundebau pum mlynedd iddynt, cytundebau oedd yn rhoi manteision deublyg iddynt i hysbysebu'n lleol mewn pum ardal yng Nghymru ac ar yr un pryd yn cael cyhoeddusrwydd cenedlaethol bob blwyddyn. Bu hyn yn dra llwyddiannus a chafwyd cefnogaeth werthfawr gan bob un o'r cyfundrefnau hyn.

Yn llawn mor bwysig, daeth penaethiaid y cwmnïau a'u cwsmeriaid i'r ŵyl, gan ddod i gysylltiad â'r Eisteddfod am y tro cyntaf. Roedd llawer o'r bobl yma'n synnu fod iaith leiafrifol yn medru llwyfannu gŵyl gelfyddydol mor drawiadol fawr, ac am y tro cyntaf yn eu bywydau cafodd y cyfeillion di-Gymraeg hyn eu hunain yn y lleiafrif yng Nghymru!

Erbyn hyn, mae cyfraniad ariannol y cynlluniau noddi masnachol hyn yn ganran sylweddol a hanfodol o incwm y Brifwyl, a da hynny.

Pennod 9

Ewrop a'r Eisteddfod Deithiol

Yn ogystal â chwilio am ffynonellau arian yn y wlad hon, teimlwn y gallem fentro y tu allan i Brydain i chwilio am nawdd, a phenderfynwyd siarad â dau Gymro pybyr oedd yn gweithio ym mhencadlys y Comisiwn Ewropeaidd ym Mrwsel, sef Hywel Ceri Jones ac Aneurin Rhys Hughes. Bu'r ddau o help mawr, a'r canlyniad oedd iddynt drefnu cyfle i'r Eisteddfod gael cyfarfod gydag un o Gomisiynwyr y Gymuned Ewropeaidd, Dr Guido Brunner, ym mhencadlys y Comisiwn Ewropeaidd ym Mrwsel. Roedd cael y cyfarfod hwn yn gyfle arbennig ac roedd yn rhaid i ni wneud y gorau ohono i gyflwyno ein hachos. Trefnwyd dirprwyaeth gref i fynd i Frwsel, dirprwyaeth oedd yn cynnwys y llywydd, Syr Alun Talfan Davies; Tom Jones; Derec Llwyd Morgan; Emrys Evans; Hywel F. Jones a minnau o'r Eisteddfod; Ardalyddes Môn, oedd yn gadeirydd Cyngor y Celfyddydau, a'r Aelod Seneddol Geraint Howells.

Roedd y trefniadau yn fy nwylo i, a chan ein bod yn cynrychioli corff cenedlaethol teimlwn mai priodol fyddai defnyddio Air Wales i'n hedfan o Gaerdydd i wlad Belg. Roedd dau aelod o'r ddirprwyaeth, Ardalyddes Môn a Tom Jones, yn hedfan o Fanceinion ac roeddem i gyfarfod yn y Berlaymont, pencadlys y Comisiwn Ewropeaidd, mewn pryd i'r cyfarfod, oedd i ddechrau am hanner awr wedi un ar ddeg o'r gloch y bore.

Cyrhaeddodd ein grŵp ni faes awyr Caerdydd yn gynnar ar y bore Llun hwnnw ac ar ôl mynd trwy'r broses o gael ein tocynnau, aethom i'r lolfa i ddisgwyl cael ein galw i fynd ar fwrdd yr awyren. Daeth wyth o'r gloch a dim sôn am symud. Wedyn hanner awr wedi wyth, ac erbyn hyn roeddwn i'n dechrau poeni, ac es yn ôl at y ddesg i holi beth oedd yn digwydd. 'Ychydig o drafferth technegol' oedd yr ateb, 'ond dim byd i boeni amdano'. Es yn ôl i eistedd gyda'r grŵp a disgwyl eto. Am naw o'r gloch, holais eto gan bwysleisio pwysigrwydd y cyfarfod oedd i ddechrau ym Mrwsel am hanner awr wedi un ar ddeg. Am hanner awr wedi naw daeth swyddog o Air Wales atom i gyfaddef nad oedd modd trwsio'r awyren ac y byddent yn ein rhoi ar fws i ddal awyren yn Heathrow. Y syndod mawr i ni oedd cael ar ddeall fod y nam technegol hwn wedi bodoli ers y dydd Iau blaenorol. Doedd y cwmni ddim wedi dweud wrthym a heb wneud unrhyw drefniadau eraill i gludo eu cwsmeriaid pe na bai'r awyren yn barod.

Roedd hi'n amlwg felly na fyddem yn cyrraedd y cyfarfod. Bu ffonio mynych at Hywel ac Aneurin a sylweddolwyd nad oedd modd gohirio'r cyfarfod. Ond y newyddion da oedd fod y ddau oedd wedi hedfan o Fanceinion wedi cyrraedd ac y byddent yn dechrau hebddon ni, gan obeithio y byddem yn cyrraedd cyn iddo orffen. Ras wyllt i Lundain ar hyd yr M4 a dal awyren â'n gwynt yn ein dwrn; rhuthro trwy faes awyr Brwsel; neidio i mewn i ddau gar oedd wedi eu trefnu ar ein cyfer; neidio allan ac i mewn i'r lifft i fyny at y trydydd llawr ar ddeg – ac fel oedd drysau'r lifft yn agor, roedd drws yr ystafell gyferbyn yn agor hefyd a Tom Jones ac Ardalyddes Môn yn dod allan ar ddiwedd y cyfarfod. Roedd y siom o golli'r cyfarfod yn ddigon, ond gwaeth fyth oedd gweld fod camerâu HTV yn sefyll y tu allan i ddrws y cyfarfod yn ffilmio'r cyfan.

Ond nid dyna ddiwedd y stori. Pan ddaeth yr amser i ni fynd adre'r noson honno, cyrhaeddwyd y ddesg yn y maes awyr mewn pryd, a diolch byth, roedd yr awyren yn barod i hedfan. Aeth y ddirprwyaeth ar ei bwrdd ac yna sylweddolais fod dau aelod ar goll. Gofynnais pam felly, a chael ar ddeall fod nifer o barseli oedd wedi bod yn disgwyl cael eu cludo ers bron wythnos yn llenwi'r ddwy sedd lle dylai teithwyr fod! Datodais y gwregys diogelwch yn syth a mynnu mynd allan o'r awyren, a chael Syr Alun Talfan Davies a Derec Llwyd Morgan yn sefyll wrth y ddesg heb docynnau teithio – oherwydd y parseli. Gan fy mod i yno ar waith, a'r cyfeillion eraill yn rhoi o'u hamser yn wirfoddol, cynigiais ar unwaith roi fy sedd i un ohonyn nhw. Gofynnodd Syr Alun i Derec beth oedd ganddo i'w wneud y diwrnod canlynol a'r ateb oedd 'Rhaglen i HTV', a dyma Gadeirydd HTV yn penderfynu ar ei union fod cadw at amserlen HTV yn bwysicach na'i amserlen bersonol ef. Aeth Derec at yr awyren gan adael Syr Alun a minnau ar ôl i ddisgwyl hedfan adre y diwrnod canlynol – gyda lwc!

Dyna pryd gwelais Syr Alun yn gweithredu fel dyn busnes a bargyfreithiwr profiadol. Gwrthododd gynnig i ni aros yng ngwesty'r maes awyr gan fynnu cael gwely mewn gwesty ynghanol y ddinas. Gan nad oedd gennym unrhyw ddillad nos, mynnodd fynd i siop y maes awyr i brynu rhai iddo yntau ac i minnau; wedyn tacsi i mewn i ganol Brwsel, ystafelloedd mewn gwesty moethus a swper hyfryd cyn noswylio – y cyfan ar gost Air Wales. Rhaid dweud fy mod wedi cael Syr Alun yn gwmni difyr a chafwyd min nos hwylus dros ben.

Bore drannoeth, aeth y ddau ohonom am dro i weld y Grande Place a phrynodd Syr Alun siocledi hyfryd i Manon a Ffion cyn i ni ddal tacsi yn ôl i'r maes awyr. Y tro hwn cawsom adael Brwsel a glanio'n ddiogel ym maes awyr Caerdydd. Wrth edrych allan o'r ffenest cyn gadael yr awyren, gwelais swyddog nerfus yn sefyll wrth waelod y grisiau. Pan ddaeth atom i ymddiheuro ar ran Air Wales, fe'i cafodd hi'n ddidrugaredd gan Syr Alun nes bod ei glustiau, a chlustiau ei bennaeth, yn llosgi!

Clywsom yn ddiweddarach fod Tom Jones ac Ardalyddes Môn wedi ein cynrychioli'n anrhydeddus yn y cyfarfod gyda Guido Brunner ac wedi pledio achos yr Eisteddfod yn dra effeithiol. Yn ddiweddarach eto, aeth cwmni Air Wales i'r wal – does ond gobeithio nad oherwydd ei fethiant llwyr gyda'n taith ni. Canlyniad hyn oll oedd i ni barhau â'r berthynas â'r Comisiwn, gan fynd yno ryw ddwywaith eto cyn gwahodd swyddog o'r adran ddiwylliant draw i ymweld ag Eisteddfod Caernarfon, 1979. Daeth M. Robert Gregoire atom am rai dyddiau i'r Brifwyl a chael ei blesio'n fawr, yn arbennig wrth wylio perfformiad o *Priodas Waed* gan Frederico Garcia Lorca, cyfieithiad R. Bryn Williams a John Rowlands o'r Sbaeneg. Gwnaeth y cyfieithiad hwn o un o glasuron Ewropeaidd i iaith leiafrifol gryn argraff arno er na ddeallodd yr un gair o'r perfformiad.

Talodd yr ymdrech hon i ni ar ei chanfed gan i ni gael grant blynyddol yn uniongyrchol o'r Gymuned Ewropeaidd am rai blynyddoedd, un o'r cyrff diwylliannol Prydeinig cyntaf i lwyddo i gael cymhorthdal felly. Bu'r cymhorthdal hwn yn fodd i ni gomisiynu ac adeiladu'r theatr symudol arloesol a wasanaethodd y Brifwyl am flynyddoedd wedyn.

Un o'r pynciau llosg tua'r adeg hon oedd lleoliad y Brifwyl, cwestiwn sy'n codi o bryd i'w gilydd o hyd. Cafodd y Cyngor gynnig gan Syr Melvyn Rosser i ddefnyddio adnoddau cwmni Deloitte i lunio adroddiad ar ragolygon ariannol yr Eisteddfod. Derbyniwyd y cynnig hwn yn ddiolchgar, ac yn ddiddorol, y swyddog o Deloitte fu'n gweithio ar yr adroddiad oedd Eric Davies, cyfrifydd sydd wedi gwasanaethu fel Trysorydd y Llys am flynyddoedd erbyn hyn. Seiliwyd yr adroddiad ar ganlyniadau ariannol Eisteddfod Caerdydd, 1978, gŵyl a wnaeth golled o ddeng mil ar hugain o bunnoedd, a hynny ar ben colled o ddeng mil ar hugain yn Wrecsam y flwyddyn cynt. O gymryd chwyddiant i ystyriaeth, dangoswyd y byddai gagendor enfawr yn agor rhwng incwm yr Eisteddfod a chostau cynyddol y Brifwyl, gagendor na fedrid ei gynnal, ac roedd posibilrwydd cryf y byddai'r Cyngor yn troseddu trwy fasnachu heb fod yn abl i dalu dyledion.

Er nad oedd hyn yn syndod i lawer, yn arbennig i rai aelodau o'r wasg Gymreig, cafodd y Cyngor ysgytwad, a chynhaliwyd cyfarfod llawn tensiwn yn ei sgil. O fwyafrif mawr iawn, tri deg chwech i bedwar os cofiaf yn iawn, penderfynwyd argymell i'r Llys y dylai'r Brifwyl orffen teithio o gwmpas Cymru a sefydlu safle parhaol. Dau o'r gwrthwynebwyr oedd Llywydd y Llys, Syr Alun Talfan Davies, a Chofiadur yr Orsedd, sef Gwyndaf – dau gymeriad pwerus a dylanwadol. Fel canlyniad i'r bleidlais, cytunwyd i gynnal Cyfarfod Cyffredinol arbennig o'r Llys a gofynnwyd i mi lunio dogfen yn amlinellu posibiliadau gweithredu ar un safle.

Bu'n rhaid gwneud rhai paratoadau ymarferol cyn mynd yn gyhoeddus ag unrhyw gynlluniau, a chafwyd trafodaethau cyfrinachol ac addawol gyda swyddogion Cyngor Dosbarth Ceredigion am safle yn Aberystwyth. Rhoddwyd ar ddeall i ni y byddai'n bosib cynnig safle eang ger meysydd chwarae'r Brifysgol rhwng y dre a Llanbadarn, er na ddatgelwyd hyn ar y pryd, gan achosi llawer o ddyfalu am leoliad y safle parhaol. Gofynnwyd hefyd i Gerald Latter, pensaer y pafiliwn dur, ddangos sut y gellid addasu'r adeilad er mwyn darparu cyfleusterau parhaol. Lluniais adroddiad yn dangos sut y gellid darparu swyddfeydd fyddai'n gartre i staff y Brifwyl ynghyd â chanolfan ddiwylliannol fyddai'n denu nifer o fudiadau Cymraeg i ymsefydlu yno a chynnal gweithgarwch drwy gydol y flwyddyn. Roeddwn i o'r farn ei fod yn gynllun cyffrous ac uchelgeisiol, prosiect allasai dyfu'n Ganolfan Ddiwylliannol Genedlaethol Gymraeg, yn union fel y mae Llanelwedd wedi datblygu i wasanaethu amaethyddiaeth yng Nghymru.

Er mwyn creu incwm, roedd y cynllun hefyd yn darparu cyfleusterau chwaraeon, megis chwe chwrt sboncen. Roeddwn i'n grediniol y gallasai prosiect fel hwn roi hwb sylweddol i'r iaith a'r diwylliant Cymraeg. Er i'r ddogfen drafod hon gael ei dehongli gan lawer fel dadl o blaid safle parhaol, nid dyna fy mwriad wrth ei llunio oherwydd, yn fy marn i, roedd un ffactor hollbwysig yn goruwchlywodraethu'r holl drafod, sef nad oedd unrhyw ardal yng Nghymru yn fodlon rhoi croeso i'r Brifwyl y tu hwnt i Fachynlleth yn 1981. Heb wahoddiad a chroeso ar ôl hynny, nid oedd modd symud o gwmpas y wlad ac nid oedd yn ymarferol cynnal Eisteddfod heb gefnogaeth awdurdodau cyhoeddus a gwirfoddolwyr y cymunedau lleol.

Bwriad y ddogfen oedd ceisio dangos y gallai safle parhaol fod yn symbol o gynnydd yn hytrach na chyfaddefiad o fethiant, ac fe'i derbyniwyd gan y Cyngor fel dogfen i'w gosod gerbron Cyfarfod Cyffredinol Arbennig o'r Llys oedd i'w gynnal yn Aberystwyth ym mis Gorffennaf 1979.

Wrth gwrs, roedd hyn yn codi sefyllfa ddiddorol, gan mai Syr Alun, un o wrthwynebwyr safle parhaol, fyddai'n llywyddu'r cyfarfod hwn, a chefais nifer o gyfarfodydd gydag e i wneud y trefniadau ymarferol. Yn ystod un o'r cyfarfodydd hyn dywedodd Syr Alun wrthyf mai'r penderfyniad gorau yn ei farn ef fyddai i'r Brifwyl barhau i fod yn symudol ond mewn pabell, trefniant fyddai'n arbed costau sylweddol.

Daeth diwrnod y Cyfarfod Cyffredinol Arbennig ac roedd y Neuadd Fawr yn Aberystwyth yn gyfforddus lawn, gymaint oedd y diddordeb yn y pwnc. Penderfyniad y Cyngor oedd:

1. cynnig argymhelliad i drefnu cartref parhaol erbyn 1982;
2. gwahodd y Llys i roi'r hawl i'r Cyngor fynd ymlaen yn ddi-oed â'r trefniadau i sicrhau cartref parhaol.

Bu dadlau brwd dros y cynnig, ac yn ei erbyn, ac ar ôl rhyw awr a hanner o drafodaeth, galwodd y Llywydd ar Archesgob Cymru, G. O. Williams, i siarad. Ar ddiwedd ei araith gosododd yr Archesgob welliant gerbron: dileu rhif 2 yn argymhelliad y Cyngor a gosod yn ei le: gwahodd y Cyngor i ystyried ar fyrder y dewis o barhau i fod yn symudol mewn pabell.

Rhoddodd y Llywydd y gwelliant gerbron ac roedd mwyafrif amlwg o'i blaid. O leiaf roedd y Llys wedi rhoi cyfarwyddyd pendant iawn i'r Cyngor ac roedd fy nhasg i bellach yn gwbl eglur. Doed a ddelo, byddai'n rhaid i mi yn awr geisio gwneud y gorau o'r penderfyniad hwn.

Rhai dyddiau'n ddiweddarach, daeth Syr Alun i'r swyddfa a dywedais wrtho ei fod yn gyd-digwyddiad mawr fod y cynnig a dderbyniwyd gan y Llys yn cynnwys yr un geiriau yn union â'r rhai a glywswn ganddo ef yn y swyddfa rai dyddiau cyn y cyfarfod. Y cyfan a wnaeth y Llywydd oedd gwenu!

Er y rhyddhad fod penderfyniad wedi ei wneud, teimlwn ar y pryd y byddai'r cwestiwn hwn yn siŵr o godi eto pan fyddai problemau ariannol gan yr Eisteddfod rywbryd yn y dyfodol – ac fe wnaeth, wrth gwrs.

Pennod 10

Y Tri Gŵr Doeth

Yn yr Etholiad Cyffredinol ym mis Mai 1979, roedd y Blaid Geidwadol wedi cynnwys yn ei maniffesto addewid i sefydlu sianel deledu Gymraeg. Ond mewn araith yng Nghaergrawnt ym mis Medi, dywedodd William Whitelaw fod y Llywodraeth wedi newid ei meddwl. Nid oedd y Llywodraeth, wedi'r cwbwl, am gadw at ei bwriad.

Fel y gŵyr pawb sy'n cofio'r cyfnod, cododd y cyhoeddiad hwn don o gynnwrf gwleidyddol mawr yng Nghymru. Nid af i gofnodi'r manylion gan eu bod i'w canfod yng nghofiant Rhys Evans am fywyd Gwynfor Evans. Yn ddigon naturiol, roedd maes yr Eisteddfod Genedlaethol yn Nyffryn Lliw, 1980, yn faes brwydr boeth, a bu ymweliad yr Ysgrifennydd Gwladol, Nicholas Edwards, yn ganolbwynt i brotestio cyhoeddus, tost.

Rhoddwyd fi mewn sefyllfa anodd dros ben. Roeddwn i, fel miloedd o'm cyd-Gymry, yn flin iawn wrth y Llywodraeth am y tro pedol ond yn ymwybodol fod Llywydd y Llys, fel Cadeirydd HTV, yn gryf yn erbyn y sianel. Fodd bynnag, roedd yn rhaid i'r Brifwyl barhau â'r traddodiad o roi croeso i Ysgrifennydd Gwladol y dydd, ac felly cefais fy hun, unwaith eto, ynghanol y mesurau diogelwch mwyaf llym.

Daeth Nicholas Edwards i'r maes yn weddol ddidrafferth ond lledodd y newyddion yn gyflym ei fod yno. Yn fuan, roedd torf y tu allan i ddrws cefn y pafiliwn. Ar ôl eistedd yn y pafiliwn am ychydig, daeth Nicholas Edwards i siarad â phrif swyddogion yr Eisteddfod yn ystafell y Cyngor tra oedd ei swyddogion a'r heddlu yn penderfynu pa un oedd y ffordd orau iddo adael, gan nad oedd modd iddo fynd allan drwy'r un drws ag y daeth i mewn drwyddo. Penderfynwyd yn y diwedd y gallai ddefnyddio'r coridor mewnol o gwmpas cefn y llwyfan, coridor oedd yn arwain at ddrws bychan yr oedd y wasg yn ei ddefnyddio i fynd i mewn ac allan o'u hystafell nhw. Pan ddaeth amser gadael, fe'i hebryngwyd gan y Llywydd a minnau ar hyd y coridor hwn o gwmpas cefn y llwyfan at y drws yma, ond gan fod ffenestri ar hyd y coridor, datblygodd rhyw fath o ras rhwng yr Ysgrifennydd Gwladol yn cerdded o ffenest i ffenest y tu mewn i'r pafiliwn a'r dorf yn ei ddilyn o ffenest i ffenest y tu allan. Fel y gellid disgwyl, cyrhaeddodd y ddwy fintai y drws bychan yr un pryd, a gwelwyd bod y dorf erbyn hyn yn ymgasglu o gwmpas y modur mawr du oedd yn disgwyl y tu allan i'r drws. Penderfynodd yr heddlu nad oedd dim amdani ond mynd â Nicholas Edwards allan a cheisio gwthio drwy'r dorf o brotestwyr at ei gar.

Llwyddwyd i'w gael i mewn i'r cerbyd ond dechreuodd y dorf wasgu at y car a'i fownsio i fyny ac i lawr. Erbyn hyn roedd pwysau'r dorf wedi fy ngwthio yn erbyn y cerbyd ac roedd yr holl beth yn bownsio ar fy nhroed. Trwy drugaredd, pharhaodd y sefyllfa ddim yn hir a gadawodd y car y maes yn gyflym ar ôl i'r heddlu glirio llwybr iddo. Roedd dau ganlyniad i'r digwyddiad. Yn gyntaf, cafodd yr Ysgrifennydd Gwladol weld drosto'i hun gymaint y cythruddwyd eisteddfodwyr gan y tro pedol ynglŷn â'r sianel Gymraeg. Yr ail ganlyniad oedd fod gen i droed poenus am ddyddiau wedyn.

Yn y cyfamser, daeth cynnig at Gyngor yr Eisteddfod gan

Fwrdd yr Orsedd yn gofyn am gefnogaeth y Cyngor i'r cynnig canlynol:

> fod y Llys yn gofyn i Archesgob Cymru, yr Arglwydd Cledwyn a Syr Goronwy Daniel weld Mr William Whitelaw i gyfleu iddo bryder Llys yr Eisteddfod ynglŷn â bwriad Mr Gwynfor Evans i ymprydio, a'r effaith ar y gymdeithas yng Nghymru pe gorfodid Mr Evans i gyflawni ei fwriad oni fydd y Llywodraeth yn sefydlu'r bedwaredd sianel ar gyfer rhaglenni Cymraeg yn ôl ei maniffesto.

Cafwyd cefnogaeth y Cyngor ond roedd angen rhywun i gydlynu'r trefniadau, ac felly gweithredais i fel ysgrifennydd i'r ddirprwyaeth. Dewiswyd aelodaeth y ddirprwyaeth yn ofalus ac yn gelfydd iawn. Roedd parch mawr at yr Arglwydd Cledwyn ar draws y sbectrwm gwleidyddol ac roedd Syr Goronwy, fel cyn-bennaeth y Swyddfa Gymreig, yn gwybod yn iawn am gymhlethdodau'r gwasanaeth sifil. Roedd hefyd, yn rhinwedd ei swydd fel Prifathro Coleg Prifysgol Aberystwyth, mewn cysylltiad clòs â barn pobl ifanc. Cynrychiolai Archesgob Cymru Gyngor Eglwysi Cymru a'r farn ganolig yng Nghymru. Oherwydd y parch oedd gan yr Ysgrifennydd Cartref at Cledwyn, cytunwyd i dderbyn y ddirprwyaeth ddydd Mercher, 10 Medi 1980, prin fis ar ôl ymweliad stormus Nicholas Edwards â'r Eisteddfod yn Nyffryn Lliw.

Bu ymgynghori cyson rhwng y 'Tri Gwr Doeth' tra oeddwn innau'n gwneud y trefniadau ar y ffôn gyda'r Arglwydd Cledwyn, oedd ar y pryd ar ei wyliau ar Ynys Guernsey. Gwahoddodd Syr Goronwy ni i gwrdd ymlaen llaw yn y Farmers Club yn Llundain gan fod hwnnw o fewn pellter cerdded rhwydd i'r Swyddfa

Gartref. Cytunwyd ar y drefn siarad – yr Arglwydd Cledwyn i agor, wedyn yr Archesgob, a Syr Goronwy i gloi. Er i mi fentro cymryd rhan yn y drafodaeth yn y clwb, doeddwn i ddim yn bwriadu agor fy ngheg yn y cyfarfod. Roeddwn i'n grediniol y byddai'r cyfarfod hwn yn un hanesyddol, beth bynnag fyddai'r canlyniad, ac felly'n benderfynol fod angen cofnod annibynnol o gofnodion swyddogol y Llywodraeth. Penderfynais felly mai gosod ar bapur gymaint ag y medrwn o fanylion y trafod fyddai fy nghyfraniad i.

Ar ôl gorffen trafod yn y clwb dyma ni'n cerdded ar draws y parc at y Swyddfa Gartref, ac wrth i ni ddod i olwg y drws gwelem ddau gamera teledu y tu allan iddo. 'Diar mi, mae 'na rywbeth ymlaen yma,' dywedodd Syr Goronwy. 'Y chi sydd 'mlaen yma,' medde fi. 'Gwenwch!' Ac i mewn â ni. Mae'r clip bychan hwnnw o'r ffilm wedi ei deledu ganwaith, mi gredaf, a chredaf mai fy llaw i'n agor y drws oedd yr arddwrn enwocaf yng Nghymru ar y pryd!

Cawsom ein hebrwng i fyny'r llofft i'r ystafell gyfarfod lle roedd yr Ysgrifennydd Cartref, William Whitelaw; Ysgrifennydd Gwladol Cymru, Nicholas Edwards, a nifer o weision sifil yn ein disgwyl. Ar ôl ein croesawu'n foneddigaidd, gollyngodd William Whitelaw ffrwydriad gwleidyddol drwy ddweud wrthym fod y Swyddfa Gartref, yr union funud honno, yn rhoi datganiad i'r wasg yn ystafell y wasg islaw, yn cyhoeddi penodiad Mr Dafydd Jones Williams fel cadeirydd pwyllgor newydd 'to oversee the two-channel solution'. I mi, roedd hyn yn enghraifft o chwarae gwleidyddiaeth frwnt ar ei waethaf, gan fod amseriad y newyddion yma'n ymgais glir i danseilio ein holl ymdrechion cyn i'r ddirprwyaeth gael cyfle i gyflwyno'r achos am sianel Gymraeg. Yn sicr, cwestiwn cyntaf y wasg ar ddiwedd y cyfarfod fyddai, 'Onid gwastraff amser oedd yr holl sioe?'

Nid fy mwriad wrth nodi hyn yw tynnu oddi ar gyhoeddiad arwrol Gwynfor Evans. Ei benderfyniad ef, ac ef yn unig, oedd wedi creu'r hinsawdd wleidyddol argyfyngus oedd yn bodoli yr adeg honno – hinsawdd oedd wedi creu penbleth aruthrol i lywodraeth y dydd. Ond, tan y funud yr aeth y ddirprwyaeth i mewn i'r cyfarfod tyngedfennol hwn, roedd hi'n ymddangos fod yr holl ymdrechion gan wleidyddion, cymdeithasau, mudiadau ac unigolion amlwg wedi bod yn ofer, gan fod y Llywodraeth yn mynnu cadw at y bwriad o rannu'r rhaglenni Cymraeg rhwng dwy sianel. Sylwer nad ymchwilio ymhellach i'r gwahanol bosibiliadau oedd gwaith y pwyllgor newydd hwn ond goruchwylio'r broses o rannu'r rhaglenni Cymraeg rhwng dwy sianel.

Wrth reswm, roedd hon yn ergyd drom i'r ddirprwyaeth, ond doedd dim amdani ond cario ymlaen fel petai hynny ddim wedi newid y sefyllfa o gwbl. Yn unol â'r cytundeb rhyngddynt, Cledwyn siaradodd gyntaf, a chyflwyno'r achos yn feistrolaidd. Dywedodd fod y tri ohonynt yno ar gais Llys yr Eisteddfod Genedlaethol a bod yr Archesgob hefyd yn cynrychioli Cyngor Eglwysi Cymraeg Cymru. Wedi cyfeirio at Adroddiadau Pilkington, Crawford a Siberry ac yn arbennig at faniffesto'r Blaid Geidwadol ac araith y Frenhines wrth agor y Senedd, aeth ymlaen i ddisgrifio'r siom, y dadrithiad a'r dicter yng Nghymru wrth glywed yr araith yng Nghaergrawnt ym mis Medi 1979, araith oedd wedi gwyrdroi'r addewid am sianel Gymraeg yn llwyr.

Roedd y tri'n croesawu'r cymorth sylweddol a roddwyd gan y Llywodraeth i'r iaith ond, ar y mater hwn, pwysleisiodd Cledwyn fod perygl mawr y byddai anhrefn cyhoeddus yng Nghymru yn sgil y tro pedol, gyda chyfraith a threfn yn graddol ddadfeilio. Arwydd clir o hyn oedd fod dros fil o bobl yn gwrthod talu eu trwyddedau teledu ac roedd tri gŵr wedi torri i mewn i drosglwyddydd teledu Pencarreg. Pe bai Gwynfor Evans yn marw, ni fyddai modd darogan beth fyddai'r canlyniad. Ni ellid gwahanu'r agwedd ddiwylliannol oddi wrth y sefyllfa economaidd gan fod dirywiad economaidd presennol Cymru yn ychwanegu at y teimlad o rwystredigaeth ar y pwnc. Dylai'r Llywodraeth ystyried yn ddwys adfer y polisi gwreiddiol. Ategwyd hyn i gyd gan yr Archesgob, gan ddweud fod y tro pedol hwn yn tanseilio ffydd pobl yn hygrededd gwleidyddion a bod llawer yn credu fod dyfodol yr iaith Gymraeg yn ddibynnol ar gael sianel deledu. Siaradodd Syr Goronwy o'i brofiad yn ymwneud â phobl ifanc Cymru, gan ddweud fod ystyriaethau ymarferol wedi cael eu boddi gan yr achos emosiynol.

Nid yn annisgwyl, glynodd yr Ysgrifennydd Cartref at bolisi'r Llywodraeth o rannu'r Gymraeg rhwng dwy sianel. Roedd hi'n amlwg i mi mai ystyriaethau ariannol oedd wrth wraidd hyn i gyd. Ymddangosai fod ymgyrch lobïo HTV ac eraill wedi bod yn hynod effeithiol a bod y Gweinidogion yn argyhoeddedig mai dyna'r ffordd ymlaen.

Honnodd Ysgrifennydd Gwladol Cymru nad oedd ef yn ymwybodol o unrhyw deimladau cryf yn ei etholaeth ef ac mai ychydig iawn o lythyron yr oedd wedi eu derbyn ar y pwnc. Er nad yw hynny wedi ei gynnwys yn y cofnodion swyddogol, dywedodd mai bwriad y cyfarfod hwn oedd 'cael Gwynfor oddi ar y bachyn'. Tybiaf ei fod yn credu fod hwn yn sylw cymodlon ond, hyd y gwelwn i, nid Gwynfor oedd 'ar y bachyn' ond y Llywodraeth ei hun, a bod y Gweinidogion yn bryderus iawn y byddai eraill yn ei ddilyn pe byddai'n cyflawni ei fwriad.

Yn ôl y Llywodraeth, byddai llawer yn teimlo'u bod yn cael eu hamddifadu pe na bai'r Bedwaredd Sianel newydd yn cael ei darlledu yng Nghymru ac y byddent yn troi at drosglwyddydd y

Mendips, gan ostwng incwm teledu masnachol yng Nghymru. Fel canlyniad, byddai'r Awdurdod Darlledu Annibynnol (yr IBA) yn debygol o droi at y Llywodraeth am arian ychwanegol.

Roedd yr Ysgrifennydd Cartref yn hollol argyhoeddedig mai polisi'r ddwy sianel oedd yr un cywir ac y byddai'n rhaid ystyried yn ofalus ganlyniadau ildio i fygythiad. Ateb Cledwyn oedd na fyddai hyn yn newid mawr gan fod y Llywodraeth ei hun yn credu tan yr etholiad diweddar mai sianel Gymraeg oedd yr ateb. Croesawodd y pwyllgor arfaethedig ond cynigiodd y dylai'r pwyllgor hwnnw edrych ar arbrawf o gael un sianel Gymraeg am gyfnod ac nid arbrawf o gael dwy sianel. Dadleuodd y Gweinidogion y byddai'n anodd iawn newid pethau ar ôl dwy flynedd, ond daeth yr ateb yn ôl yn syth fod hynny'n llawn mor wir am arbrawf o gael dwy sianel. Dadleuwyd nad oedd gofyn i Gymry Cymraeg bwyso botwm i newid sianel yn benyd mawr, ond atebwyd bod cael rhaglenni Cymraeg ar ddwy sianel yn gorfodi pob gwyliwr i bwyso botwm – y di-Gymraeg hefyd, er mwyn dianc rhag rhaglenni Cymraeg.

Tynnodd William Whitelaw bethau i fwcwl trwy ddweud ei fod yn derbyn fod y ddirprwyaeth yn cytuno â'r bwriad o sefydlu pwyllgor ond ddim yn cytuno mai pwrpas y pwyllgor hwnnw oedd goruchwylio system dwy sianel. Cytunodd Cledwyn mai dyna safbwynt y ddirprwyaeth, a diolchodd i'r Ysgrifennydd Cartref am y cyfle i roi'r achos gerbron. Gofynnodd hefyd am ystafell lle gellid cwrdd am funud neu ddau i gasglu ein meddyliau at ei gilydd cyn cwrdd â'r wasg. Wrth gwrs, roedd aelodau'r wasg, fel y gellid ei rag-weld, wedi derbyn y cyhoeddiad am y pwyllgor newydd ac yn amlwg yn credu mai gwastraff amser oedd y cyfan. Fodd bynnag, ar ôl rhai munudau o ymgynghori, aeth y ddirprwyaeth i gwrdd â'r wasg a deliodd Cledwyn â'r holi miniog yn gelfydd iawn, gan wadu mai ofer oedd yr ymdrech i osod eu safbwynt gerbron y gweinidogion. Dywedodd mai'r hyn a ofynnwyd iddynt ei wneud oedd dadlau o blaid un sianel a'u bod wedi cyflwyno'r achos hwnnw yn ddi-ildio.

Soniais ynghynt am y parch amlwg oedd rhwng Cledwyn Hughes a William Whitelaw. Cledwyn oedd wedi llwyddo i gael y Llywodraeth i dderbyn y ddirprwyaeth ac ef hefyd oedd wedi llywio'r holl fenter o'r cychwyn. Ni fedrid bod wedi cael lladmerydd mwy effeithiol a dylanwadol o blaid y sianel Gymraeg, a gwelodd y Gweinidogion yn glir iawn nad oeddent wedi llwyddo i argyhoeddi'r farn ganolig yng Nghymru. Er hynny, doedd yr un ohonom yn siŵr o gwbl y byddai'r Llywodraeth yn newid ei barn ddwywaith. Mae llyfr Rhys Evans yn olrhain y trafodaethau mewnol a ddigwyddodd ar ôl y cyfarfod ac o fewn rhai dyddiau cefais alwad ffôn gan Cledwyn i ddweud fod y tro pedol wedi troi'n dro cylch, a bod safbwynt y Llywodraeth wedi dod yn ôl i'r lle ag y cychwynnodd cyn araith Caergrawnt.

Yn yr achos hwn, roedd gweithred ysgytwol Gwynfor Evans ar un llaw a dadleuon y 'tri gŵr doeth' ar y llaw arall wedi cyfuno i berswadio'r Llywodraeth, a'r Prif Weinidog – y Prif Weinidog a ddywedodd na fyddai byth yn troi – i wneud yn union hynny, ac mae S4C gennym bellach ers bron ddeugain mlynedd. Gwaetha'r modd, mewn cyfnod o gwtogi mae ariannu'r sianel unwaith eto wedi tyfu'n broblem sy'n rhaid ei datrys os yw am gadw'r gwylwyr.

Pennod 11

Yr Wythdegau Cyffrous

Yn sgil penderfyniad Llys yr Eisteddfod ym mis Gorffennaf 1979, roedd angen mynd ati o ddifrif yn awr i geisio cael cartref i'r Brifwyl ar ôl Machynlleth, 1981. Tro'r de oedd hi yn 1982 ac un o'r ardaloedd addawol oedd Cwm Rhondda. Roedd brwdfrydedd yn y fro er bod amheuaeth a oedd safle addas i'w gael yn y cwm cul hwnnw. Cofiaf yn dda mai un o gefnogwyr mawr yr awgrym oedd Annie Powell, yr unig Gomiwnydd ar y cyngor lleol. Fodd bynnag, ar ôl chwilio'n fanwl, yr unig safle oedd yn ddigon mawr oedd y maes criced yn Nhreorci. Wrth reswm, byddai cynnal Eisteddfod ar y maes criced ym mis Awst yn tarfu ar y tymor chwarae, ac roedd y clwb yn bryderus iawn am yr effaith fyddai Eisteddfod yn ei chael ar ansawdd y llain. Ceisiwyd lleddfu'r gofidiau hyn trwy alw am gyngor yr arbenigwr oedd yn gofalu am faes Thomas Lord yn Llundain, ond yn y diwedd methiant fu'r ymdrechion hyn a daeth y cyngor lleol â'r trafodaethau i ben. Roedd angen ailfeddwl, felly.

Roedd hyn yn peri problem, gan fod amser yn pasio a ninnau heb wahoddiad ar gyfer 1982. Yn y diwedd, aeth Derec Llwyd Morgan a minnau i Abertawe am sgwrs gyda'r Athro Stephen J. Williams a'i wraig, Ceinwen. Cawsom groeso cynnes ac eglurwyd y broblem iddo, a theimlem ei fod o blaid yr awgrym. Daeth Ceinwen i mewn â'r hambwrdd te, ac o sylweddoli beth oedd ein sgwrs, dyma hi'n dweud, 'Stephen! Yr Eisteddfod yn Abertawe? Dyna lyfli!' Wn i ddim ai hynny berswadiodd ei gŵr i gytuno ai peidio, ond dyna wnaeth. O gael yr Athro mawr ei barch o'n plaid, roeddem yn ffyddiog mai i Abertawe y byddai'r Eisteddfod yn mynd yn 1982. A dyna fu.

Arbrawf oedd yr Eisteddfod hon, gan ein bod am ei chynnal mewn pabell am y tro cyntaf. Cawsom gefnogaeth gref gan y cyngor lleol a chan y brifysgol, a gweithiodd ein cefnogwyr lleol yn wyrthiol i gael Prifwyl deilwng iawn yn barod mewn byr o amser. Cawsom safle hyfryd ar Barc Singleton a bu cannoedd o eisteddfodwyr yn lletya yn neuaddau preswyl y coleg gerllaw.

Bu'r Eisteddfod hon yn nodedig am ddau reswm arall. Roedd Cofiadur yr Orsedd, Gwyndaf, wedi bod yn trafod gyda chyfaill iddo, sef Towyn Roberts, cyn-reolwr banc, gyda'r canlyniad ei fod wedi rhoi swm anrhydeddus iawn o £60,000 i'r Eisteddfod a hynny mewn tair rhan: £20,000 i Gronfa'r Mil o Filoedd a sefydlwyd gan Gwyndaf i geisio sicrhau dyfodol y Brifwyl; £20,000 i gynnal cyngerdd yn yr ŵyl ac yn bwysicaf oll, efallai, £20,000 i sefydlu ysgoloriaeth i gantorion ifanc oedd am fentro i'r byd proffesiynol. Cofier mai yn nechrau'r wythdegau yr oedd hyn, a phryd hynny roedd £20,000 yn swm fyddai'n cynhyrchu llog sylweddol i dalu am hyfforddiant cerddorol i'r perfformwyr ifanc buddugol. Doedd dim modd cynnal gwerth y rhoddion hyn heb ymdrechion codi arian cyson, ac ar ôl dyddiau Gwyndaf bu Emrys Evans a'i deulu'n casglu arian tuag at Gronfa'r Mil o Filoedd mewn pabell ar faes y Brifwyl am flynyddoedd.

Enw'r gystadleuaeth newydd oedd 'Ysgoloriaeth Towyn Roberts er cof am ei wraig a'r gantores, Violet Jones, Nantclwyd'. Roedd un amod arall ynghlwm â'r ysgoloriaeth, sef bod Syr Geraint Evans yn gweithredu fel un o'r beirniaid bob blwyddyn.

Roedd Towyn Roberts a Geraint Evans yn gyfeillion ac, yn amlwg, roedd Geraint wedi cytuno i hyn o flaen llaw. Bu croeso mawr i'r rhodd a phenderfynwyd cyflwyno'r gystadleuaeth am y tro cyntaf yn Eisteddfod Abertawe yn 1982.

Roeddwn i'n croesawu'r fenter hon yn fawr iawn gan fy mod yn teimlo fod cantorion ifanc Cymru oedd â'u bryd ar yrfa broffesiynol yn tueddu i osgoi'r Eisteddfod ar eu ffordd i fyny'r ysgol gerddorol, gan gredu mai gŵyl i amaturiaid yn unig oedd hi. I mi, roedd yr ysgoloriaeth hon yn fodd o ddenu'r bobl ifanc dalentog hyn yn ôl i gystadlu a byddai'r Eisteddfod felly'n fodd o roi hwb i'w datblygiad. Rwy'n credu fod yr Ysgoloriaeth wedi bod yn llwyddiannus iawn dros y blynyddoedd a llawer o gantorion proffesiynol ifanc Cymru wedi elwa'n fawr o'i hennill.

Daeth Syr Geraint i'r swyddfa ryw flwyddyn cyn yr ŵyl i drafod y trefniadau ar gyfer ei ddyletswyddau beirniadu yn Abertawe a mentrais ofyn iddo, gan y byddai yn yr Eisteddfod, a fyddai'n ystyried rhoi cyngerdd i ni hefyd. Ystyriodd am ychydig ac yna dywedodd, 'Ol-reit, does gen i ddim byd llawer wedi'i drefnu ar gyfer 1982 ac efallai mai hwn fyddai'r tro olaf i mi roi cyngerdd.' Neidiais ar hyn yn syth gan ofyn iddo a fyddai'n fodlon i ni hysbysebu'r cyngerdd fel ei gyngerdd ffarwél yng Nghymru. Ar ôl ystyried am funud, cytunodd a gwyddwn fod gennyf sgŵp ar fy nwylo!

Yn naturiol, roedd aelodau'r Cyngor wrth eu bodd, a phenderfynwyd y byddai'n rhaid i ni roi rhodd i Geraint i gofio'r achlysur. Comisiynwyd David Griffiths, yr artist o Gaerdydd, i beintio portread o Geraint er mwyn i'r Llywydd, Emrys Evans, ei gyflwyno iddo ar ddiwedd y cyngerdd. Yn ddiddorol iawn, ac er mawr falchder i ni, dyma'r portread a ddewisodd Geraint yn ddiweddarach i'w roi ar glawr ei hunangofiant.

Gan mai cyngerdd operatig fyddai'r achlysur, ac er mwyn peidio torri rheol Gymraeg yr Eisteddfod, penderfynwyd ei gynnal ar y nos Sul olaf, ar ôl cau'r Brifwyl y noson cynt. Cytunodd Stuart Burrows, y seren opera a anwyd yn yr un stryd â Geraint yng Nghilfynydd, ac Elizabeth Vaughan, y soprano o Lanfyllin, i fod yn unawdwyr gyda Geraint. Llwyddwyd hefyd i sicrhau gwasanaeth Corws Cwmni Opera Cenedlaethol Cymru a Cherddorfa Gyngerdd y BBC, dan arweiniad Robin Stapleton – cast disglair dros ben.

Ceisiwyd pennu pris y tocynnau fel na ddylai'r gost fod yn broblem i neb oedd am ddod, a gwerthwyd pob sedd o fewn ychydig ddyddiau. Trefnwyd cytundeb teledu manteisiol hefyd, a gallaf ddweud mai dyma'r cyngerdd a esgorodd ar yr elw mwyaf erioed i'r Eisteddfod yn fy amser i.

Bu'r arbrawf o gynnal yr Eisteddfod mewn pabell yn llwyddiant, er i ni osgoi anffawd fawr yn ystod un o seremonïau'r Orsedd. Am y ddwy awr yn yr wythnos pan fyddai'r seremonïau gorseddol ar y llwyfan, byddai'n arfer gen i eistedd ar fy mhen fy hun yn fy swyddfa yn gwylio'r seremoni ar y teledu a chael llonydd gan bawb – seibiant bendigedig! Felly, yn Abertawe, ar ôl gweld yr Orsedd a'r Archdderwydd yn saff ar y llwyfan, gwnes fy ffordd yn ôl drwy'r cefnau i'r swyddfa. Ond ar y ffordd clywais leisiau'n dod o stafell y Cyngor. 'Od,' meddyliais. Edrychais i mewn i weld pwy oedd yno. Os do fe! Dyna lle roedd beirniaid y seremoni yn eistedd yn yfed te a sgwrsio'n hamddenol; doedd neb wedi eu galw a'u hebrwng i'w seddau yn y pafiliwn! Dywedais wrthynt am adael eu te a dod ar f'ôl i ar frys at fynedfa'r pafiliwn gan gyrraedd yno ar yr union eiliad yr oedd yr Archdderwydd yn galw ar y beirniaid i ddod i'r llwyfan. Doedd dim byd amdani ond ceisio gwneud i'r peth ymddangos fel petai'n rhan o'r seremoni, ac felly cerddais o'u blaenau'n seremonïol at waelod grisiau'r llwyfan a chan chwifio fy mreichiau'n ddramatig, eu cyfeirio i fyny at yr Archdderwydd. Gobeithio i mi berswadio'r gynulleidfa mai elfen newydd yn y seremoni oedd hon – a bod neb wedi sylwi na chafodd yr elfen arbennig honno ei hailadrodd byth wedyn.

Dyma ddod at noson Syr Geraint – y pafiliwn yn llawn i'r ymylon a phawb yn eiddgar am roi ffarwél teilwng iddo. Roedd y noson wedi ei threfnu mewn dwy ran: yr hanner cyntaf yn rhaglen operatig a'r ail hanner yn ganeuon Cymraeg – yr hen ffefrynnau. Agorwyd y cyngerdd ag agorawd *Die Meistersinger* gan Wagner, a chyn bod y nodyn olaf wedi tawelu, bron, dyma Geraint yn brasgamu i'r llwyfan gan feddiannu'r lle yn ôl ei arfer, gyda pherfformiad o 'Udite! Udite!' gan Donizetti, a'r corws yn gefn iddo. Ymlaen wedyn gydag unawdau a deuawdau operatig gan Geraint, Elizabeth Vaughan a Stuart Burrows ynghyd â'r corws, nes cyrraedd hanner amser a phawb eisoes wedi cael gwledd.

A dyna pryd y dechreuodd y gwir ddrama! Yn ystod yr egwyl, es i o gwmpas ystafelloedd newid yr artistiaid i weld a oeddent yn hapus, a chael sioc wrth gerdded i mewn i'w ystafell a gweld Geraint bron ar wastad ei gefn a'i wyneb fel y galchen. Roedd gwraig yn lifrai Ambiwlans Sant Ioan yn sychu ei dalcen ac yn gofyn iddo ers pa bryd y bu'n dioddef o glefyd y siwgr. Gwadodd Geraint fod y fath beth arno, ond mynnodd y wraig mai dyna oedd yn bod arno a rhoi losin iddo i'w sugno. Trodd Geraint ataf a dweud ei fod wedi colli rheolaeth ar ei goesau'n llwyr a'i fod yn methu sefyll ar ei draed. Serch hynny, roedd yn benderfynol o fynd ymlaen ag ail hanner y cyngerdd. Dywedais nad oedd hynny'n bosib oherwydd ei gyflwr, ac es ar fy union i weld Stuart ac Elizabeth ac egluro'r sefyllfa iddynt. Chwarae teg i'r ddau, dechreusant feddwl am unawdau y medrent eu canu i lenwi bylchau yn y rhaglen. Wrth reswm, doedd gennym ni ddim cerddoriaeth i'r gerddorfa, a dechreuais feddwl a oedd cyfeilydd ar gael a fedrai ddefnyddio'r organ, neu a fyddai modd cael piano i'r llwyfan. Gwelwyd yn fuan nad oedd dim amdani ond mynd ymlaen ag ail hanner y cyngerdd heb Geraint, er mor anfodlon oedd e ar hynny.

Unawdau Cymraeg oedd y rhaglen ac fel roedd yr egwyl yn dod at ei diwedd agorodd drws ystafell Geraint a gwelais ef yn dal yn dynn ym mhostyn y drws gan fynnu fy mod yn ei helpu at ochr y llwyfan. Roedd ei goesau fel jeli ac nid oedd yn medru sefyll heb help ond, er i mi brotestio, rhoddodd ei fraich dros fy ysgwyddau a mynnodd fy mod i'n ei lusgo at ymyl y llwyfan. Pan ddaeth ei dro, gofynnodd i mi ei wthio 'mlaen a gwelais e'n cymryd anadl ddofn a rhedeg, bron, at rostrwm yr arweinydd cyn gafael yn dynn yn hwnnw i'w gadw ar ei draed. Dyna'r perfformiad mwyaf arwrol o 'Y Marchog' a welais erioed, gan ddenu bonllefau o'r dorf nad oedd, gobeithio, yn ymwybodol o'r ddrama oedd tu cefn iddo. Ar ei ddiwedd, gwelais Geraint yn edrych draw at ochr y llwyfan ac yna'n gwthio ei hun i ffwrdd oddi wrth y rostrwm a chwympo, fwy neu lai, i fy mreichiau tu ôl i'r llenni.

Ar ddiwedd y cyngerdd, roedd angen rhai munudau arnom i ailosod y llwyfan ar gyfer cyflwyno'r portread i Geraint, a daeth Brenda, ei wraig, atom, wedi synhwyro fod rhywbeth o'i le. Erbyn hyn roedd Geraint yn medru sefyll ac aeth ar bwys braich Brenda i glywed Emrys Evans, Llywydd y Llys, yn cyflwyno'r llun iddo. Ar ddiwedd y seremoni fechan honno, rhuthrwyd Geraint i Ysbyty Singleton ac yno y bu nes bod ei gyflwr yn sefydlogi ddigon iddo fynd adref.

Diolch byth, ni chafwyd canlyniadau gwaeth y noson honno, ond bu gofyn i Geraint reoli'r cyflwr am weddill ei oes. Serch hynny, bu'n ffyddlon i'w addewid i Towyn Roberts am ddeng mlynedd ar ôl hynny, gan feirniadu'r ysgoloriaeth bob blwyddyn a gofyn i ni drosglwyddo unrhyw ffi oedd yn ddyledus iddo yn ôl i'r gronfa.

Bu farw Syr Geraint yn 1992 ar ôl Eisteddfod Aberystwyth ac aeth Myra a minnau i'w wasanaeth coffa yn Abaty Westminster. Cofiaf yn glir fynd i San Steffan ar y Tiwb gan ddod allan gyferbyn â Thŷ'r Cyffredin a gofyn i blismon pa un oedd y ffordd orau i groesi draw at yr abaty. Dangosodd y ffordd i ni ac yna amneidiodd at y faner oedd yn chwifio uwchben yr abaty – y Ddraig Goch – gan ddweud nad oedd yn cofio i hynny ddigwydd erioed o'r blaen. Dim ond i gofio personau cwbl arbennig y cynigid gwasanaeth yn Abaty Westminster, ac roedd chwifio'r Ddraig Goch yn fesur ychwanegol o'r parch oedd at un o wir sêr cerddorol Cymru.

Gan ein bod ni wedi symud ymlaen at 1992 am ennyd, yn dilyn Eisteddfod Aberystwyth, aeth Myra a minnau am ychydig wyliau i ardal llynnoedd yr Eidal, gan logi car a chrwydro'r tri llyn mawr yn y gogledd. Tra oeddem yn aros yn Stresa ar Lyn Maggiore ffoniwyd adre a chael Manon braidd yn ddywedwst ar y ffôn. Pan ofynson iddi beth oedd yn bod, dywedodd nad oedd yn siŵr a ddylai ddweud wrthym a ninnau ar ein gwyliau, ond roedd newyddion wedi torri'r diwrnod hwnnw am farwolaeth sydyn Bedwyr Lewis Jones. Fe'n syfrdanwyd gan y newyddion trist ac annisgwyl yma, fel pawb arall yng Nghymru, a'r cyfan y gallem ei wneud oedd mynd yn ôl i'r ystafell wely ac eistedd yno'n fud. Bu colli Bedwyr cyn ei amser yn ergyd i'r genedl gyfan ac yn ergyd bersonol drom i mi gan ei fod wedi fy nghefnogi'n gadarn am y pedair blynedd ar ddeg y buom yn cydweithio'n glòs ar faterion eisteddfodol. Fel pawb oedd yn ei adnabod, teimlwn ein bod wedi colli cyfathrebwr arbennig, academydd disglair a chyfaill da oedd â synnwyr digrifwch effro dros ben. Ar ôl siarad ar y ffôn â'i gyfaill mynwesol Alwyn Roberts, cawsom ar ddeall fod ei angladd wedi ei drefnu ar y diwrnod yr oeddem i ddychwelyd o'r Eidal. Bu prysurdeb mawr wedyn yn aildrefnu'r daith adre ond roedd yn rhaid i ni fod yno i dalu'r gymwynas olaf i berson arbennig ac i fynegi ein cydymdeimlad diffuant ag Eleri a'r plant oedd wedi rhoi croeso arbennig i mi ar yr aelwyd yn Bodafon. Ers hynny, er ein bod yn mynd i'r Eidal bob blwyddyn, dyw Myra a minnau erioed wedi bod yn ôl i Lyn Maggiore.

Maddeuer i mi am grwydro ychydig, ond wrth gofio am Bedwyr a'i hwyl, rhaid sôn hefyd am raglen radio *Stondin Sulwyn* a'i stori Ffŵl Ebrill. Cawsom alwad ffôn gan gynhyrchwyr y rhaglen yn awgrymu y byddai'n hwyl pe bai Sulwyn Thomas yn cyhoeddi yn ei raglen foreol ar Ebrill y cyntaf fod yr Eisteddfod wedi derbyn gwahoddiad i fynd i Los Angeles ymhen dwy flynedd. Er mwyn rhoi hygrededd i'r stori, roedd Bedwyr, Cadeirydd Cyngor yr Eisteddfod, wedi cytuno i gymryd rhan yn y rhaglen a chytunais innau hefyd. Ond, ar ôl derbyn y gwahoddiad, sylweddolais fod amseriad y rhaglen yn gwrthdaro â chyfarfod o Gyngor Coleg Aberystwyth yn yr Hen Goleg. Pan ddaeth yr awr, felly, dyma fi'n codi o'm sedd yn ystafell y Cyngor a chan ymddiheuro i'r Arglwydd Cledwyn, y cadeirydd, cerddais allan a mynd i lawr at deliffon ger y cwad. Roedd y gwrandawyr wedi clywed gan Bedwyr ac es innau ymlaen i ychwanegu rhai manylion i gadarnhau'r stori cyn mynd yn ôl i gymryd fy sedd i drafod materion difrifol iawn yn ymwneud â dyfodol Coleg Aberystwyth. Wel, os do fe! Bu'r ymateb i'r rhaglen yn syfrdanol ac ugeiniau o wrandawyr yn ffonio i brotestio, gan gynnwys carafanwyr oedd yn gofyn sut yn y byd oeddent am fynd i

Los Angeles yn eu carafannau! Cymaint oedd yr ymateb nes bod yn rhaid ymestyn y rhaglen a gohirio'r rhaglen ganlynol. Wedi darlledu am ddwy awr a mwy, ffarweliodd Sulwyn â'r gwrandawyr – gan dynnu sylw at y dyddiad.

Rhaid cyfaddef fod yr hinsawdd wleidyddol yn creu sefyllfaoedd dyrys yn ystod yr wythdegau. Gan fod y wasg yn tyrru i'r Eisteddfod, roedd hwn yn gyfle am brotestiadau di-ri ar lawer pwnc llosg. Yn bennaf ymhlith y rhain yr oedd ymgyrchoedd Cymdeithas yr Iaith. Bu'r cyfnod hwn yn anodd i mi fel ag i lawer o swyddogion yr Eisteddfod gan fy mod, fel hwythau, yn cydymdeimlo'n llwyr â phwrpas yr ymgyrchoedd hyn ond, gan mai rhedeg gŵyl ddiwylliannol oedd fy mhriod waith, roedd gofyn i mi geisio cadw trefn ar bethau a sicrhau na fyddai'r protestiadau'n amharu ar fwynhad eisteddfodwyr. Cafwyd nifer o gyfarfodydd anodd gyda'r gwahanol garfanau i geisio dod at gyfaddawd fyddai'n caniatáu rhyddid barn, a'r hawl i fynegi'r farn honno, a'r un pryd yn cadw hawl miloedd o eisteddfodwyr i fwynhau gŵyl ddiwylliannol oedd yn ddathliad o bethau gorau ein cymdeithas. Gan nad oedd fforwm arall ar gael yr adeg honno lle roedd y wasg yn bresennol i'r un graddau, roedd hi'n naturiol mai'r Eisteddfod oedd y llwyfan cyhoeddus blynyddol mwyaf i brotestio ynghylch nifer o achosion – yr iaith Gymraeg yn naturiol, ond hefyd yr achos gwrth-niwclear, heddychiaeth, streic y glowyr, protestiadau gwrth-apartheid, a hyd yn oed problem sbwriel gwenwynig yng Nghwm Rhymni. Roedd taro'r llwybr canol yn hyn i gyd yn dasg anodd dros ben.

Ar ben hyn, deuai pwysau o wahanol gyfeiriadau ar i'r ŵyl fod yn achlysur dwyieithog. Doedd hynny ddim yn mynd i ddigwydd, ond ceisiais fy ngorau i'w gwneud yn ŵyl groesawgar i'r di-Gymraeg drwy hybu'r system gyfieithu ar y pryd yn y pafiliwn, gydag Aled Rhys Wiliam a'i wraig, Ann, yn eistedd yn y bwth cyfieithu am oriau bob dydd. Bu'n rhaid bod yn wyliadwrus iawn o Gymreictod y maes gan nad oedd pob un o'r stondinwyr yn talu sylw i'r rheol Gymraeg, a bu Hugh Thomas a Desmond Healy yn ddiwyd iawn am flynyddoedd yn crwydro'r stondinau ar ddechrau'r wythnos yn atgoffa pobl o ofynion y rheol.

Galwai nifer o leisiau hefyd am gael gwerthu alcohol ar y maes, gan honni y byddai hyn yn setlo ein problemau ariannol. I mi, doedd y ddadl ariannol ddim yn dal dŵr o gwbl gan y byddai angen gwneud elw sylweddol iawn mewn un wythnos i wneud unrhyw argraff ar gyllideb yr ŵyl. Yr hyn oedd yn ddiddorol hefyd oedd fod y noddwyr masnachol yn croesawu'n fawr y ffaith fod y Brifwyl yn sych ac, oherwydd hynny, yn barotach i wario'u harian ar brynu tocynnau er mwyn dod â gwesteion i mewn.

Un esiampl o'r pwysau oedd ar y Brifwyl oedd achos Pilkington yn Eisteddfod y Rhyl, 1985. Rhoddwyd y goron gan Gwmni Pilkington, oedd â ffatri yn ardal yr Eisteddfod. Gwneud gwydr arbennig oedd gwaith y ffatri yma ond roedd rhan arall o'r cwmni'n cynhyrchu offer arbenigol ar gyfer tanciau rhyfel. Gwrthwynebai heddychwyr ardal y Rhyl yn chwyrn i'r ŵyl dderbyn nawdd gan y cwmni, er nad y ffatri leol oedd yn creu'r offer ar gyfer yr arfau hyn. Roedd bwriad i brotestio yn erbyn y goron ond doedden ni'n gwybod dim am natur nag amseriad y brotest. Fodd bynnag, yn ystod bore'r seremoni, aeth si ar hyd y maes fod bwriad i gludo ail goron i'r llwyfan a'i chyflwyno i'r Archdderwydd i gymryd lle'r goron swyddogol. Roedd natur y brotest hon yn peri pryder i mi gan ei bod yn torri tir newydd. Hyd yma, er bod y maes wedi gweld nifer fawr o brotestiadau am wahanol achosion, doedd neb wedi dod â phrotest i mewn i'r pafiliwn a thrwy hynny amharu ar raglen yr ŵyl. Os gwir y si, gallai hyn greu cynnwrf cyhoeddus ar lwyfan yr Eisteddfod ac fe allai hynny ledu i'r gynulleidfa. Byddai hi'n anodd rheoli anhrefn o'r fath, a'r cyfan i'w weld ar deledu byw.

Gelwais ar y ddau ddirprwy brif stiward a gofyn iddynt ddod gyda mi i gerdded y tu ôl i'r Archdderwydd wrth i orymdaith yr Orsedd groesi'r maes at gefn y pafiliwn ac yna ei ddilyn i lawr llwybr canol y pafiliwn at risiau'r llwyfan. Roeddwn i am gerdded y tu ôl i bawb er mwyn ceisio gweld o ble y byddai'r ail goron yn ymddangos. Gofynnais hefyd a fyddai'r stiwardiaid yn aros wrth draed grisiau'r llwyfan tan ddiwedd y seremoni, rhag ofn y byddai rhywun yn ceisio dringo i'r llwyfan. Wedi egluro'r sefyllfa i'r ddau gyfaill, doedd dim rhaid eu perswadio; roeddent yn benderfynol o rwystro unrhyw beth fyddai'n amharu ar eu heisteddfod nhw, chwarae teg iddynt.

Dyna wnaed, a minnau'n edrych yn fanwl ar bob ochr o'r llwybr ar draws y maes. I mewn â ni drwy ddrws cefn y pafiliwn heb fod dim wedi digwydd. Bu'n rhaid aros yno am funudau yn y tywyllwch nes i'r llifoleuadau gynnau ar y llwybr canol. Roedd y munudau hynny'n sefyll yn y tywyllwch ynghanol y dyrfa yn ymddangos fel oes, ond cychwynnodd yr orymdaith o'r diwedd a'r Archdderwydd yn dechrau ar ei daith tua'r llwyfan. Y funud honno, o gornel fy llygad, gwelais symudiad y tu cefn i mi. Trois, a gweld gwraig yn sefyll yno'n cario coron ar glustog. Gofynnais iddi beth oedd hi am ei wneud. Dywedodd wrthyf ei bod am fynd â'r goron hon i'r llwyfan. Siaradais â hi am rai eiliadau, gan ofyn iddi a oedd yn sylweddoli ei bod yn torri tir newydd wrth ddod â phrotest i mewn i'r pafiliwn ac y byddai eraill yn siŵr o ddilyn ei hesiampl yn y dyfodol. Ar ôl sgwrsio am lai na munud, sefais naill ochr i adael iddi fynd i lawr ar hyd y llwybr canol os oedd yn dymuno. Erbyn hyn, wrth gwrs, roedd yr Archdderwydd wedi cyrraedd y llwyfan a'r seremoni wedi cychwyn. Edrychodd y wraig i lawr y llwybr hir, gwag, a throdd ataf gan ddweud fy mod wedi gwneud pethau'n amhosib iddi bellach; yna cerddodd allan o'r pafiliwn drwy ddrws y cefn, er mawr ryddhad i mi. Ar ddiwedd y seremoni, pan ddaeth yr Archdderwydd allan i'r maes gyda'r bardd buddugol, dyna lle roedd y wraig yn dal yr ail goron i fyny â'r arwydd 'Y goron gafodd ei gwrthod' – protest heddychlon yn gwneud y pwynt heb amharu ar fwynhad y gynulleidfa.

Yng Nghaerdydd, roedd yr wythdegau'n adeg cyffrous am reswm arall, sef agor Neuadd Dewi Sant. Cofiwch i mi sôn am gynnal cyngherddau cerddorfaol yn Neuadd y Ddinas, â'r cloc yn torri ar draws y perfformiadau. Roedd Stiwdio 1 yn Llandaf yn addas ar gyfer y gerddorfa, ond doedd braidd dim lle i gynulleidfa a chyda ehangu'r gerddorfa yn gerddorfa symffoni lawn doedd dim modd i'r bobl ar y galeri weld yr arweinydd na rheng flaen y chwaraewyr. Roedd agor Neuadd Dewi Sant yn fendith felly, a champ y penseiri oedd cywasgu'r neuadd i safle mor gyfyng a lletchwith. Fodd bynnag, yr oedd un siom fawr yn yr adeilad. Roedd Cyngor y Ddinas yn falch iawn o'i galw yn Neuadd Gyngerdd Genedlaethol Cymru ond doedd dim o'r iaith Gymraeg i'w gweld ynddi o gwbl. Er bod yr orielau, tair ar ddeg ohonynt, wedi eu henwi ar ôl siroedd Cymru, roedd enw pob sir yn Saesneg; *Anglesey, Montgomery, Radnor* ac yn y blaen. Gan fy mod yn gweithio i gyfundrefn genedlaethol Gymraeg â'i phencadlys yn y brifddinas, ysgrifennais lythyr chwyrn yn beirniadu'r polisi hwn gan ddweud ei bod yn warth fod prifddinas Cymru wedi anwybyddu ein hiaith genedlaethol.

Cefais ateb yn fuan yn fy ngwahodd i lunio adroddiad i bwyllgor y neuadd yn awgrymu beth fedrid ei wneud i gywiro'r cam hwn. Croesewais y cyfle ond roedd un broblem, sef bod y pwyllgor eisiau ystyried fy adroddiad yn ei gyfarfod nesaf – ymhen rhyw ddeng niwrnod! Ar ras wyllt felly, trefnais i fynd o gwmpas y neuadd i weld beth oedd ei angen, a chael fod fy llythyr wedi esgor ar sialens anferth gan fod cymaint o waith i'w wneud mewn amser byr. Penderfynais ddechrau yn y mannau cyhoeddus, gydag enwau'r siroedd ar yr orielau, a chyda'r mannau ymgynnull wedyn ac yna symud i gefn y llwyfan a gweld fod yr ystafelloedd yno wedi eu henwi ar ôl coed, eto yn uniaith Saesneg: *Lime, Linden* (yr un goeden, gyda llaw), *Oak, Ash* ac yn y blaen. Gan fy mod hefyd yn cadw fy ngwaith beunyddiol i fynd, bu llawer o weithio tan yr oriau mân i gwblhau'r dasg, a llwyddais gyflwyno'r ddogfen yn brydlon.

Cefais wahoddiad i gyflwyno'r adroddiad i'r pwyllgor mewn cyfarfod yn y neuadd. Roedd y gwahoddiad yn cynnwys cinio, a chefais fy nhywys i'm lle o gwmpas y bwrdd. Pan ddaeth fy nhro, cyflwynais yr adroddiad yn fyr gan fod pawb wedi cael cyfle i'w ddarllen, a gofynnais am gwestiynau. Os cofiaf yn iawn, cefais gwestiwn neu ddau, ac yna dyma'r Cadeirydd, er syndod i mi ac i bawb arall o gwmpas y bwrdd, yn dweud y gallwn adael yr ystafell. Allan â fi felly gan adael fy nghyllell a'm fforc heb eu cyffwrdd.

Clywais wedyn fod y Cadeirydd, ar ôl i mi adael, wedi troi at y pwyllgor a dweud, 'I told you what would happen if we got the extremists in!' Yn ystod y prynhawn hwnnw cefais alwad ffôn gan gyfreithiwr y Cyngor, Elwyn Moseley, yn ymddiheuro am yr ymddygiad anghwrtais. Doeddwn i ddim yn disgwyl i'r pwyllgor fabwysiadu fy argymhellion yn llwyr, ond roedd yn braf gweld fod rhywfaint o Gymraeg wedi ymddangos fel canlyniad. Teimlais fod enwi'r orielau ar ôl siroedd Cymru yn syniad hyfryd, ond ateb y pwyllgor oedd dileu'r enwau Saesneg yn hytrach nag ychwanegu'r enwau Cymraeg. Mae'r orielau a'r ystafelloedd gwisgo yn awr wedi eu rhifo, gan golli rhywbeth allasai fod wedi ychwanegu ychydig o gymeriad Cymreig i'r lle.

I rywun oedd yn ceisio cael cydweithrediad yr holl gorff eisteddfodol yn y cyfnod hwn, roedd y berthynas anesmwyth rhwng Bwrdd yr Orsedd a'r Cyngor yn fater o ofid. Yn gyfansoddiadol, roedd i'r ddau gorff statws cydradd yn Llys yr Eisteddfod ond, gan ei bod yn gwbl amlwg mai seremonïau'r Orsedd oedd yn denu cynulleidfaoedd mwyaf yr wythnos, roedd rhai o arweinwyr yr Orsedd yn amharod i gydnabod mai'r Cyngor mewn gwirionedd oedd â chyfrifoldeb gweithredol dros yr ŵyl gyfan. Gan fod trefniadau llywodraethol yr Eisteddfod wedi newid erbyn hyn, rwy'n gobeithio'n fawr fod y berthynas yn fwy clòs rhwng y ddwy ochr; ond yn y cyfnod pan oeddwn i'n ceisio llywio pethau, roedd anghytundeb yn brigo i'r wyneb yn aml. Un esiampl o hyn oedd fod gan yr Orsedd ddau gynrychiolydd ar y Cyngor, ond nid oedd gan y Cyngor gynrychiolwyr ar Fwrdd yr Orsedd. Fe'm cyflogid i gan y Cyngor wrth gwrs, a chefais fy nghyhuddo gan rai o arweinwyr yr Orsedd o adeiladu 'ymerodraeth fawr weinyddol'. Eglurais wrthynt mai'r unig gynnydd yn staff yr Eisteddfod oedd fi fy hun a'm hysgrifenyddes, ac nad y fi oedd yn gyfrifol am greu'r swyddi hynny. Ar wahân i hynny, y cyfan a wnaed oedd crynhoi'r adnoddau oedd wedi eu gwasgaru dros y wlad i un swyddfa ganolog.

Roedd nifer o aelodau blaenllaw'r Orsedd, megis Rhys Nicholas, Emyr Wyn Jones a Jâms Niclas, yn gwneud eu gorau i gymodi ond roedd eraill yn warchodol iawn o statws Bwrdd yr Orsedd ac yn amharod i gydnabod cyfrifoldeb y Cyngor. Esiampl o hyn oedd mater ethol Cymrodyr. Tra oedd pleidleisiau aelodau'r Cyngor yn gwbl rydd, roedd yn amlwg fod aelodau Bwrdd yr Orsedd o dan orchymyn i bleidleisio mewn ffordd arbennig. Nid yw hyn yn bychanu o gwbl haeddiant y Cymrodyr a etholwyd yn fy nghyfnod i, ond cadwyd rhai bobl rhag cael eu hethol oherwydd nad oeddent yn gymeradwy gan arweinwyr yr Orsedd.

Yn gynnar yn fy nghyfnod i yn swydd y Cyfarwyddwr, cefais wahoddiad gan y Cofiadur Jâms Niclas i ddod yn aelod o'r Orsedd. Wrth ddiolch am y gwahoddiad, dywedais na theimlwn i mi fod yn y gwaith am gyfnod digon hir i haeddu'r fraint. Doeddwn i ddim am gael fy anrhydeddu yn unig am fy mod mewn swydd arbennig. Teimlais hyn hefyd yn ddiweddarach pan ddaeth cynnig anrhydedd arall i'm rhan wrth ymddeol. Yn amlwg, aeth yr hanes fy mod wedi gwrthod gwahoddiad yr Archdderwydd yn ôl at y Bwrdd, ac yn fuan wedyn gwelais gofnod yn dweud fod aelod o Fwrdd yr Orsedd wedi honni fod y Cyfarwyddwr yn 'wrth-orseddol'. Er nad oedd unrhyw wirionedd yn hyn, doedd yr honiad yn gwneud dim i hyrwyddo cydweithrediad rhwng y ddau gorff Eisteddfodol a'r unig ffordd gallwn brofi nad oeddwn yn 'wrth-orseddol' oedd drwy dderbyn ail wahoddiad Jâms Niclas a chael fy nerbyn i wisg wen yr Orsedd yn Eisteddfod Abertawe yn 1982.

Un elfen o'r berthynas yma oedd dan sylw yn ddiweddarach oedd y ffaith fod uchafbwyntiau poblogaidd yr Eisteddfod yn digwydd ar y dydd Mawrth ac ar y dydd Iau, hynny yw, ddim ar y dechrau i roi hwb cychwynnol i'r wythnos nag ar ei diwedd i roi clo teilwng i'r ŵyl. Roedd cyfrol y *Cyfansoddiadau* yn ymddangos yn union wedi'r Cadeirio ar brynhawn Iau wrth gwrs, ac er i mi geisio dod ag elfennau newydd i mewn iddi, edwinodd seremoni'r Cymry ar Wasgar gyda'r canlyniad ei bod yn anodd creu diddordeb poblogaidd ar ddydd Gwener a dydd Sadwrn. Teimlem fod angen craffu'n fanwl ar hyn ac, os oedd yn bosibl, symud seremonïau'r Orsedd i ddydd Llun a dydd Gwener; ond doedd hyn ddim yn gymeradwy o gwbl gan Fwrdd yr Orsedd gan ei fod yn newid degawdau o'r patrwm traddodiadol. Cafwyd trafodaethau hir ar y pwnc nes i Alwyn Roberts dynnu cwningen allan o'r het mewn un cyfarfod drwy gynnig, yn annisgwyl, y dylai seremoni Prif Lenor yr ŵyl hefyd fod yn seremoni orseddol. Byddai tair seremoni orseddol felly, ar ddydd Llun, Mercher a Gwener. Derbyniwyd y cynnig a dyna yw'r patrwm hyd heddiw – datrysiad oedd yn plesio'r Cyngor a'r Orsedd.

Pennod 12

Troeon Trwstan – a Thrist

Nid fy mwriad wrth ysgrifennu'r geiriau hyn yw olrhain hanes manwl yr Eisteddfod Genedlaethol yn y cyfnod y bûm i'n bennaeth ar ei gweinyddiad. Nid wyf yn hanesydd o fath yn y byd, ac mae eraill yn fwy cymwys na mi i wneud hynny. Atgofion personol sydd yma am ambell ddigwyddiad gan un a fu, efallai, yn rhy agos at bethau i fod yn gwbl wrthrychol yn eu cylch. Rhaid dweud nad oeddwn wedi breuddwydio y byddai'r swydd yn un mor wleidyddol ei natur. Nid gwleidyddol yn nhermau plaid, ond gwleidyddol yn yr ystyr fod angen cydweithio â llywodraeth y dydd, pa liw bynnag y bo honno, a chydag awdurdodau lleol Gymru gyfan. Gan mai fi oedd y cyntaf yn y swydd, doedd dim esiampl gennyf i'w dilyn, ac er bod hynny'n gyffrous, roedd hefyd yn peri ychydig ofid gan y gallwn yn rhwydd wneud llanast o bethau wrth dorri tir newydd. Yn ogystal â'r Llywodraeth, roedd angen sefydlu perthynas newydd, hirdymor, gyda gweision sifil, gyda'r wasg, yr awdurdodau darlledu, a noddwyr masnachol. Roedd gweithio fy ffordd drwy hyn i gyd weithiau'n teimlo fel cerdded ar wyau, ond bu'r profiad o werth mawr i mi yn ddiweddarach.

Bûm yn ffodus iawn fel plentyn o gael rhieni oedd yn hoff o deithio, ac felly roeddwn yn gyfarwydd â llawer o ffyrdd Cymru ers yn grwt. Er gwaetha'r problemau, wrth edrych yn ôl, sylweddolaf i mi fwynhau fy amser gyda'r Eisteddfod yn fawr, gan deithio'n rheolaidd ar hyd a lled Cymru gyfan unwaith eto a dod yn gyfarwydd iawn ag eisteddfodwyr Cymru dros gyfnod o bymtheng mlynedd. Wrth danio'r car yn blygeiniol ar fore hyfryd o wanwyn a'i chychwyn hi dros y Bannau i Faldwyn neu Fôn, ni allwn ond rhyfeddu o'r newydd at brydferthwch y wlad a'r pleser a gawn wrth deithio trwyddi.

Yn anorfod, codai ambell broblem o bryd i'w gilydd. Eisteddfod Caernarfon, 1979, a ddilynodd Caerdydd, a chredaf mai honno oedd yr unig Eisteddfod y bûm i'n gysylltiedig â hi lle bu i ni fethu defnyddio cerrig yr Orsedd o gwbl oherwydd tywydd drwg ar ddiwrnod y Cyhoeddi ac yn ystod yr ŵyl ei hun. Yn sgil hyn, datganodd John Roberts Williams mai ffwlbri oedd mynd i'r gost o blannu cerrig mawr mewn tir newydd bob blwyddyn ac y byddai cerrig plastig symudol yn gwneud y tro i'r dim. Chwerthin oedd yr ymateb cyffredinol i hyn ar y pryd, ond yn amlwg roedd John o flaen ei amser.

Rwyf wedi sôn eisoes am yr ymdrech lwyddiannus yng Nghaerdydd i elwa ar bresenoldeb y pafiliwn mawr, a gwnaed ymdrech arall ddwy flynedd yn ddiweddarach yn Nhregŵyr yn 1980. Roedd paffiwr lleol, Colin Jones o Gasllwchwr, yn gwneud enw iddo'i hun yr adeg hon ac roedd gornest ar y gweill iddo baffio am bencampwriaeth y Gymanwlad (pwysau welter) yn erbyn Peter Neal o Abingdon. Des i gysylltiad ag Eddie Thomas o Ferthyr, rheolwr Colin Jones a hyrwyddwr gornestau paffio, gan ddeall ei fod yn chwilio am neuadd fawr i gynnal yr ornest hon. Roedd pafiliwn yr Eisteddfod yn cyflawni'r gofynion i'r dim – neuadd fawr oedd yn dal hyd at bedair mil o fewn ergyd carreg i gartre Colin Jones a'r neuadd honno ar gael ar yr adeg iawn.

Daethpwyd i gytundeb ag Eddie Thomas i gynnal yr ornest

yn y pafiliwn ar y nos Lun, drannoeth y Gymanfa Ganu, oedd
yn digwydd bryd hynny ar yr ail nos Sul. Cafwyd ffi foddhaol
i'r Eisteddfod fel rhent. Y cyfan oedd angen i ni ei wneud oedd
gohirio datgymalu'r pafiliwn am bedair awr ar hugain, ond
gallai'r gwaith datgymalu ar y maes fynd rhagddo fel arfer. Roedd
maes yr Eisteddfod honno ar safle hen waith dur yr Elba yn
Nhregŵyr, a gwaetha'r modd roedd y glaw yn yr wythnos cyn yr
ŵyl wedi troi llawer o'r maes yn fôr o laid du. Fodd bynnag, daeth
yr haul allan erbyn diwedd yr wythnos gan droi'r llaid yn goncrit
o'r un lliw.

Ond, dros y Sul olaf, newidiodd y tywydd a daeth glaw
mawr gan droi'r maes yn ôl yn llaid. Pan ddaeth cefnogwyr
Colin Jones i'r pafiliwn, roedd pawb yn wlyb diferu a'r llaid du
wedi glynu at eu hesgidiau a'u dillad. Doedd dim tocynnau ar
werth cyn y diwrnod hwnnw ac roedd yr olygfa yn y swyddfa
docynnau'n codi arswyd ar y rheini ohonom oedd yn gyfarwydd
â thorf fwy sidêt yr Eisteddfod. Roedd y cefnogwyr paffio bron
yn taflu arian at y gwerthwyr tocynnau druan er mwyn cael
sedd dda. Lleolwyd y cylch paffio ar flaen y llwyfan a llanwyd
rhengoedd y côr tu cefn gan ddilynwyr yn gweiddi'n groch dros
eu ffefryn – tipyn o newid o'r côr oedd yn canu emynau yno'r
noson cynt!

Roedd rhai ohonom ni, staff yr Eisteddfod, yn y swyddfeydd y
tu cefn i'r llwyfan, ac er nad oedd llawer y gallem ei wneud i helpu,
tybiais ei bod yn bwysig ein bod yno, petai dim ond i gadw golwg
ar yr adeilad. Rhai munudau cyn i'r ornest gyntaf ddechrau,
rhuthrodd Jonah Morris – Jonah oedd wedi gwasanaethu fel
gweithiwr llwyfan am flynyddoedd lawer – i mewn ataf gan
weiddi, 'Mr Jinkins, Mr Jinkins, mae twll yn y to ac mae'r glaw
yn diferu i mewn i'r ring!' Rhedais allan a gweld fod Jonah yn

dweud calon y gwir a'i fod wedi gosod padell ynghanol y cylch i ddal y diferion. Yn anffodus, roedd y diferion hyn yn disgyn o uchder ac yn taro'r badell fel cloch, a phob trawiad yn codi bonllef fawr o gymeradwyaeth o'r dorf. Beth oedd i'w wneud? Wn i ddim beth fyddai swyddogion Iechyd a Diogelwch wedi'i ddweud, ond daeth Goff Davies, y Swyddog Technegol, i'r adwy drwy ddringo i'r to yn wyneb y storm a gweld fod un o'r platiau dur ar y copa wedi symud o'i le. Wedi symud hwn yn ôl, peidiodd y diferion a chafodd Jonah ei awr fawr wrth gerdded i ganol y cylch a chario'r badell ddŵr allan yn seremonïol.

Diolch byth, aeth y noson ymlaen yn ddidramgwydd ac enillodd Colin Jones ei ornest. Clywais yn ddiweddarach fod Eddie Thomas wedi dweud mai hon oedd yr unig noson erioed a wnaeth elw iddo. O edrych yn ôl, dylwn fod wedi codi mwy o ffi arno am gael defnydd o'r pafiliwn.

Yn Eisteddfod 1981 ger Machynlleth, cefais y profiad o fynd i bwyllgora gyda llawer o ffrindiau ysgol. Rhaid dweud i mi fod yn ffodus o gael llawer o gadeiryddion pwyllgorau gwaith ardderchog ond, yn fy marn i, roedd Dafydd Wyn Jones yn un o'r goreuon. Yn bwyllog, yn gadarn, ac weithiau'n hynod ddoniol, cadwodd y pwyllgor mewn hwyliau ardderchog drwy gydol yr amser ac roeddem yn troi am adre gyda gwên bob tro. Dyma'r Eisteddfod lle'r ymddangosodd y theatr symudol yr oeddwn wedi ei phrynu oddi wrth Gwmni Theatr Awyr Agored Caerdydd – adeilad ar ffurf amffitheatr o gwmpas llwyfan bychan canolog. Gosodwyd gweithgareddau adran ieuenctid yr Eisteddfod honno, Miri Maldwyn, yn yr adeilad hwn, a mawr oedd y disgwyl i weld sut y byddai'n cael ei dderbyn gan y bobl ifanc. Tua diwedd y dydd Llun, gofynnais i Goff Davies sut oedd pethau'n mynd yno a'i ateb oedd, 'Tebyg i'r trenau hynny yn India gyda phobl yn glynu at y muriau tu fas!' Diolch byth, doedd neb ar y to, ond yn amlwg bu'r arbrawf yn llwyddiant ysgubol.

Rwyf eisoes wedi sôn am Eisteddfod Abertawe, 1982, yr Eisteddfod mewn pabell, ond roedd un ôl-nodyn doniol i honno. Roeddem wedi llogi dodrefn i'r stafelloedd tu cefn i'r llwyfan gan gwmni o dde Lloegr oedd yn fodlon cludo'r dodrefn i'r maes. Yn wir, gweithiodd yr arbrawf yn dda yn Abertawe a phenderfynwyd ailadrodd y drefn yn Eisteddfod Môn y flwyddyn ddilynol. Dydd Mercher cyn yr ŵyl, doedd dim sôn am y dodrefn. Daeth dydd Iau a ninnau'n dechrau poeni. Ffonio'r cwmni wedyn a chlywed fod y dodrefn wedi gadael ar ei siwrnai, ond eto doedd dim byd wedi cyrraedd. Yn hwyr ar y dydd Iau dyma alwad gan yrrwr y lorri yn holi i ble roedd yr Eisteddfod wedi mynd? Roedd wedi cyrraedd Parc Singleton, Abertawe, a'i weld yn wag – dim Eisteddfod lle bu'r llynedd! Gorfu iddo droi ar ei sawdl i yrru bron ddau can milltir ar ei union er mwyn cyrraedd Llangefni yn yr oriau mân.

Un o gewri'r Orsedd yr adeg hon oedd Gwyndaf, y Parchedig Gwyndaf Evans. Roedd wedi cymryd mantell Cynan, yn Archdderwydd ac yn ddiweddarach yn Gofiadur. Yn Eisteddfod Llanbed, 1984, fe oedd yn traddodi beirniadaeth y goron ac roedd deg ar hugain wedi cystadlu ar y testun 'Llygaid'. Safodd Gwyndaf gerbron y dorf heb nodyn yn ei law gan enwi pob cystadleuydd, eu gosod yn eu dosbarth a dyfynnu llinellau o nifer fawr o'r pryddestau – *tour de force* yn wir, a phawb yn rhyfeddu at y gamp. Bu Gwyndaf farw ymhen dwy flynedd wedi hyn ond gadawodd atgof rhyfeddol ar ei ôl, pe bai dim ond am y feirniadaeth hon.

Nid dyma ddiwedd y stori. Rhai dyddiau wedi'r Eisteddfod, derbyniais lythyr o Gasnewydd gan Peter Davies, bardd oedd yn adnabyddus fel Peter Davies, Goginan. Roedd Peter erbyn hyn yn byw yng Nghasnewydd, ac yn ei lythyr dywedodd fod Gwyndaf wedi dyfynnu pedair llinell gan un o'r cystadleuwyr, pedair llinell oedd yn eiddo iddo ef. Roedd Gwyndaf wedi dyfynnu'r llinellau hyn gan ddweud mai dyma'r unig linellau yn y bryddest arbennig honno oedd yn werth eu darllen! Aeth Peter ymhellach i ddweud fod modd profi'r llên-ladrad yma gan fod y pedair llinell arbennig yma wedi eu cyhoeddi fel rhan o'i waith buddugol ef yn *Llên y Llannau*, cyfrol cynnyrch eisteddfodau Sir Feirionnydd, y flwyddyn cynt.

Cefais afael ar y gyfrol ac yn wir dyna lle roedd y llinellau, wedi eu cyfansoddi gan Peter, a'u cyhoeddi fisoedd cyn yr Eisteddfod Genedlaethol. Dyma broblem, felly. Roedd amlen yn fy meddiant yn cynnwys enw a chyfeiriad y bardd a gyhuddwyd o lên-ladrad, ond un o reolau cadarn yr Eisteddfod yw mai dim ond amlen y bardd buddugol gaiff ei hagor. Roedd hi'n ymddangos fod y cystadleuydd hwn wedi torri rheolau'r gystadleuaeth ond nid oeddwn am agor yr amlen a rhoi achos iddo ef neu hi gwyno fod yr Eisteddfod ei hun wedi torri'r rheolau tra oeddem yn ymchwilio i'r cyhuddiad. Beth oedd i'w wneud, felly?

Penderfynais gysylltu ag aelodau Panel Llên Cyngor yr Eisteddfod, gan egluro'r sefyllfa a gofyn iddynt ddefnyddio'r rhwydwaith llenyddol, barddol i geisio cael rhyw awgrym o enw'r cyhuddiedig er mwyn i mi fedru cysylltu ag ef neu hi. Bu tawelwch am rai dyddiau nes i J. R. Jones, bardd o Sir Aberteifi, gysylltu â mi i ddweud ei fod yn credu ei fod yn adnabod steil y bryddest a'i fod wedi rhoi ychydig hyfforddiant i'r cystadleuydd arbennig hwn. Nid oedd yn gwbl sicr, ond roedd yn fodlon rhoi enw a chyfeiriad i mi.

Gan arddel yr egwyddor fod unigolyn yn ddieuog nes ei brofi'n euog, ysgrifennais at y person a enwyd gan ddweud fod cyhuddiad o lên-ladrad wedi ei wneud yn ei erbyn a bod perffaith hawl ganddo i ysgrifennu ataf yn gwadu'r cyhuddiad. Fodd bynnag, pe na bawn yn derbyn llythyr ganddo, byddwn yn dod i'r casgliad fod y cyhuddiad yn gywir. Ni chefais ateb i'm llythyr.

Rheswm arall dros gofio Eisteddfod Llanbed oedd y cyhoeddiad o'r llwyfan am farw'r actor byd-enwog o Ryd-y-fen, Richard Burton, yn ei gartref yn y Swistir. Mwy am hyn yn ddiweddarach. Un o nodweddion rheolaeth dda yw gwybodaeth ystadegol ddibynadwy sy'n sail i gynllunio ymlaen i'r dyfodol, ond nid oedd honno gan yr Eisteddfod. Roeddwn o'r farn fod angen dyfeisio ffordd o roi hyn i ni, ond roedd un broblem fawr: doedd dim arian ar gael i'w wario ar ymchwil marchnata drudfawr. Felly, penderfynais geisio casglu gwybodaeth yn ystod wythnos yr Eisteddfod fyddai o leiaf yn rhoi rhywfaint o sail cynllunio i ni. Wrth edrych yn ôl, roedd y cynllun hwn yn amaturaidd, a byddai unrhyw ystadegydd proffesiynol yn ei wfftio. Ond o leiaf roedd modd cymharu un ŵyl â'r llall drwy ddefnyddio'r un dull o gasglu gwybodaeth.

Gofynnais i hanner dwsin o bobl ifanc yn eu harddegau, gan gynnwys Manon a Ffion, a fyddent yn fodlon treulio'r wythnos yn crwydro'r maes yn gofyn nifer o gwestiynau i eisteddfodwyr, cwestiynau megis: O ble roedden nhw'n dod? Sut oedden nhw wedi cyrraedd y maes? Oedden nhw'n dod i'r Eisteddfod bob blwyddyn? Sut fath o lety oedd ganddynt? Beth oedd eu hoff agwedd o'r Eisteddfod? Er i mi ofyn i'r ymchwilwyr amrywio oedran y bobl roeddent yn eu holi, nid oedd sampl yr arolwg yn wyddonol ystadegol. Ond ar ôl holi tua mil o eisteddfodwyr mewn tair neu bedair prifwyl, cawsom argraff go dda o'n cynulleidfa. Roedd yr ymchwilwyr hefyd yn cyfrif cynulleidfaoedd ym mhob un o'r pebyll llai, megis y Babell Lên a'r Pafiliwn Celf a Chrefft, a hefyd yn cyfrif cynulleidfa'r Pafiliwn mawr bob awr drwy'r dydd – tasg gymharol hawdd y rhan fwyaf o'r amser, ar wahân i brynhawn Mawrth a phrynhawn Iau. Bryd hynny, roedd hi'n haws cyfrif y seddau gweigion yn ystod seremonïau'r Orsedd! Fel tâl, cafodd yr ymchwilwyr fynediad i'r maes, bathodyn, clipfwrdd a phryd bwyd, a threuliais innau'r rhan fwyaf o fis Awst yn dadansoddi'r canlyniadau. Roedd y bobl ifanc hyn yn mwynhau gweithio fel tîm a gobeithio iddynt fwynhau'r Eisteddfod hefyd.

Cafwyd hwyl fawr un tro pan ofynnodd un aelod o'r tîm i ŵr mewn oed a oedd e'n eisteddfodwr cyson, a darganfod yn ddiweddarach ei fod wedi holi'r Cyn-archdderwydd Tilsli! Fodd bynnag, er mor ystadegol anghywir y dull, daeth ambell elfen yn amlwg dros nifer o flynyddoedd, sef bod tua hanner yr eisteddfodwyr yn dod i'r maes pan oedd yr ŵyl yn eu cylch, a hanner yn teithio yno'n flynyddol o bob rhan o Gymru. Roedd y mwyafrif llethol yn teithio yno mewn ceir, hyd yn oed pan oeddem wedi trefnu gwasanaeth bws neu drên; ac o ddefnyddio canllawiau'r Bwrdd Croeso, amcangyfrifwyd bod economi'r ardal yn elwa o tua phum miliwn o bunnoedd yn sgil ymweliad yr Eisteddfod. Yr hyn a'm trawodd i oedd fod yr ystadegau hyn yn hynod gyson o flwyddyn i flwyddyn, a buont o werth mawr wrth siarad ag awdurdodau cyhoeddus a noddwyr. Daeth un ffaith arall i'r amlwg, ffaith oedd yn ystadegol ddiogel, sef bod yr arddangosfa Celf a Chrefft yn denu o leiaf ddeugain mil o ymweliadau yn ystod yr wythnos. Gwn am lawer o orielau yng Nghymru fyddai'n falch o gael y nifer yna mewn blwyddyn.

Un elfen arall o'r ŵyl a fwynheais yn fawr oedd teyrngarwch criw'r llwyfan. Rwyf eisoes wedi sôn am Jonah Morris, ond roedd y criw yma o weithwyr gwirfoddol, dan arweiniad William John Davies o Lanbryn-mair, yn allweddol yn y dasg o gadw olwynion y llwyfan yn troi: yn symud y piano, yn cario seddau a thelynau ac unrhyw ddodrefn arall oedd ei angen ar y llwyfan. Rhyfeddais at eu teyrngarwch at y dasg o flwyddyn i flwyddyn nes iddynt ddatblygu'n dîm penigamp. Roedd llawer o'r bechgyn hyn yn hanu o fy ardal enedigol a theimlwn yn gartrefol dros ben yn eu cwmni, yn arbennig pan oedd Myra a minnau'n cael gwahoddiad i'w parti ar ddiwedd yr wythnos. Ymhlith y criw yma o ganolbarth Cymru yr oedd un gŵr o'r Barri, Morris Lane, Cymro di-Gymraeg a weithiodd ar y llwyfan yn ystod Eisteddfod 1968 a chael cymaint o flas ar bethau nes iddo neilltuo wythnos o wyliau o'i waith bob blwyddyn ers hynny i weithio ar lwyfan ein prifwyl uniaith Gymraeg.

Mae llawer wedi ei ddweud am gynildeb y Cardi ond nid dyna ein profiad gyda'r ffarmwr oedd yn berchen safle Eisteddfod Llanbed. Er bod nifer o dirfeddianwyr wedi gweld eu cyfle pan ddaeth yr ŵyl i'r ardal, dywedodd perchennog maes Llanbed wrthym y byddai'n colli dau gynhaeaf gwair drwy gael y Brifwyl ar ei dir. Er hynny, dim ond i'r Eisteddfod ei ddigolledu am y gwair fe fyddai'n hapus. Nid yn unig hynny, ond cadwodd olwg barcud ar y fynedfa i'r safle gan weithredu fel swyddog diogelwch di-dâl am flwyddyn gron. Cofiaf i ni roi tocyn wythnos iddo fel cildwrn a threuliodd yr wythnos gyfan bron yn eistedd yn ei sedd yn y pafiliwn.

Roedd yr ymchwil am babell yn mynd rhagddo o hyd a chlywsom am babell aer fawr yn Lloegr fyddai'n dal cynulleidfa o filoedd. Pabell oedd hon heb unrhyw bileri mewnol ac yn cael ei dal yn ei lle gan bwysedd yr aer o'i mewn, yn union fel balŵn mawr. Buom yn gweld pabell o'r fath a chael argraff ffafriol, nes i ni ofyn i'r gwneuthurwyr beth fyddai'n digwydd ar ddiwedd cyngerdd pan fyddai pob drws yn agor i adael i gynulleidfa o dair mil neu fwy adael – a dyna ddiwedd ar ddilyn y trywydd arbennig hwnnw.

Dro arall, yn 1986, gwelsom fod pabell fawr yn cael ei defnyddio yng Ngŵyl Lorient yn Llydaw. Penderfynwyd y dylai pedwar ohonom fynd i'w gweld, sef Tom Jones, Glan Roberts, Goff Davies, a minnau. Ar ôl pwyso a mesur pob ffordd o deithio, gwelais mai'r ffordd rataf a'r gyflymaf i fynd draw i Lydaw oedd drwy logi awyren fechan a hedfan o Southampton yn syth i Lorient. Dyna wnaed felly, gan gychwyn o Gaerdydd yn blygeiniol a chyrraedd maes awyr Southampton tua chanol y bore. Dyna lle roedd awyren fechan yn ein disgwyl a pheilot oedd yn amlwg wedi treulio oes hir yn hedfan awyrennau. Dringwyd ar fwrdd yr awyren gyda'r peilot yn ein hysbysu fod y *cabin service*, sef diod o goffi, mewn cwdyn ar y sêt gefn.

Wedi rhyw awr o hedfan, cyrhaeddwyd Lorient a chael perchennog y babell fawr yn ein disgwyl. Aeth â ni i weld pabell drawiadol dros ben gan ddangos ei rhagoriaethau gyda brwdfrydedd, ac yna aeth â ni i fwyty am ginio hyfryd. Cafwyd hwyl fawr wrth fwyta, gyda Tom Jones yn ei hwyliau gorau ac yn llwyddo i oresgyn pob anhawster ieithyddol. Yn ôl wedyn at yr awyren a thaith esmwyth yn ôl i Southampton, gan gyrraedd yno tua diwedd y prynhawn. Gyrru adre i Gaerdydd a chyrraedd yno rhwng wyth a naw y nos yn gwbl luddedig. Wrth ollwng Tom yn Heol yr Eglwys Gadeiriol, tybiwyd y byddai'n aros noson cyn gyrru'n ôl i Lanuwchllyn, a phlediwyd arno i wneud hynny. Ond na, mynnai fod ganddo gyfarfod pwysig o Gyngor Sir Gwynedd y bore wedyn ac roedd am ei throi hi am Lanuwchllyn yn syth. Roedd eisoes wedi bod yn ddiwrnod hir ond doedd dim perswâd arno, a ffarweliodd â ni gan groesi'r ffordd yn sionc at ei fodur. Doedd neb ohonom yn dychmygu mai dyna'r tro olaf y byddem yn ei weld. Cefais alwad ffôn yn y swyddfa y bore wedyn i ddweud ei fod wedi ei ladd mewn damwain ar y ffordd ger Llanfair-ym-Muallt.

Nid yn unig roedd hyn yn sioc i ni i gyd, ond collodd yr Eisteddfod, Llywodraeth Lleol Cymru, ac ardal Llanuwchllyn, gymwynaswr mawr oedd wedi rhoi gwasanaeth anhygoel dros nifer fawr o flynyddoedd. Yn bersonol, teimlais ei golli'n fawr iawn a'r unig gysur i mi oedd sylweddoli fod ei ddiwrnod olaf wedi bod yn llawn hwyl wrth iddo ymwneud â rhywbeth oedd yn agos iawn at ei galon. Mae un dywediad bach ganddo wedi aros gyda mi hyd heddiw, sef ei gyngor pan fyddai rhywbeth yn codi mewn pwyllgor nad oedd yn cytuno ag e. 'Rhaid i ni foddi hwn mewn dŵr cynnes,' meddai wrthyf yn aml, hynny yw, ennill y ddadl ond bod yn garedig wrth wneud hynny – cyngor da.

Dyna'r flwyddyn y cynhaliwyd y Brifwyl yn Abergwaun, a gwaetha'r modd ni chofir yr Eisteddfod honno am y wledd ddiwylliannol, ond yn hytrach am y mwd. Roedd y paratoadau wedi mynd rhagddynt yn hwylus, ac wythnos cyn yr ŵyl cawsom bwyllgor yn yr awyr agored ar y maes yn edrych i lawr dros yr harbwr at y môr a phob arwydd yn ymddangos yn ffafriol. Ond nid dyna sut oedd hi i fod. Ar y dydd Gwener, cyn yr agoriad swyddogol, daeth gweddillion corwynt Charlie ar draws yr Iwerydd gan fwrw arfordir Bae Ceredigion yn ddidrugaredd â'r gwynt nerthol a glaw trwm yn creu hafoc ar y maes. Roeddwn i'n cymryd rhan mewn rhaglen deledu yn stiwdio HTV ar y maes y noson honno ac roedd sŵn y gwynt yn ei gwneud hi bron yn amhosib cynnal sgwrs. Wrth ddisgwyl i'r darllediad byw ddechrau, sylwais mai dim ond dau gamera oedd yn y stiwdio a gofynnais y rheswm am hynny. Eglurwyd bod un camera wedi ei symud i babell ar draws y llwybr er mwyn medru ffilmio'r llanast pe bai'r stiwdio'n cael ei chwythu i lawr gan y gwynt. Doedd hynny fawr o gysur i mi oedd yn eistedd yn y stiwdio'n ceisio cynnal sgwrs gall.

Chysgais i fawr ddim y noson honno a'r bore wedyn gwelwyd y difrod a achoswyd gan y storm. Roedd ein pebyll bwyd i gyd wedi eu difetha'n llwyr a nifer fawr o'r pebyll llai yn dipiau mân. Yn waeth hyd yn oed na hynny, roedd y glaw wedi troi'r maes yn fôr o fwd gan ei gwneud bron yn amhosib croesi o'r fynedfa i'r pafiliwn. Es ar y ffôn at John Elfed Jones, Cadeirydd ein Panel Safle Canolog a Chadeirydd y Bwrdd Dŵr, i ddweud wrtho am y sefyllfa anodd yr oeddem yn ei hwynebu, a bendith arno, anfonodd ddau dractor â theiars llydan, ynghyd â'u gyrwyr, yn syth i Abergwaun. Roedd dau dreilyr ynghlwm wrth y peiriannau hyn ac, wrth lwytho'r eisteddfodwyr i mewn iddynt wrth y fynedfa, roedd modd eu hwylio ar draws y môr o fwd i glydwch y pafiliwn.

Credaf mai dyma un o'r wythnosau anoddaf a gefais yn ystod fy amser yn yr Eisteddfod. Bu'n frwydr barhaus yn erbyn yr elfennau, ac yn ymdrech fawr i godi ysbryd y staff a'r pwyllgorau lleol gan eu bod yn gweld tair blynedd o waith caled yn diflannu yn y llaid. Cofiaf yn dda i un stiward ddod ataf ar y nos Fercher i ddweud mai dim ond rhyw dri chant oedd yn y pafiliwn. 'Mae gymaint â thri chant wedi dod!' oedd fy ymateb i, gan synnu fod cynifer wedi brwydro trwy'r llaid.

Un digwyddiad gododd fy nghalon, fodd bynnag, oedd cael artist o'r enw Paul Davies yn dod ataf i ofyn a gâi e ddefnyddio'r mwd i greu map mawr *relief* o Gymru ynghanol y maes. Dywedodd yn ddiweddarach ei fod yn disgwyl i mi wrthod y cais, ond i'r gwrthwyneb, fe'i croesawais gan ddweud mai dyna'r awgrym gorau gefais drwy'r wythnos. Rhoddais rwydd hynt iddo i ddefnyddio'r llond maes o'r deunydd crai oedd ar gael iddo. Pleser pur tua diwedd yr wythnos, pan ddaeth ychydig heulwen i grasu'r mwd hwnnw'n galed, oedd gweld plant yn dringo i ben yr Wyddfa a neidio i ganol Bae Ceredigion! Cafwyd Eisteddfod wych ond am y mwd y mae mwyafrif yr eisteddfodwyr yn cofio Abergwaun ac nid am y cynnyrch llenyddol arbennig a ddaeth yn sgil yr Eisteddfod honno.

Oherwydd ein profiad yn Abergwaun, rhaid cyfaddef mod i'n bryderus iawn am faes Eisteddfod Porthmadog, 1987, gan ei fod wedi ei osod ar wlyptir corslyd. Trwy drugaredd, buom yn lwcus o'r tywydd y flwyddyn honno, ac ar ddiwedd yr Eisteddfod penderfynwyd y byddem yn gadael y pafiliwn mawr dur yn y fan a'r lle a cheisio'i werthu. Bu yno am rai misoedd, a'r tebygolrwydd oedd y byddai yno tan y flwyddyn newydd. Byddwn yn arfer anfon cerdyn Nadolig o'r Eisteddfod at swyddogion, noddwyr, a charedigion eraill, a gwelais gyfle i gael cerdyn Nadolig anarferol drwy gael llun ar ei flaen o bafiliwn yr Eisteddfod yn wyn dan eira – y tro cyntaf erioed iddo fod ar ei draed yn ystod y gaeaf. Felly, rhoddais archeb i ffotograffydd lleol i dynnu llun o'r adeilad cyn gynted y byddai eira'n dod. Ond, gwaetha'r modd, cafwyd gaeaf tyner dros ben y flwyddyn honno.

I fynd yn ôl ychydig at Eisteddfod Llangefni, 1983, ymddengys fod Maer Casnewydd wedi derbyn ein gwahoddiad i ddod i'r Brifwyl ac wedi ymweld â'r Eisteddfod am y tro cyntaf yn ei bywyd. Wrth edrych dros y maes byrlymus mae'n debyg iddi hi ddweud wrth ei chydymaith, 'Pam na chawn ni un o'r rhain yng Nghasnewydd?' Y peth cyntaf a wyddwn i am hynny oedd darllen yn y *Western Mail* fod Cyngor Dosbarth Casnewydd yn ystyried rhoi gwahoddiad i'r Brifwyl yn 1988 ac am ddod i siarad â ni am y fenter. Cawson addewid o gefnogaeth lwyr gan y Cyngor ac addewid o safle bendigedig ym Mharc Tredegar. Felly, penderfynwyd ceisio mynd â'r ŵyl i Went am y tro cyntaf ers sefydlu'r sir newydd. Er bod cefnogaeth yr awdurdod lleol yn bwysig, doedd dim modd cynnal gŵyl os nad oedd digon o bobl yr ardal yn fodlon gweithio i wneud llwyddiant ohoni ac felly, braidd yn bryderus, aethpwyd ati i drefnu cyfarfod cyhoeddus. Y noson honno, yn optimistaidd braidd, gosodwyd dau gant o seddau yn y neuadd gan ddisgwyl y byddai hynny'n fwy na digon. Ond rhyw hanner awr cyn i'r cyfarfod ddechrau, roedd angen mwy o seddau, a chyn i'r cyfarfod ddechrau bu'n rhaid agor un ochr o'r ystafell er mwyn cael rhagor eto o le i'r dorf o tua phedwar cant eistedd. Roedd yn un o'r cyfarfodydd croeso mwyaf cyffrous a gawsom yn ystod fy amser gyda'r Eisteddfod.

Ynghanol y drafodaeth o'r llawr, cododd un gŵr, Mr John Evans, dyn byr o gorff a ddaeth yn gyfaill personol i mi wedyn, gan gyhoeddi ei fod am roi'r goron i'r Eisteddfod. Cafwyd banllef o gymeradwyaeth a dilynwyd hynny gan benderfyniad unfrydol i gynnal Eisteddfod Genedlaethol yn y dre yn 1988. Wedi dod i gysylltiad â'r Eisteddfod bryd hynny bu John, a'i gyfaill W. J. Jones, USDAW (Undeb y Gweithwyr Siopau), yn ddiwyd yn bugeilio'r noddwyr masnachol am flynyddoedd wedyn.

Un o'r atgofion mwyaf pleserus sydd gen i o'r Eisteddfod hon oedd y dorf o Gymry di-Gymraeg a wirfoddolodd i weithio'n ddygn dros eu gŵyl. Diolch byth, mae hynny'n digwydd bron ym mhob ardal, ond yng Nghasnewydd, roeddem yn torri tir newydd trwy fynd i dref ddi-Gymraeg oedd yn ansicr iawn o'i Chymreictod – gymaint felly nes i wraig llety, wrth ddarparu brecwast i aelod o staff ar y bore Gwener cyntaf ofyn, 'I suppose you will be going back to Wales over the weekend, won't you?'

Maddeuer i mi am grybwyll un cyfaill di-Gymraeg a dreuliodd ran helaeth o'r ddwy flynedd cyn yr ŵyl yn helpu gyda'r gwaith swyddfa – yn llenwi amlenni neu'n dyblygu dogfennau ac yn gwneud cannoedd o'r mân ddyletswyddau sydd eu hangen. Tony Brock-Gunn oedd e, cyfaill o Sais nad oedd yn gyfarwydd â'r Eisteddfod, ond roedd yn awyddus iawn i helpu'r achos ac rwy'n cofio'n garedig iawn amdano. Un arall a fu'n hynod o frwd a diwyd dros yr ŵyl oedd cadeirydd Pwyllgor Mwynderau Casnewydd, Rosemary Butler, a etholwyd yn ddiweddarach yn Llywydd y Cynulliad. Roedd cefnogaeth Cyngor Dosbarth Casnewydd yn rhedeg yn gwbl groes i wrthwynebiad Cyngor Sir Gwent, a chafwyd nifer o gyfarfodydd anodd cyn i'r Cyngor hwnnw droi yn y pen draw i gefnogi'r Brifwyl.

Achlysur arall sy'n dod i'r cof am y flwyddyn honno yw'r gwasanaeth Gŵyl Ddewi a gynhaliwyd yn Eglwys Gadeiriol Gwynllyw. Gan ddisgwyl efallai na fyddai llawer yno, aeth Myra a mi yno i ddangos cefnogaeth, a chael y lle dan ei sang. Rhai munudau cyn dechrau'r gwasanaeth, cyffyrddodd un o'r trigolion lleol fy ysgwydd a sibrwd, 'Cyn i'r Eisteddfod ddod, roeddwn yn credu mai fi oedd yr unig Gymro Cymraeg yng Nghasnewydd.' Dan arweinyddiaeth Dr John Hughes – a fu'n gadeirydd eto yn ystod ail ymweliad yr ŵyl â'r dre – llwyddodd yr Eisteddfod i hoelio'r ymwybyddiaeth mai tref (neu ddinas erbyn hyn) Gymreig yw Casnewydd. Yn fuan wedyn, agorwyd Ysgol Uwchradd Gwynllyw a'r ysgol gynradd Gymraeg. Erbyn hyn mae'r Brifwyl wedi ymweld â Gwent droeon, ond rwy'n credu i Brifwyl 1988 fod yn drobwynt yn ei hanes ac iddi ddangos fod modd i'r Eisteddfod gael effaith barhaol ar ardal.

Un digwyddiad bach allasai fod wedi bod yn lletchwith oedd inni glywed ar y funud olaf fod cadeirydd y BBC, Marmaduke

Hussey, am ymweld â'r Eisteddfod yng Nghasnewydd a derbyn cais i gael sedd ar ben rhes iddo ar gyfer y coroni gan ei fod wedi colli un goes yn y rhyfel. Wrth gwrs roedd croeso iddo, ond rhyw awr neu ddwy cyn iddo gyrraedd sylweddolais nad oeddwn yn gwybod pa goes a gollwyd ac a oeddem felly wedi sicrhau sedd ar yr ochr anghywir o'r llwybr canol. Mewn panig, ffoniais bencadlys y BBC yng Nghaerdydd ac ar ôl iddynt holi o gwmpas, doedden nhw ddim yn gwybod pa goes chwaith. Erbyn hyn roedd hi'n rhy hwyr i holi yn Llundain am bwnc braidd yn sensitif, ac felly roedd yn rhaid gobeithio am y gorau – o leiaf roedd gennym siawns 50/50 o fod yn gywir. Diolch byth, roeddem wedi gwneud y dewis iawn a chafodd e byth wybod am y gwewyr roedd ei ymweliad wedi ei achosi.

Daeth ein cyfnod o weithio yng Nghasnewydd i ben ar foment ddiflas dros ben oherwydd, yn sydyn a dirybudd, bu farw Trefnydd y De, Idris Evans, wrth ei ddesg yn y swyddfa y noson cyn ei ymddeoliad. Roedd parti bychan wedi ei drefnu ar gyfer ei ymadawiad y diwrnod wedyn ond, gwaetha'r modd, ni chafodd fyw i'w weld.

Ni ellid bod wedi cael gwrthgyferbyniad mwy rhwng dwy ardal nag a gafwyd wedyn pan aeth y Brifwyl i Lanrwst yn 1989. Cynhaliwyd yr Eisteddfod honno ar feysydd gwastad Dyffryn Conwy ac roedd y trefniadau mewn dwylo profiadol a diogel. Roedd yn ymddangos fod pethau'n mynd yn dda tan i ni, y noson cyn yr Agoriad Swyddogol, gael neges gan yr heddlu eu bod wedi derbyn bygythiad fod bom ar y maes. Daethom fel swyddogion at ein gilydd yn gyflym iawn i geisio penderfynu beth i'w wneud. Yn y cyfamser, bu'r heddlu'n chwilio'r maes cystal ag y gallent mewn amser byr, heb ddarganfod dim. Ar un llaw, efallai mai twyllo oedd y negesydd ond, ar y llaw arall, a fedrem fod yn siŵr o hynny gan fod bywydau eisteddfodwyr yn y fantol? Roeddem yn wynebu'r posibilrwydd o ganslo'r ŵyl neu gohirio'r agoriad o leiaf, ond yn y pen draw, gwnaethom yr unig benderfyniad y medrem ei wneud, sef gwrando ar gyngor yr heddlu. Wedi chwilio ym mhobman, heb ddarganfod dim, credai'r heddlu mai twyll oedd y rhybudd ac roeddent yn hapus i'r ŵyl fynd rhagddi, er mawr ryddhad i ni.

Yn ystod yr ŵyl honno cododd problem arall, sef awyrennau rhyfel yn hedfan yn isel dros y maes. Roedd hi'n arfer i ni ofyn i'r Weinyddiaeth Amddiffyn gadw'n glir o safle'r Eisteddfod am wythnos gan y byddai sŵn awyrennau'n torri ar draws perfformiadau'n andwyol i berfformwyr ac i wrandawyr. Roedd Elfed Roberts, y trefnydd, wedi gwneud y cyfan yn unol â'r drefn arferol ac wedi derbyn sicrwydd ysgrifenedig gan y Weinyddiaeth Amddiffyn na fyddai awyrennau'n dod ar ein traws yn ystod yr wythnos – ac eto dyna wnaethon nhw, er mawr ofid i bawb. Doedd galwadau ffôn mynych ddim yn cael unrhyw effaith ar y sŵn, ond cafwyd tipyn o lwc. Roeddwn i allan ar y maes yn gwneud cyfweliad teledu pan glywsom awyren yn rhuo heibio. Gan fod ei gamera eisoes yn rhedeg, trodd y dyn camera ar unwaith a chael cip o'r awyren yn diflannu dros y bryn, gan roi i ni dystiolaeth werthfawr dros ben.

Roedd hedfan yn isel dros ardaloedd Cymru yn bwnc llosg, gyda nifer yn cwyno fod y sŵn taranllyd sydyn fel ffrwydriad yn codi ofn ar lawer yng nghefn gwlad. Yn bwysicach, roedd ffermwyr yn cwyno fod y sŵn yn peri gofid i'w hanifeiliaid, gymaint felly nes achosi i nifer o wartheg a defaid erthylu. Yn y pen draw, penderfynodd Pwyllgor Dethol y Senedd ar Amddiffyn y dylid cynnal ymchwiliad i'r mater ac, ymhellach, y dylid cynnal un cyfarfod yng Nghymru. Dyma gyfle i'r Aelodau Seneddol dderbyn tystiolaeth gan gynrychiolwyr y diwydiant amaethyddol ac eraill oedd â chŵyn. Cefais afael yn y ffilm o'r awyren a gwnes gais am gyfle i siarad â'r pwyllgor yn ei gyfarfod ym Mhencadlys Cyngor Sir Powys yn Llandrindod.

Roedd ein sesiwn ni i ddechrau'n syth ar ôl cinio, a phenderfynais y byddai'n dda i aelodau'r pwyllgor seneddol weld y ffilm o'r awyren yn ystod eu hawr ginio, cyn i ni gwrdd. Cafodd yr aelodau hefyd weld y dogfennau oedd yn dangos yn glir fod yr Eisteddfod wedi gwneud y cyfan y gellid ei wneud i osgoi'r broblem. Gwyddwn fod rhoi tystiolaeth i bwyllgor pwerus o'r fath yn gallu bod yn artaith ond, yn wyneb y fath dystiolaeth, teimlwn yn gwbl hyderus wrth fynd ger ei fron. Yn wir, roedd yr aelodau wedi gwylio'r ffilm ac wedi gwneud eu gwaith cartref ar y papurau. Ar ôl cwestiwn neu ddau, a chyfaddef nad oeddent wedi deall gair o'r cyfweliad ond eu bod wedi gweld yr awyren, cafodd yr Eisteddfod ymddiheuriad llwyr gan y cadeirydd, yr Aelod Seneddol Michael Mates, ac addawodd y byddem yn derbyn ymddiheuriad ysgrifenedig yn ddiweddarach. Addawyd ymhellach y byddai'r pwyllgor yn ymchwilio'n drwyadl i'r methiant hwn yn y systemau rheoli oedd wedi peri'r fath anesmwythyd i ni. Clywais wedyn drwy ffynhonnell answyddogol ei bod yn bosib mai awyrennau Americanaidd oedd wedi hedfan o'r Cyfandir oedd yr awyrennau hyn ac yn amlwg roedd gweld gŵyl mor fawr mewn cae oddi tanynt wedi ennyn chwilfrydedd y peilotiaid.

Roeddem wedi derbyn gwahoddiad yn 1990 i ymweld â Chwm Rhymni, ardal sydd â lle amlwg yn hanes yr Eisteddfod gan mai yno, yng Nghaerffili yn 1950, y mabwysiadwyd y rheol Gymraeg. Ym mhen uchaf y cwm y lleolwyd yr ŵyl y tro hwn, ar Barc Gwledig Bryn Bach, man agored a gwyntog ger ffordd Blaenau'r Cymoedd. Y cyngor dosbarth lleol oedd wedi ysgogi'r cais a chofiaf i mi gael gwahoddiad i bentref Rhymni i godi brwdfrydedd am yr Eisteddfod mewn cinio Gŵyl Ddewi. Roedd hwn yn achlysur o bwys oherwydd roeddwn yn rhannu'r llwyfan â Maer Cwm Rhymni, gyda G. V. Wynne Jones y sylwebydd rygbi, a chyda'r comedïwr Stan Stennett. Ar ôl cinio, y Maer oedd y cyntaf i siarad, a gwnaeth fy ngwaith drosof fi pan ddywedodd ei fod wedi cael cyfle i ganu dan Syr Adrian Boult fel aelod o'r côr plant yn Eisteddfod Genedlaethol Caerffili yn 1950. Roedd yn awyddus i'r genhedlaeth bresennol o blant Cwm Rhymni gael yr un profiad o ganu ar lwyfan y genedlaethol. Dydw i ddim yn credu fod ei atgof yn ffeithiol gywir, ond eisteddodd i lawr i gymeradwyaeth fyddarol ac roedd fy ngwaith i'n hawdd ar ôl hynny. Cafodd fy anerchiad groeso brwd a chofiaf i Stan Stennett ddechrau ei slot comedi tua hanner nos. Daeth y car â fi adre tua thri o'r gloch y bore.

Soniais yn gynharach am farwolaeth Richard Burton yn ystod Eisteddfod Llanbed. Yn dilyn hynny buom yn trafod gyda Hilda Owen, un o'i chwiorydd, a thrwyddi hi â Sally Burton, gweddw Richard. Esgorodd y drafodaeth ar greu Gwobr Goffa Richard Burton yn yr Eisteddfod, gwobr am gyflwyniad llwyfan dramatig. Ymwelodd Sally Burton â Phrifwyl Casnewydd yn 1988 ac ymddangosodd y gystadleuaeth am y tro cyntaf yng Nghwm Rhymni yn 1990. Yr enillydd cyntaf oedd actor ifanc o Gwm Rhondda, Daniel Evans, sydd erbyn hyn wedi ennill llawer o wobrau rhyngwladol fel actor ac wedi datblygu i fod yn un o gyfarwyddwyr theatr amlycaf Prydain. Tyfodd y gystadleuaeth hon i fod yn un o uchafbwyntiau'r wythnos ac mae wedi rhoi hwb i yrfaoedd nifer o actorion ifanc Cymraeg.

I'r Wyddgrug y flwyddyn nesaf a gwneud cais i gynnal yr ŵyl ar dir nid nepell o'r dre, tir oedd ym mherchnogaeth un o'r tai bonedd sy'n frith yng ngogledd-ddwyrain Cymru. Aeth Aled Lloyd Davies, Cadeirydd y Pwyllgor Gwaith, i weld y perchennog, cyn-uwchgapten yn y fyddin, a chael ymateb negyddol ganddo. Y bore wedyn, dyma alwad ffôn i Aled gan y *Major* yn dweud, 'Rwyf fi a nheulu wedi bod yma ers tair canrif ac mae'n hen bryd i ni wneud rhywbeth dros y gymuned. Dewch i'm gweld bore fory.' I fyny â ni i'r tŷ, a gweld bod seddau wedi eu gosod yn y cyntedd mawr yn wynebu sgrin siartiau. Eisteddwyd i lawr a dyma'r *Major* yn rhoi darlith i ni ar y posibiliadau yr oedd ei dir yn eu cynnig i'r ŵyl, yn arbennig fod y maes parcio ar oleddf, gan sicrhau fod cerbydau'n dod i mewn ar ben ucha'r tir ac yn gadael yn y pen isaf. Er ein bod yn weddol brofiadol wrth gynllunio maes Eisteddfod, derbyniwyd ei gyngor yn ddiolchgar a thrwy hynny cawsom bopeth a ddymunem. Yn fwy na hynny, gwirfoddolodd y *Major* i gysylltu ag aelod o'i deulu oedd yn berchen tir cyfagos er mwyn i ni gael darn mawr arall o dir parcio. Cawsom bob cydweithrediad ganddo drwy gydol adeg y paratoi ac yn wir bu'n eistedd yn y gynulleidfa yn ystod yr ŵyl ei hun, yn amlwg yn mwynhau'r gweithgareddau'n fawr.

Roedd gweithio i gael gwahoddiadau am flynyddoedd ymlaen i'r dyfodol yn elfen bwysig o'r swydd, wrth gwrs, a'r cam cyntaf fel arfer oedd trafod gyda'r awdurdodau lleol, y Cynghorau Sir a'r Cynghorau Dosbarth perthnasol. Rwy'n cofio nifer fawr o'r cyfarfodydd hyn: rhai pleserus fel ym Môn a rhai anodd fel yng Ngwent. Mae un yn aros yn fy nghof am reswm personol. Roedd dau gyfaill o ardal Llandeilo, Dr Lyn Davies a Ken Griffiths, wedi dod ataf i drafod a oedd modd cael yr ŵyl i ardal Dinefwr, a daethom i'r casgliad mai 1996 oedd y flwyddyn y dylid anelu ati. Trefnwyd gwahoddiad i mi fynd i Landeilo i annerch holl aelodau Cyngor Dosbarth Dinefwr yn un o'u cyfarfodydd. Braidd yn nerfus oeddwn i wrth eistedd yn yr ystafell aros, pan agorodd y drws o'r siambr a daeth cynghorydd i mewn a'm cyfarch yn gynnes. 'Dwyt ti ddim yn fy nghofio i, wyt ti?' meddai. Rhaid i mi gyfaddef nad oeddwn, a dyma fe'n cyflwyno'i hunan. 'Roy Harris; fi oedd dy fforman yng ngwaith alcam Felindre pan oeddet ti'n fyfyriwr yn gweithio yno yn ystod dy wyliau ddeugain mlynedd yn ôl,' meddai, 'a does dim angen i ti boeni. Rwy wedi sgwario'r cynghorwyr eraill i gyd ac fe gei di wahoddiad a chefnogaeth lwyr y Cyngor.' Rhyfedd o fyd!

Rwyf wedi sôn am Eisteddfod Aberystwyth ac, fel y dywedais, fe gofiaf honno yn bennaf am ein bod wedi colli Bedwyr a Geraint Evans yn fuan wedyn. Rhaid cyfaddef nad oeddwn wedi breuddwydio mai honno fyddai fy mhrifwyl olaf fel Cyfarwyddwr, er fy mod wedi teimlo ers peth amser fod angen i mi chwilio am sialens arall. Roeddwn wedi cael fy hun yn wynebu ambell gwestiwn drwy ofyn i mi fy hun, 'Beth wnes i'r tro dwetha?' Nid dyna'r ateb cywir o bell ffordd, gan fod pob prifwyl yn newydd ac yn gofyn am ffresni a newydd-deb. Teimlwn fy mod wedi rhoi cymaint ag y medrwn i'r swydd ac efallai y dylwn adael cyn bod pobl eraill yn teimlo'i bod hi'n amser i mi roi'r gorau iddi. Tra oeddwn gyda'r Eisteddfod cynigiwyd tair swydd arall i mi: yn ôl gyda'r BBC, gydag Eisteddfod Llangollen a chyda Phrifysgol Aberystwyth. Ond fy nod oedd rhoi'r Brifwyl ar ei thraed yn ddiogel. Erbyn hynny, teimlwn fod y dasg honno wedi ei chyflawni i raddau helaeth, gyda gwahoddiadau am flynyddoedd i ddod ac adnoddau sylweddol y tu cefn iddi.

Roeddwn ynghanol fy mhumdegau erbyn hyn a doeddwn i ddim yn hyderus y deuai swydd arall ar fy nhraws ond, rai wythnosau wedi Prifwyl Aberystwyth, cefais alwad ffôn yn dweud wrthyf fod swydd Cyfarwyddwr Cyngor Celfyddydau

Cymru yn dod yn rhydd ac efallai y byddai o ddiddordeb i mi. Roedd hi'n swydd ar gytundeb o bum mlynedd a sylweddolais, petawn yn ei chael, y byddai'r tymor hwnnw yn dod i ben bythefnos cyn fy mhen-blwydd yn drigain. Soniais eisoes fod fy nhad wedi gweithio nes ei fod yn bump a thrigain ond bod y pum mlynedd olaf hynny wedi profi'n drech nag e, gan roi ymddeoliad o gwta fis iddo. Roeddwn yn awyddus i osgoi hynny a chofiaf i mi ddweud wrth Myra wrth briodi fy mod am ymddeol yn drigain, doed a ddelo. Pe bawn yn ei chael, byddai'r swydd hon yn bodloni fy awydd am wynebu sialens newydd a hynny heb beryglu fy mwriad i ymddeol yn drigain oed. Penderfynais felly fynd amdani.

Daeth chwech i'r rhestr fer a chawsom i gyd gyfweliadau yn un o ystafelloedd Neuadd Dewi Sant yng Nghaerdydd. Yn syth ar ôl fy nghyfweliad, bu'n rhaid i mi fynd yn ôl i'r swyddfa i fynychu cyfarfod o Bwyllgor Cyllid Cyngor yr Eisteddfod ac ar ganol y pwyllgor, daeth Alma Carter, fy ysgrifenyddes, i mewn i ddweud fod Mathew Prichard, Cadeirydd Cyngor y Celfyddydau, ar y ffôn. Ymddiheurais i Eddie Rea, cadeirydd y pwyllgor, ac allan â mi i glywed fy mod yn cael cynnig y swydd. Derbyniais yn y fan a'r lle, a gofynnwyd i mi fynd draw y noson honno i gartre Mathew ym Mro Morgannwg i drafod pethau. Es yn ôl i mewn i'r Pwyllgor Cyllid wedyn, ond rhaid cyfaddef nad wyf yn cofio llawer am weddill y drafodaeth y prynhawn hwnnw.

Wrth edrych yn ôl dros y pymtheng mlynedd gyda'r Eisteddfod, rhoddodd un agwedd o'r gwaith foddhad mawr i mi, sef cadw a datblygu'r berthynas rhwng y Brifwyl a chyfundrefnau cerddorol ieuenctid Cymru – y Gerddorfa Ieuenctid, oedd wedi bodoli ers blynyddoedd wrth gwrs, ond hefyd rhoddwyd cychwyn ar y Côr Ieuenctid Cenedlaethol yn 1984. Plannwyd yr hedyn hwn mewn trafodaeth ar faes yr Eisteddfod a phenderfynais geisio symud ymlaen â'r syniad. Pan benderfynodd y Cyd-Bwyllgor Addysg nad oeddent am gymryd y cyfrifoldeb am y côr, cafwyd perswâd ar Ffederasiwn Cerddoriaeth Amatur Cymru i gymryd yr awenau am rai blynyddoedd cyn ei drosglwyddo i'r Cyd-bwyllgor Addysg yn ddiweddarach.

Arweinydd cyntaf y côr oedd George Guest o Goleg Sant Ioan, Caergrawnt, a bu'r profiad o ganu dan un o arweinyddion corawl gorau'r byd yn werthfawr dros ben i'r bobl ifanc hyn. Rhaid cyfaddef mai profiad emosiynol iawn i mi oedd bod yn bresennol ym mherfformiad cyntaf y côr yn Eglwys Llanbadarn, ac ymddangosodd y côr droeon yn ystod yr Eisteddfod naill ai yn y pafiliwn neu mewn eglwys gyfagos. Bu Ffion yn aelod am gyfnod, gan fwynhau'r profiad yn fawr iawn a gwneud llawer o ffrindiau newydd. Yn ddiweddarach, cafodd y Band Pres Ieuenctid Cenedlaethol gyfle i berfformio ar lwyfan y Brifwyl hefyd, a thrwy'r ymdrechion hyn daeth cenedlaethau o bobl ifanc dalentog Cymru i gysylltiad â'r Eisteddfod am y tro cyntaf. Yn fy marn i, mae'n drueni fod y cysylltiad hwn â cherddorion ifanc Cymru wedi ei golli.

Elfen arall sydd heb oroesi o'r cyfnod hwn yw'r cyngerdd cerddorfaol blynyddol gan Gerddorfa Genedlaethol BBC Cymru ar Sul cyntaf y Brifwyl. Er mwyn cael unawdwyr proffesiynol blaengar Cymru i ymddangos ar lwyfan yr Eisteddfod, roedd angen cynllunio o leiaf dair blynedd ymlaen llaw, ac wrth gwrs doedd hi ddim yn bosib i bwyllgorau lleol yr ŵyl wneud hyn. Gan fy mod yn credu'n gryf y dylai'r Eisteddfod arddangos talentau gorau ein gwlad, mi fues i, gyda Huw Tregelles Williams, Pennaeth Cerdd BBC Cymru a Phanel Cerdd Sefydlog y Cyngor, yn cynllunio'r cyngherddau hyn am flynyddoedd. Yn ogystal, roedd yr Eisteddfod yn cael gwasanaeth y gerddorfa yn y cyfnod hwn heb dalu ffi, fel rhan o bolisi'r BBC i gynnal nifer o gyngherddau dros Gymru am dreuliau yn unig. Mae'n wir dweud fod cynulleidfaoedd cyngherddau cerddorfaol yn graddol edwino ac yn y diwedd roedd cynulleidfa o bymtheg cant yn ymddangos yn dila mewn pafiliwn o bedair mil o seddau, ond byddai'r pymtheg cant hwnnw wedi llenwi Neuadd Dewi Sant yng Nghaerdydd i'r ymylon. Roedd y cynllun hefyd yn rhoi cyfle i gynulleidfaoedd cefn gwlad Cymru glywed y Gerddorfa Genedlaethol yn perfformio'n fyw yn eu hardal hwy – cyfle na ddaethai'n aml.

Rwy'n cytuno wrth gwrs fod angen symud gyda'r oes, a bod angen i'r Eisteddfod apelio at bobl ifanc ac at gynulleidfa nad yw'n hoffi cerddoriaeth glasurol. Ond rhyw deimlo ydw i fod pendil cyngherddau'r pafiliwn wedi mynd gormod i un pen yn ddiweddar ac y byddai'n dda pe bai modd dod yn ôl tua'r canol rywfaint. Rhydd i bawb ei farn ...

Cofiaf i mi gynnig, ynghanol yr wythdegau, ein bod yn arbrofi yng Nghaerdydd drwy hepgor pafiliwn a chynnal Eisteddfod ynghanol y brifddinas. Roedd hyn, wrth gwrs, cyn datblygu'r Bae a Chanolfan y Mileniwm, ond teimlwn fod potensial i ddefnyddio Neuadd Dewi Sant fel pafiliwn; yr Arena Ryngwladol a'i gwahanol ystafelloedd, ynghyd ag ardal yr Ais a'r Hen Lyfrgell fel maes; y gwahanol gapeli cyfagos i gynnal Pabell Lên a Stiwdio, a theatrau'r ddinas i gynnal dramâu a gweithgareddau eraill. Mantais yr arbrawf hwn, yn fy marn i, fyddai medru cynnal Eisteddfod Gymraeg ynghanol y ddinas er mwyn i bawb ei gweld a medru profi'r wefr flynyddol yr ydym ni'r Cymry Cymraeg yn ei mwynhau'n flynyddol. Gwrthodwyd yr awgrym, fodd bynnag, gan deimlo fod maes yn elfen hanfodol o'r ŵyl.

Rwyf felly wrth fy modd o weld fod Eisteddfod 2018 yn mentro arbrofi yn y modd hwn. Erbyn hyn, mae adnoddau gwell fyth ar gael yn y Bae ac, os llwydda'r arbrawf, bydd yn fodd i'r Brifwyl a'r brifddinas ddatblygu patrwm sy'n debyg i'r *Oireachtas* yn Iwerddon, sy'n ymweld â Dulyn yn rheolaidd yn ogystal â chrwydro cefn gwlad. Mae'n siŵr na fyddai eisteddfodwyr Caerdydd yn croesawu codi cronfa leol bob yn ail flwyddyn, ond efallai y gallem weld gwahanol ardaloedd yn noddi'r Eisteddfod yng Nghaerdydd ym mhatrwm y Sioe Frenhinol. Mae siroedd y gogledd, sydd yn bell o Lanelwedd, yn noddi'r Sioe yn eu tro a does dim rheswm digonol pam na ddylai'r un peth weithio gyda'r Eisteddfod. Byddai modd cynnal ymarferion pasiant y plant, codi côr a chynnal gweithgareddau yn lleol, cyn symud i'r brifddinas i'w llwyfannu ym mis Awst. Mae hyn i gyd, wrth gwrs, yn ddibynnol ar lwyddiant Eisteddfod Caerdydd. Cawn weld, ond mae'n werth arbrofi.

Cefais ffarwél anrhydeddus iawn gan awdurdodau'r Eisteddfod Genedlaethol a daeth cyfnod hapus iawn o fy mywyd i ben. Roeddwn yn edmygu'n fawr y swyddogion y bûm yn cydweithio â nhw. Gwelais yr ochr orau i'r bywyd Cymraeg a gwasanaeth gwirfoddol cannoedd, os nad miloedd, dros gyfnod o bymtheng mlynedd – Cymry ymroddgar a roddodd yn hael o'u hamser a'u hegni i weithio dros y Brifwyl a thros y Gymraeg. Roedd gweithio gyda phobl fel hyn yn fraint ac mae'n bleser mawr i Myra a minnau i gwrdd â llawer o hen ffrindiau o hyd ar faes y Brifwyl.

Yn 1993, felly, dyma fi'n troi at faes a sialens newydd.

Pennod 13

Cymru'r Celfyddydau

Rhaid cyfaddef nad oeddwn wedi llawn sylweddoli ar y pryd beth oedd maint y sialens, oherwydd roeddwn yn ymuno â Chyngor Celfyddydau Cymru ar ddechrau cyfnod o newidiadau mawr. Yn wir, yn ystod y pum mlynedd y bûm i yno, daeth y newidiadau hyn tuag ataf fel tonnau'n torri ar draeth – un don yn dal i fyny â'r un o'i blaen cyn ein bod wedi medru ymdopi'n llawn â'r gyntaf.

Ychydig ddyddiau cyn i mi ddechrau'r gwaith yn swyddogol yn 1993, es ar ymweliad â swyddfa'r Cyngor yng Nghaerdydd a chael fy nghyfarch gan y Dirprwy Gyfarwyddwr, sef fy hen ffrind Roy Bohana. A ninnau wedi bod yn gyd-fyfyrwyr yn Aberystwyth ac yna'n cydweithio mewn gwahanol feysydd am dros ddeng mlynedd ar hugain, dyma ni'n awr yn dod yn ôl i gysylltiad clòs unwaith eto â'n gilydd. Arweiniodd Roy fi o gwmpas yr adeilad gan fy nghyflwyno i'r staff, a chefais groeso cynnes ganddynt – roeddwn yn adnabod llawer ohonynt drwy fy ngwaith gyda'r Eisteddfod wrth gwrs.

Cefais argraff bur ddiflas o'r amodau yr oeddynt yn gweithio ynddynt. Roedd yr adeilad yn Stryd yr Amgueddfa, Caerdydd, yn dangos nodweddion gwaethaf adeiladau'r pumdegau a'r chwedegau: coridorau cul, tywyll; ffenestri metel wedi rhydu ac yn pallu agor; esgynnydd simsan, a dim awyru mewnol ...

Hefyd, roedd y gweithwyr i gyd ar wahân mewn ystafelloedd bychain diflas, amgylchiadau oedd yn milwrio yn erbyn unrhyw gyfathrach rhyngddynt ac yn rhwystr i unrhyw gydweithio rhwydd ar draws adrannau. Gan mai adeilad ar rent oedd hwn, penderfynais geisio newid y sefyllfa, ond mi wnes i ddarganfod yn fuan iawn fod y cytundeb rhent yn un di-dor am bum mlynedd ar hugain a bod dros bymtheng mlynedd ar ôl o'r cyfnod hwn. Rhaid oedd gwneud y gorau o'r sefyllfa felly, ac rwy'n falch fod y swyddfa wedi symud erbyn hyn i Ganolfan Mileniwm Cymru, adeilad nad oedd yn bod yn y nawdegau.

Pan ymunais ag e, roedd Cyngor Celfyddydau Cymru yn is-bwyllgor o Gyngor Celfyddydau Prydain Fawr. Derbyniai'r Cyngor hwnnw arian ar gyfer y celfyddydau o law'r Llywodraeth yn San Steffan gan ddosbarthu rhyw 5% o'r arian hwn i Gymru yn unol â'r fformiwla Barnett anffodus – fformiwla sydd ddim yn ystyried anghenion y gwahanol wledydd a fformiwla oedd yn anwybyddu'r ffaith ein bod ni yng Nghymru yn ceisio cynnal dau ddiwylliant.

Y dasg gyntaf oedd yn fy wynebu oedd y broses o ddatganoli yn y celfyddydau, sef dileu'r corff Prydeinig a chreu pedwar Cyngor Celfyddydau ar wahân i'r pedair gwlad. O fewn blwyddyn i'm penodiad, byddai cyllid Cyngor Celfyddydau Cymru yn dod o'r Swyddfa Gymreig a byddai hyn yn newid y sefyllfa yn sylfaenol. Yn hytrach na dadlau dros y celfyddydau yng Nghymru mewn cystadleuaeth â'r celfyddydau yng ngwledydd eraill Prydain, byddai angen yn awr i ni bledio achos y celfyddydau yng Nghymru mewn cystadleuaeth ag anghenion iechyd, addysg, cludiant a phob adran arall o gyfrifoldebau'r Swyddfa Gymreig. Roedd ein ffawd bellach yn nwylo'r Ysgrifennydd Gwladol, ac er bod hyn yn ein rhyddhau o hualau Barnett, roedd yn amlwg nad oedd gan y Swyddfa Gymreig arian dros ben i gynyddu'r cyllid a roddwyd i'r celfyddydau.

Ar ben hyn, roedd Cyngor Celfyddydau Cymru wedi dechrau ar broses o gyfuno'r Cyngor canolog yng Nghaerdydd â'r Cymdeithasau Celfyddydau Rhanbarthol yn y gogledd, y gorllewin a'r de-ddwyrain, er mwyn creu un corff cenedlaethol i Gymru. Y drefn tan hynny oedd fod y tair cymdeithas ranbarthol yn derbyn swm o arian oddi wrth y Cyngor canolog ac yn penderfynu sut oedd yr arian hwnnw i'w wario. Roedd y cymdeithasau rhanbarthol yn cyflogi eu staff eu hunain hefyd, ac er bod i'r drefn yma ei chryfder, gan fod y penderfyniadau ar wariant lleol yn cael eu gwneud gan bobl leol, roedd i'r drefn ei gwendidau hefyd, sef nad oedd unrhyw gydlyniad rhwng gogledd, gorllewin a de-ddwyrain Cymru.

Ar adegau, roedd polisïau a blaenoriaethau'r cymdeithasau rhanbarthol yn gwrthdaro â pholisi'r Cyngor canolog a doedd hi ddim yn bosib cael strategaeth gredadwy i'r celfyddydau dros Gymru gyfan. Yn naturiol, roedd gan bobl deyrngarwch i'r gyfundrefn ranbarthol ac roedd llawer ohonynt yn gwrthwynebu'r datblygiad hwn yn chwyrn. Bu'n anodd eu darbwyllo o werth y drefn newydd oherwydd roedd angen trosglwyddo cytundebau staff i'r corff canolog, ac roedd ambell aelod yn anhapus iawn â hyn. Hefyd, roedd angen cyfarfod ag awdurdodau lleol y rhanbarthau, ac nid tasg hawdd oedd perswadio cynghorwyr i gymryd golwg ehangach ar anghenion y celfyddydau yn hytrach na chefnogi eu hoff brosiectau lleol. Yn y diwedd, cyrhaeddwyd at gyfaddawd lle roedd gan y Cyngor canolog is-bwyllgorau rhanbarthol a'r rheini'n cael eu gwasanaethu yn y swyddfeydd ym Mangor, Caerfyrddin a Chwmbrân gan staff y Cyngor.

Fodd bynnag, yn 1994, flwyddyn ar ôl fy mhenodiad, llwyddwyd i gael Siarter Brenhinol newydd trwy'r Cyfrin Gyngor. Newidiwyd enw'r Welsh Arts Council yn The Arts Council of Wales, ac fe'm penodwyd yn Brif Weithredwr cyntaf y corff unedig ac annibynnol newydd – nid y tro cyntaf, na'r tro olaf chwaith, i mi gael y dasg o gael gwahanol gyfundrefnau i weithio gyda'i gilydd. Gan mai Cyngor Celfyddydau Cymru oedd enw Cymraeg y corff blaenorol, ni theimlwyd bod angen ei newid.

Fel pe bai hyn ddim yn ddigon, roedd newid arall mawr ar y gorwel, sef dyfodiad y Loteri Cenedlaethol ym mis Tachwedd 1994, prin ddeunaw mis wedi i mi ymgymryd â'r swydd. Roedd penderfyniad wedi ei gymryd eisoes mai Cyngor y Celfyddydau fyddai'n gyfrifol am ddosbarthu arian y loteri ar gyfer y celfyddydau yng Nghymru, ond doedd fawr ddim gwaith paratoadol wedi ei wneud cyn i mi gyrraedd. Mewn amser byr, roedd angen sefydlu adran weinyddol newydd sbon er mwyn cydymffurfio â rheolau caeth y broses ddosbarthu, a phenodi staff newydd a chael swyddfeydd iddynt. Roedd angen hefyd ymgyfarwyddo â rhestr hirfaith o 'Gyfarwyddiadau Ariannol' fyddai'n diogelu'r miliynau o bunnoedd fyddai'n dod trwy ein dwylo.

Tra oeddwn yn ceisio dod i ben â hyn i gyd, deallais fod Gŵyl Gelfyddydol Gymreig wedi ei threfnu yn Stuttgart, gefeilldref Caerdydd, yn nhalaith Baden-Württemberg yn yr Almaen, ac roedd gofyn i mi ymuno â dirprwyaeth i ymweld â'r dalaith i sôn am y celfyddydau yng Nghymru. Awgrymais nad oedd modd i mi adael y swyddfa am wythnos mor fuan ar ôl cyrraedd ond pwysleisiwyd bod yr ŵyl hon yn rhan o ymgyrch y Swyddfa Gymreig i gysylltu â rhanbarthau blaengar Ewrop a bod y ddirprwyaeth yn cael ei harwain gan David Hunt, yr

Ysgrifennydd Gwladol. Rhaid oedd mynd, felly, er nad oeddwn yn sicr pa gyfraniad y medrwn ei wneud wedi cyfnod mor fyr yn y swydd.

Y broblem gyntaf ar y daith oedd fod cwmni awyr KLM wedi colli fy nghês wrth i ni newid awyrennau yn Amsterdam. Cyrhaeddais faes awyr Stuttgart a darganfod fod fy nillad ym maes awyr Copenhagen, gan gynnwys fy siwt ar gyfer y derbyniad dinesig swyddogol y noson honno. Wedi i mi fygwth y byddwn yn mynd i'r derbyniad yn fy nhrôns oni bai fod y siwt yn cyrraedd y gwesty cyn saith y noson honno, cefais sicrwydd y byddai pob ymdrech yn cael ei gwneud i adfer y sefyllfa, ac yn wir dyna ddigwyddodd, er mawr ryddhad i mi. Petai KLM wedi methu gwneud hynny, byddai pennaeth newydd Cyngor Celfyddydau Cymru wedi creu argraff anffodus, a dweud y lleiaf.

Ar ôl cyrraedd y derbyniad wedi fy ngwisgo'n barchus, cefais sgwrs ddiddorol gyda maer Stuttgart, Manfred Rommel, mab y cadfridog enwog Erwin Rommel, y cadfridog a fu'n ddraenen yn ystlys y Cynghreiriaid adeg y rhyfel, ond milwr oedd yn uchel ei barch hyd yn oed gan ei wrthwynebwyr. Roedd y mab hefyd yn ddyn hynod ac yn gyfaill i fab y Cadfridog Montgomery a mab y Cadfridog Patten – y meibion wedi dod yn gyfeillion lle bu'r tadau'n elynion. Cawsom sgwrs ddifyr am hanes y berthynas rhwng Caerdydd a Stuttgart heb grybwyll, wrth gwrs, gyfnod yr Ail Ryfel Byd!

Y bore wedyn, dyma fynd i'r seminar lle roeddem i gyflwyno portread o gelfyddydau Cymru. Agorwyd y seminar gan ein gwesteion a dechreuodd y siaradwr cyntaf ei gyflwyniad am y celfyddydau cain drwy gyhoeddi, 'Yn Baden-Württemberg mae gennym fil o orielau ac amgueddfeydd.' Dyna ddiwedd ar unrhyw gymhariaeth synhwyrol rhwng Cymru a'r dalaith, ond gwnaethom ein gorau i gyfleu ychydig o naws y Gymru gelfyddydol ddwyieithog.

Ymhen ychydig fisoedd wedyn daeth criw o gyfarwyddwyr orielau ac amgueddfeydd o Baden-Württemberg ar ymweliad gyfnewid â Chaerdydd, a phenderfynais fynd â nhw i'r Amgueddfa Genedlaethol. Wedi eu tywys o gwmpas yr adeilad aethom at yr em yng nghoron yr amgueddfa, sef y casgliad arbennig o luniau gan Argraffiadwyr a roddwyd i'r amgueddfa gan y chwiorydd Davies, Gregynog. Wedi i'r grŵp syllu'n hir ar y lluniau daeth un ohonynt ataf a gofyn, 'Hyfryd iawn, Mr Jenkins, ond ymhle mae'r lluniau gwreiddiol?' Roedd hi'n bleser o'r mwyaf i mi fedru dweud wrth y cyfaill mai'r hyn roedd e'n syllu arnynt OEDD y lluniau gwreiddiol. Efallai nad oedd gennym fil o amgueddfeydd ac orielau, ond roedd gennym ninnau hefyd ein trysorau byd-enwog.

Parhaodd yr ymgyrch yma i gysylltu â rhanbarthau blaengar Ewrop ac yn fuan wedyn penderfynwyd cynnal gŵyl gelfyddydol Gymreig yn Barcelona, prifddinas talaith Catalunya yn Sbaen, yn 1995. Y tro hwn, roeddwn i'n rhan o'r cynllunio o'r dechrau ac yn benderfynol o beidio ag ailadrodd y camgymeriad dybryd a wnaed yn Stuttgart. Rhyw chwe mis cyn yr ŵyl gelfyddydol yn Stuttgart, roedd y Swyddfa Gymreig wedi trefnu i ddirprwyaeth fasnachol o Gymru ymweld â'r ddinas, ond doedd dim cysylltiad rhwng yr ymgyrch honno a'r ŵyl gelfyddydol chwe mis yn ddiweddarach. Roedd hon yn esiampl eglur iawn o ddiffyg cydweithio rhwng y llaw chwith a'r llaw dde.

Y tro hwn, dechreuais gynllunio'r ymweliad â Barcelona ar y cyd â'r Cyngor Prydeinig dros ddwy flynedd cyn yr ŵyl, a gwahoddwyd y cyfryngau, yr Awdurdod Datblygu a'r Bwrdd Croeso i gymryd rhan mewn gŵyl fyddai'n arddangos pob agwedd o fywyd Cymru. Cawsom nifer o gyfarfodydd i gydlynu'r gweithgareddau, a golygodd hyn fod yn rhaid i mi deithio sawl tro i Barcelona. Roeddwn i'n awyddus i fynd â'n Cwmni Opera Cenedlaethol yno gan fod y cwmni o safon Ewropeaidd ac yn arddangos Cymru ar ei gorau. Ar un o'r teithiau paratoadol, cawsom gyfarfod gyda chyfarwyddwr y tŷ opera yn Barcelona, y Gran Teatre del Liceu, un o'r tai opera enwocaf yn Ewrop a theatr oedd wedi llwyfannu cantorion byd-enwog fel Callas, Pavarotti, Caballe, Domingo a Carreras.

Cawsom ein tywys o gwmpas yr adeilad ysblennydd cyn mynd i'r ystafelloedd tu cefn i gwrdd â'r cyfarwyddwr, a chael croeso cynnes ganddo. Roedd wedi clywed am enw da ein cwmni opera ac eglurodd ei fod yn gwahodd un cwmni opera tramor bob blwyddyn i berfformio yn y Liceu. Soniwyd wrtho am ein bwriad i gynnal gŵyl gelfyddydol Gymreig yn y ddinas yn 1995 a dywedodd nad oedd eto wedi gwahodd unrhyw gwmni tramor am y flwyddyn honno ac y byddai'n hapus iawn i gael ein cwmni opera ni fel ei gwmni gwadd bryd hynny. Roedd un broblem, sef bod cynlluniau ar droed ers blynyddoedd i adnewyddu'r Liceu ond bod Llywodraeth y dalaith heb ryddhau'r arian. Roedd hyn yn peri rhwystredigaeth fawr iawn iddo gan ei fod yn methu cynllunio'i raglen ymlaen i'r dyfodol. Ond dywedodd, pe na bai'r ailwampio yn digwydd yn fuan, y byddai'n symud ymlaen ac yn gwahodd Cwmni Opera Cymru fel y cwmni rhyngwladol yn y Liceu yn 1995. Eglurodd y byddai'r Liceu yn talu'r holl gostau ac yr hoffai ddechrau cynllunio'r ymweliad ar unwaith gyda chyfarwyddwr ein cwmni opera ni. Daethom adre yn obeithiol dros ben a chysylltais â chyfarwyddwr Cwmni Opera Cymru, Matthew Epstein, er mwyn dod â'r ddau at ei gilydd i ddechrau'r broses o drefnu'r prosiect. Os byddem yn llwyddo i gael y maen i'r wal, byddai'n goron ar ein gŵyl yn Barcelona.

Yna, ar 31 Ionawr 1994, daeth ergyd farwol i'r cynlluniau oherwydd bu tân mawr yn y Liceu a llosgwyd y theatr i'r llawr. Y gred oedd fod gwreichionyn wedi cydio yn llenni'r llwyfan ac wedi lledu'n gyflym i'r to a dinistrio'r adeilad yn llwyr. Dyna'r fersiwn swyddogol; ond o gofio rhwystredigaeth y cyfarwyddwr ynglŷn â'r ailwampio, roedd y tân yn hynod gyfleus gan fod yn rhaid symud ymlaen yn awr, nid i ailwampio ond i ailadeiladu, a chollwyd cyfle euraidd i ni arddangos ein cwmni cenedlaethol yn un o ganolfannau amlycaf byd opera Ewrop.

Yn ystod y cyfnod hwn o baratoi at Barcelona, cefais wahoddiad i'r ddinas i gyflwyno papur mewn cynhadledd ar ieithoedd lleiafrifol. Roeddwn yn ymwybodol iawn wrth gwrs fod y Gatalaneg yn un o'r ieithoedd hyn ac felly fe baratois gyflwyniad dwyieithog, yn Gymraeg a Saesneg, ar gyfer y gynhadledd. Roeddwn yn un o dri chynrychiolydd o Brydain, ac roedd pawb yn disgwyl i mi gyflwyno'r papur yn Saesneg, fel y gwnaeth y ddau arall. Fodd bynnag, roeddwn am gyflwyno darn agoriadol sylweddol yn Gymraeg ac wedi rhoi cyfieithiad i'r system gyfieithu ar y pryd yng nghefn y neuadd. Pan ddaeth fy nhro, cyflwynwyd fi fel un o'r cynrychiolwyr Prydeinig a thynnodd pawb eu hoffer sain oddi ar eu clustiau gan ddisgwyl anerchiad yn Saesneg. Pan ddechreuais yn Gymraeg bu rhuthr i ailosod yr offer, a syndod mawr i bawb oedd clywed y cyfieithwyr yn rhoi cyfieithiad perffaith o'm sylwadau mewn nifer o wahanol ieithoedd.

Wedi siarad yn Gymraeg am rai munudau trois i'r Saesneg, gan longyfarch y cyfieithwyr ar eu meistrolaeth o iaith hynaf Ewrop. Cefais gymeradwyaeth fawr am ddangos i bawb fod yma ym Mhrydain iaith a diwylliant leiafrifol cwbl unigryw, nid yn annhebyg i'r Gatalaneg yn Sbaen. Mae'n amlwg i hyn daro tant gyda'r Catalaniaid gan i mi gael fy nghyfarch yn wresog iawn ar ddiwedd y sesiwn, yn dra gwahanol i un o'r cynrychiolwyr Prydeinig, pennaeth coleg oedd heb wneud ei gwaith cartref, ac wedi ymddiheuro i'r gynulleidfa am fethu eu cyfarch yn Sbaeneg! Bu ton o hisian o'r gynulleidfa ac roedd yn gwbl amlwg fod yr iaith Gatalaneg yn elfen bwysig dros ben yn eu bywydau, fel mae'r trafferthion gwleidyddol presennol yn profi.

John Redwood oedd Ysgrifennydd Gwladol Cymru yn ystod y cyfnod hwn, ac fel llawer Cymro arall methais yn lân â chynhesu ato. Yn wir, aeth pethau'n anodd iawn rhyngddo a Chyngor y Celfyddydau ar fater staffio pan dynnodd yn ôl y caniatâd ysgrifenedig a gefais gan ei swyddogion i mi wneud penodiad arbennig, ar ôl i mi hysbysebu'r swydd a derbyn dros dau ddwsin o geisiadau. Bu'n rhaid i mi dynnu'r hysbyseb yn ôl ond, er embaras i'r Swyddfa Gymreig, mynnais fy mod i'n dweud wrth yr ymgeiswyr pam roeddwn i'n gwneud hynny. Ar ôl cyfarfod anghyfforddus iawn yn Llundain, ymddiswyddodd Cadeirydd y Cyngor, Mathew Prichard, ar gownt yr anghydfod. Mae Mathew yn ŵyr i'r awdures Agatha Christie ac yn noddwr hael i gelfyddyd gain yng Nghymru a thu hwnt. Ar ôl gweithio gydag e am flwyddyn, teimlwn ein bod yn datblygu partneriaeth lwyddiannus ac roedd ei golli mor ddisymwth yn ergyd bersonol i mi ac i'r Cyngor. Dilynwyd ef i'r gadair gan gyn-bennaeth y Swyddfa Gymreig, Syr Richard Lloyd Jones, ac yn fuan iawn daethom i ddeall ein gilydd a chydweithio'n hapus am weddill fy amser yno.

Yn annisgwyl, penderfynodd John Redwood sefyll yn erbyn John Major am arweinyddiaeth ei blaid a bu'n rhaid iddo ymddiswyddo o'r Cabinet. Diolch byth, golygai hynny fod yn rhaid iddo hefyd ymddiswyddo o fod yn Ysgrifennydd Cymru.

Dydw i ddim yn credu fod llawer wedi galaru o'i golli a daeth dyn ifanc o'r enw William Hague yn ei le. Y cyfan a wyddem amdano ar y pryd oedd iddo roi anerchiad yn llanc un ar bymtheg oed mewn cynhadledd Dorïaidd flynyddoedd ynghynt. Wnes i ddim breuddwydio y buaswn yn dod i'w adnabod cystal yn ddiweddarach.

Ond i fynd yn ôl at Ŵyl Cymru yn Barcelona. Gan fod Ysgrifennydd Gwladol Cymru wedi dod gyda ni i gynrychioli'r Llywodraeth yn yr ŵyl yn Stuttgart, cawsom siom braidd o ddeall mai Is-ysgrifennydd yn y Swyddfa Gymreig oedd i ddod i Barcelona. Roeddem wedi gallu trefnu fod Gweinidog o Gymru yn cyfarfod â Jordi Pujol, Arlywydd Llywodraeth Catalunya, a chredem yn gryf y dylai ein cynrychiolydd ni fod â statws cyffelyb. Wedi'r cyfan, roedd Catalunya yn cynhyrchu un rhan o bump o holl gyfoeth Sbaen ac felly roedd gan arlywydd y dalaith gryn ddylanwad ym Madrid. Mae'r sefyllfa wleidyddol bresennol yn Sbaen hefyd yn tanlinellu'r gwahaniaeth diwylliannol rhwng y Gatalaneg â'r iaith Gastileg a siaredir ym Madrid, ac mae nerth economi'r rhanbarth yn cryfhau'r teimlad hwnnw o arwahanrwydd ac annibyniaeth.

O fewn dyddiau i'w benodiad, roedd William Hague mewn cinio yng Nghaerdydd a chefais fy hun yn eistedd wrth ochr ei Ysgrifennydd Preifat. Eglurais y sefyllfa iddi a gofyn tybed a fedrai berswadio'r Ysgrifennydd Gwladol newydd y byddai'n dda pe bai modd iddo ddod gyda ni, oherwydd byddai'r cyfle am gyfarfod â Jordi Pujol yn un gwerth chweil. Yn amlwg, aeth y neges adre a chlywsom o fewn oriau mai dyna fyddai'n digwydd.

Daeth wythnos yr ŵyl, a llwyddwyd i gael yr Awdurdod Datblygu i gynnal seminarau a derbyniadau masnachol. Cafodd y Bwrdd Croeso gyfle i ledu'r gair am wyliau yng Nghymru;

bu S4C, HTV a'r BBC yn cynnal wythnos o ffilmiau Cymreig, cwmnïau Theatr mewn Addysg yn arddangos eu gwaith, Cerddorfa Genedlaethol Cymru yn perfformio mewn cyngerdd ysblennydd gyda Margaret Price fel unawdydd, yn ogystal â datganiad gan Rebecca Evans. Cafwyd noson werin gan Siân James, nosweithiau dawns gan gwmnïau Diversions a Carlson, mwy nag un arddangosfa gelfyddyd gain ac arddangosfeydd o grefftau Cymreig drwy'r wythnos ynghyd â darlithoedd ac arddangosfeydd am lenyddiaeth Cymru. Yn wir, cafodd yr ŵyl Gymreig sylw derbyniol iawn gan y cyfryngau Sbaenaidd, gan gynnwys erthygl dudalen lawn yn *El País*, y papur newyddion cenedlaethol.

Yna, daethom fel cynrychiolwyr o Gymru at ein gilydd yn y Generalitat, sef palas y llywodraeth ranbarthol ynghanol Barcelona, ar gyfer derbyniad a'r cyfarfod rhwng yr Ysgrifennydd Gwladol a'r Arlywydd. Er mawr syndod i ni, yr union eiliad yr oedd modur yr Ysgrifennydd Gwladol yn cyrraedd drws y palas, dechreuodd clychau'r palas ganu ein Hanthem Genedlaethol. Roedd staff yr Arlywydd, heb yn wybod i mi, wedi bod mewn cysylltiad â fy swyddfa yng Nghaerdydd i gael copi o'r gerddoriaeth. Rhaid cyfaddef, er nad oedd llawer o drigolion Barcelona efallai'n adnabod y gerddoriaeth, roedd clywed 'Hen Wlad fy Nhadau' yn atseinio dros y ddinas o glochdy'r palas llywodraethol yn brofiad gwefreiddiol i'r Cymry oedd yn bresennol.

O ganlyniad i'r ymgyrchoedd hyn ar y cyd â'r Cyngor Prydeinig, tyfodd y syniad o sefydlu Celfyddydau Rhyngwladol Cymru, sef corff i fynd ag artistiaid, cwmnïau, â chelfyddydau Cymru allan i'r byd yn ogystal â chroesawu artistiaid y byd i Gymru. Roedd hwn yn ganolog i'r hyn yr oeddwn yn grediniol ohono, sef bod gennym ni yng Nghymru stori dda i'w dweud ac y dylem fod yn ddigon hyderus i'w dweud wrth y byd. Gwahoddwyd fi droeon i fynd at gynulleidfaoedd i siarad am y celfyddydau a byddwn yn sôn am y cantorion a'r actorion Cymreig adnabyddus sydd wedi cael, ac yn cael, gyrfaoedd rhyngwladol llwyddiannus iawn ar lwyfannau'r byd. Ar ôl rhestru rhyw ddau ddwsin ohonynt, byddwn yn awgrymu y byddai pawb yn rhyfeddu pe bai'r rhain i gyd yn dod o ardal Birmingham; byddent yn siŵr o gredu fod Birmingham yn lle hynod. Y gwir yw fod poblogaeth y ddinas fawr honno a'r trefi o'i chwmpas bron yn gyfartal â phoblogaeth Cymru. Roedd yr un peth yn wir am y celfyddydau eraill ac mae ein hartistiaid, ein hawduron, ein corau a'n cwmnïau theatr yn ennyn edmygedd lle bynnag yr ânt. Gallwn ymffrostio yn ein hetifeddiaeth gyfoethog ac roedd sefydlu'r corff hwn yn un o'r pethau yr oeddwn fwyaf balch ohono yn ystod fy nghyfnod gyda Chyngor y Celfyddydau.

Fel rhan o'r berthynas rhyngom a'r Cyngor Prydeinig, fe'm gwahoddwyd i fod yn aelod o ddirprwyaeth i fynd i Siapan yn 1996. Ymddengys fod y Siapaneaid wedi codi nifer o ganolfannau celfyddydol moethus mewn nifer o ddinasoedd ond heb fawr o syniad sut oedd cael y gorau allan o'r buddsoddiad sylweddol yma. Casglwyd rhyw chwech ohonom ynghyd o bob rhan o Brydain, ac aethom ar daith o gwmpas rhai o'r canolfannau hyn a chael nifer o gyfarfodydd gydag uchel swyddogion yr awdurdodau oedd yn gofalu amdanynt.

Wrth fynd o gyfarfod i gyfarfod, cawsom argraff glir o strwythur cymdeithasol a gweinyddol y wlad. Wrth fynd i mewn i'r swyddfeydd, roedd angen moesymgrymu wrth ysgwyd llaw a chynnig cardiau busnes i'r rhes o ddynion oedd yn ein disgwyl, a gwelwyd bob tro mai'r pennaeth oedd yr hynaf yn eu plith, gyda phwysigrwydd y lleill yn cyfateb yn union i'w hoedran. Sylwais hefyd nad oedd yr un fenyw ymhlith y swyddogion hyn, ond pan ddaeth amser coffi, merched oedd bob amser yn gweini. Tybiaf fod pethau'n newid ychydig yno heddiw.

Yn ystod y daith cawsom wahoddiad i weld cyflwyniad o Theatr Noh, sef theatr draddodiadol y wlad, ffurf sydd wedi datblygu o'r bedwaredd ganrif ar ddeg. Doedd dim rhaglenni ar gael gan fod y dramâu hyn yn adnabyddus i fwyafrif y gynulleidfa, ac felly doedden ni ddim yn deall gair o'r hyn oedd yn digwydd. Ar y llwyfan, roedd popeth yn digwydd yn araf iawn, yn unol â'r traddodiad – pawb yn cymryd camau bychain, araf er mwyn symud o un man i'r llall, a phe byddai cymeriad newydd yn ymddangos, byddai'n cymryd oes i ddod o'r esgyll i ganol y llwyfan. Canlyniad hyn i gyd oedd fod y perfformiad yn faith, ond gan ein bod yn westeion yn y wlad doedd dim modd osgoi eistedd am deirawr heb ddeall dim. Rhaid dweud, fodd bynnag, fod y gwisgoedd a'r colur yn foethus dros ben ac roedd symboliaeth amlwg i bob agwedd o'r cynhyrchiad.

Gwaetha'r modd, cefais anffawd wrth fwyta swper un noson, a thorri dant yn ei hanner a'm gadawodd mewn poen mawr. Es ar fy union at ddesg ymholiadau'r gwesty yn Tokyo a thrwy lwc roedd y gwesty o fewn pellter cerdded i ysbyty deintyddol y ddinas. Trefnwyd i mi fynd i mewn yno yn gynnar y bore wedyn ac ar ôl noson anghyfforddus cyrhaeddais dderbynfa'r ysbyty'n blygeiniol. Nodwyd fy manylion a hebryngwyd fi i'r ystafell aros nes byddwn yn cael fy ngalw. Bûm yn eistedd am amser yn yr ystafell fawr hon ymhlith nifer fawr o frodorion y wlad. O bryd i'w gilydd deuai nyrs i mewn, galw enw, ac arwain y claf allan. Ymhen ychydig, daeth y nyrs i mewn a galw 'Johnson' ond symudodd neb. Aeth allan ac yna dod yn ôl a galw eto, braidd yn ddiamynedd y tro hwn, 'Johnson', ac eto ni symudodd neb.

Y trydydd tro i hyn ddigwydd roedd y nyrs yn amlwg wedi colli amynedd yn lân, ac yna sylweddolais mai fi oedd y Johnson hwn a bod y nyrs wedi gweld fy enw llawn, John Emyr Jenkins, ac yn unol ag arfer y wlad, wedi galw am 'John, San'!

Problem fach arall oedd mai dim ond un o staff yr ysbyty oedd yn medru ychydig o Saesneg, gweithiwr swyddfa, ac allwn i ddim ond gobeithio'i bod yn cyfieithu fy sgwrs â'r deintydd yn gywir. Rhaid dweud, fodd bynnag, i mi gael triniaeth dda yno ar ôl hyn i gyd, a llwyddais i gwblhau'r daith yn ddi-boen.

Yn ôl yng Nghymru, cododd problem fawr i'r Cyngor yn sgil ad-drefnu Llywodraeth Leol Cymru yn 1996. Efallai nad oedd pawb wedi sylweddoli gymaint fyddai effaith hyn ar y cyllid oedd ar gael i'r celfyddydau. Awdurdodau Lleol Cymru yw prif bartneriaid Cyngor y Celfyddydau yn y dasg o gynnal gweithgarwch celfyddydol, a gwelwyd hyn yn eglur iawn pan rannwyd yr wyth sir fawr yn ddwy ar hugain o siroedd llai. Gwaetha'r modd, nid oes modd osgoi gwario ar yr agweddau statudol, megis iechyd ac addysg, a doedd hynny ddim yn gadael llawer ar ôl ar gyfer y gwariant dewisol, megis y celfyddydau.

Esiampl amlwg o effaith yr ad-drefnu hwn oedd yr hyn ddigwyddodd i Theatr Clwyd yn yr Wyddgrug. Ers ei sefydlu, roedd Cyngor Sir Clwyd wedi ariannu'r theatr yn anrhydeddus, ond gyda diflaniad Clwyd, diflannu hefyd wnaeth yr arian, gan adael Sir y Fflint, sy'n llawer llai, i gynnal y theatr. Bellach, doedd y theatr ddim ar dir yr awdurdodau eraill fu gynt yn rhan o Glwyd ac yn awr roeddent am wario'r arian ar y celfyddydau o fewn eu ffiniau eu hunain. Roedd yr ad-drefnu felly'n creu bwlch o filiwn o bunnau'r flwyddyn yng nghyllideb y theatr, a bu cyfarfodydd di-ri rhwng yr awdurdodau lleol a Chyngor y Celfyddydau i geisio achub y sefyllfa.

Deuai canran sylweddol o gynulleidfa'r theatr dros Glawdd Offa, o swydd Gaer, ond ofer fu'r ymdrechion i ddenu cyllid o'r sir honno i'w dilyn – sefyllfa sy'n parhau hyd heddiw, hyd y gwn. Fodd bynnag, gwnaed ymdrechion arwrol gan Gyngor Sir y Fflint, dan arweinyddiaeth Tom Middlehurst, mewn partneriaeth â Chyngor y Celfyddydau. Er gwaethaf sawl tro anodd yn y broses, yn y diwedd achubwyd y sefyllfa, gan esgor ar gyfnod euraidd Clwyd Theatr Cymru dan y cyfarwyddwr drama disglair Terry Hands. Dyma'r esiampl fwyaf eithafol o'r problemau niferus a gododd dros Gymru gyfan yr adeg honno

Er y llwyddiant i gael dau ben llinyn ynghyd yng Nghlwyd, doedd yr amgylchiadau cyllidol cenedlaethol chwaith ddim yn ffafriol, ac ni chafwyd unrhyw gynnydd o gwbl yn yr arian a roddwyd i Gyngor y Celfyddydau gan y Llywodraeth am dair blynedd yn olynol. Roedd yn rhaid gwneud rhywbeth i warchod y grantiau i'r bobl greadigol, serch hynny, y bobl yr oedd eu bywoliaeth yn y fantol, ac felly roedd yn rhaid edrych o'r newydd ar wariant y Cyngor ar ei weinyddiaeth ei hun. Pan ddechreuais weithio yno, roedd y staff wedi ei rhannu yn saith adran: Cerddoriaeth, Llenyddiaeth, Celf, Crefft, Drama, Dawns a Gweinyddiaeth – pob un â'i gyfarwyddwr, a phob un ohonynt yn ddynion. Pan unwyd y Cyngor â'r tair Cymdeithas Rhanbarthol ychwanegwyd tri chyfarwyddwr arall, dynion i gyd. Yna sefydlwyd adran y Loteri ac rwy'n falch o ddweud i mi lwyddo i benodi cyfarwyddwr benywaidd, nid am ei bod yn fenyw ond am mai hi oedd yr ymgeisydd cryfaf o bell ffordd. Canlyniad hyn oll oedd fod gan y Cyngor un adran ar ddeg ac un cyfarwyddwr ar ddeg yn gweithio yn uniongyrchol i mi – sefyllfa wirion bost.

Dechreuais ailwampio'r strwythur felly, gan ddechrau ar y broses o gyfuno adrannau a rhannu'r gyllideb mewn ffordd wahanol. Wrth gwrs, golygai hyn lai o swyddi ar lefel cyfarwyddwr, pump yn lle un ar ddeg, ac fel y gellid disgwyl nid oedd hynny'n ddi-boen. Cefais gefnogaeth lwyr gan yr undebau, fodd bynnag, gan fy mod yn gostwng nifer y penaethiaid ac yn cadw'r swyddi cynorthwyol. Cofiaf i mi sôn am fy nghynlluniau wrth Mary Allen, Cyfarwyddwr Cyngor Celfyddydau Lloegr ar y pryd, a'i hymateb oedd, 'Mae hynny'n ddewr iawn ohonoch!' Hynny yw, o'i gyfieithu, 'Cam byrbwyll dros ben.' Bid a fo hynny, roedd yn rhaid symud ymlaen gyda'r ad-drefnu mewnol, a diddorol yw sylwi nad yw'r Cyngor wedi mynd yn ôl at yr hen drefn hyd y dydd heddiw.

Rwyf wedi sôn digon am broblemau'r swydd, ond roedd un agwedd yn rhoi pleser aruthrol i mi, sef yr angen i mi deithio Cymru i weld y gwaith celfyddydol yr oedd y Cyngor yn ei gefnogi. Roedd hi'n bleser mynychu perfformiadau'r cyrff mawr fel Cwmni Opera Cymru a'n Cerddorfa Genedlaethol yn y brifddinas ac yn Llandudno. Ond aeth Myra a minnau hefyd i weld perfformiadau gan gwmnïau theatr mewn addysg, theatr i'r anabl, a chymdeithasau celfyddyd gymunedol mewn neuaddau ysgol a neuaddau pentref. Aethom hefyd i orielau celf mawr a bach dros y wlad, a'r gwir oedd fy mod yn cael cynifer â thri gwahoddiad bob nos i fynychu rhyw achlysur yn rhywle. Yn y diwedd, bu'n rhaid dogni'r nosweithiau allan i ryw bedair noson yr wythnos, gan gynnwys bron pob penwythnos. Erbyn hyn hefyd, roedd ein hwyres, Indeg, wedi ei geni ac yn byw yn Llundain, felly bu hwn yn gyfnod o deithio parhaus i Myra ac i minnau.

Cofiaf weld arddangosfa o waith Kyffin Williams yn Oriel Môn a sylwi ar y gwahaniaeth rhwng ei ddarluniau tywyll o Gymru a'r lluniau lliw llachar a wnaeth yn ystod ei amser ym Mhatagonia. Yn ddiweddarach, cefais gyfle i ymweld ag e yn ei fwthyn bychan ar lan y Fenai a gwrando arno'n beirniadu gwaith Oriel Mostyn yn Llandudno, oriel oedd yn derbyn cymhorthdal gennym ni, a chanmol gwaith mwy traddodiadol Oriel Frenhinol y Cambrian yng Nghonwy, oriel nad oedd yn derbyn unrhyw arian cyhoeddus. Yn amlwg, doedd Cyngor y Celfyddydau ddim yn un o'i hoff gyrff, ond gwnaeth hynny'n eglur yn ei ffordd hynod foneddigaidd arferol.

Ni fu pawb mor foneddigaidd â Kyffin Williams yn eu hymwneud â ni, a bu un achos arbennig yn peri trafferth am fisoedd. Roedd cais unigolyn oedd yn byw ym Mhontypridd am gymhorthdal wedi cael ei wrthod, a hynny gan nad oedd yn cyfarfod â'r amodau angenrheidiol. Roedd wedi hunan-gyhoeddi nifer o bamffledi/llyfrynnau barddoniaeth oedd, yn ein barn ni, o safon isel ac yn ymylu ar fod yn bornograffig. Erbyn hyn roedd eisiau cynnal dosbarthiadau llenyddol yn ne-ddwyrain Cymru ac yn gofyn am grant sylweddol er mwyn gwneud hynny. Pan wrthodwyd ei gais, dechreuodd ef a'i bartner ffonio fy swyddfa hyd at ddeg gwaith y dydd i brotestio am y penderfyniad gan beri poendod i mi, ac yn arbennig i fy ysgrifenyddes, Gwenith Davies, gan ein bod yn gorfod wynebu llifeiriant o iaith tra ymosodol. Pan welwyd ymhen hir a hwyr nad oedd modd i'r ymgyrch ffôn lwyddo, dechreuodd y cyfeillion hyn ymgyrchu trwy ysgrifennu at y *Western Mail*, gan ddefnyddio amrywiadau ar eu henwau a chyfeiriadau ffug er mwyn rhoi'r argraff fod yr ymgyrch hon yn erbyn Cyngor y Celfyddydau yn boblogaidd ac yn cael cefnogaeth carfan gref o bobl. Yn y diwedd, trodd yr ymgyrch yn y wasg yn bersonol gan fy ngalw i'n bopeth, ac ysgrifennu ar un achlysur, 'Emyr Jenkins, what does he know about the Rhondda?' Yn amlwg, doedden nhw ddim wedi gwneud eu hymchwil yn drwyadl!

Ffoniais olygydd y papur i egluro'r sefyllfa a dweud eu bod yn cael eu twyllo i gredu bod y llythyron hyn yn dod oddi wrth nifer fawr o'u darllenwyr. Gwelodd ef y broblem yn fuan iawn ac addawodd na fyddai'n cyhoeddi'r llythyrau mwyach. Bu tawelwch wedyn, ond o fewn ychydig ddyddiau cefais alwad ffôn gan y golygydd yn dweud fod y papur erbyn hynny'n derbyn yr un driniaeth â ni ac yn gorfod dioddef dwsinau o alwadau ffôn ymosodol dros ben. Yn y diwedd darganfyddwyd fod y 'bardd' wedi camddefnyddio arian o ffynhonnell arall, a dyna ddiwedd ar y saga.

Cyn i mi fynd at y Cyngor, roedd gweithgor wedi dechrau cynllunio datblygiad cyffrous iawn ym Mae Caerdydd. Teimlid ers degawdau fod angen cartref teilwng yn y brifddinas i Gwmni Opera Cenedlaethol Cymru a'i bod yn gywilydd o beth nad oedd yr un tŷ opera yng Nghymru, er bod gan bob dinas werth yr enw ar y Cyfandir dŷ opera ysblennydd oedd yn denu cantorion byd-enwog a chynulleidfaoedd di-ri. Ers ei sefydlu, roeddem ni wedi bod yn ceisio cywasgu ein prif gwmni opera i mewn i theatrau bychan Fictoraidd heb y cyfleusterau angenrheidiol i lwyfannu operâu mewn modd teilwng.

Sefydlwyd Ymddiriedolaeth Tŷ Opera Bae Caerdydd yn 1993 i wthio'r cwch i'r dŵr ac fe'm tynnwyd i mewn i weithredu fel ysgrifennydd y cwmni, dan gadeiryddiaeth Mathew Prichard. Yn fuan iawn, sylweddolais ei bod yn fwriad gan yr Ymddiriedolaeth i wneud cais am gyllid i'r Loteri Genedlaethol a phenderfynais fod yn rhaid i mi ymddiswyddo ar unwaith gan ei bod yn amlwg y byddai hyn yn gwrthdaro â'm dyletswyddau fel y swyddog oedd yn gyfrifol am ddosbarthu arian y Loteri i'r celfyddydau yng Nghymru. Gwaetha'r modd, yr un pryd, dechreuwyd ymgyrch i gael stadiwm cenedlaethol ar gyfer chwaraeon, a gwelwyd yn fuan iawn fod y ddau gais yma'n cystadlu â'i gilydd am arian y Loteri. Efallai ei fod yn rhan o natur gystadleuol chwaraeon ond bu cefnogwyr y stadiwm yn groch iawn yn wfftio'r syniad o gael tŷ opera, gan ei labelu'n brosiect elitaidd a honni bod stadiwm ar gyfer chwaraeon yn fwy gwerinol ac iddo apêl lawer ehangach. Yn sicr, gwnaeth cefnogwyr y tŷ opera gamgymeriad strategol ar y dechrau wrth alw adeilad yn 'dŷ opera' yn hytrach na chanolfan gelfyddydau, ac er gwaethaf ein hymdrechion i gael Comisiwn y Mileniwm a rhai gwleidyddion amlwg i gefnogi'r prosiect, methiant fu'r ymgyrch gyntaf honno. Bu'n rhaid aros am rai blynyddoedd cyn gwireddu'r freuddwyd.

Cynhaliwyd cystadleuaeth bensaernïol i gynllunio'r tŷ opera, ac wrth edrych yn ôl, camgymeriad arall oedd gwrthod gwaith y pensaer a enillodd y gystadleuaeth, Zaha Hadid. Ar y pryd, dilornwyd ei chynllun cyffrous fel gwaith un oedd wedi cynllunio dim mwy na gorsaf dân yn yr Almaen a chofiaf, mewn cyfarfod gyda swyddogion Bwrdd Datblygu Bae Caerdydd, i mi gael fy syfrdanu pan ddywedwyd wrthyf mai'r cynllun delfrydol iddyn nhw fyddai un y gellid gwneud 'model plastig deg ceiniog' ohono, tebyg i'r modelau plastig o'r Tŵr Eiffel a werthir yn eu miloedd i'r ymwelwyr ym Mharis. Yn amlwg, nid oedd y cynllun buddugol yn cyfarfod â'r maen prawf chwerthinllyd yna. Mae defnyddio 'doethineb trannoeth' yn hawdd, mi wn, ond aeth Zaha Hadid ymlaen i wneud enw iddi hi ei hun fel un o benseiri blaenllaw'r byd. Byddai'r cynllun buddugol wedi bod yn esiampl gynnar o'i dawn anhygoel, a byddai pobl yn tyrru i Gaerdydd yn union fel y mae'r miloedd yn awr yn tyrru i Bilbao i weld amgueddfa hynod Guggenheim gan Frank Gehry. Yn bendifaddau, dioddefodd enw da Caerdydd oherwydd i ni wrthod y cynllun buddugol ac ymddengys i hynny beri loes i Zaha Hadid tan ddiwedd ei hoes. Roedd ei farwolaeth gynamserol yn golled enfawr i bensaernïaeth ryngwladol.

Fy rôl i yn y cyfnod hwn oedd ceisio cadw llinellau cyfathrebu'n agored rhwng yr ymddiriedolaeth yng Nghaerdydd â Chomisiwn y Mileniwm, ym mherson y Cyfarwyddwr, Jennie Page – nid tasg hawdd, gan i mi gael yr argraff ei bod yn wrthwynebus i'r prosiect o'r cychwyn. Yn ychwanegol at hyn, daliwyd y cynllun mewn brwydr rhwng personoliaethau cryfion yn y Llywodraeth yn Llundain.

Nid ymgais mewn unrhyw ffordd i ddifrïo Canolfan y Mileniwm a ddaeth yn ei le yn 2004 yw hon. Mae cynllun Jonathan Adams yn gyffrous ac, yn bennaf oll, mae'r adeilad yn llwyddo – fel tŷ opera, fel neuadd gyngerdd, fel llwyfan i sioeau cerdd a hefyd fel cartref i'r Gerddorfa Genedlaethol a chwech o fudiadau celfyddydol eraill. Yr hyn sy'n ddiddorol yw fod y rhaglen adloniant a lwyfennir ynddi bron yn union yr un fath â'r hyn a ragwelwyd ar gyfer y tŷ opera 'elitaidd'.

Er gwaethaf cyhuddiadau gan rai bobl, roedd Cyngor y Celfyddydau yn cefnogi'r prosiect yn frwd o'r dechrau ac ar ôl brwydro'n hir, cefais y fraint o gadeirio cynhadledd i'r wasg i gyhoeddi dyfarnu grantiau loteri gwerth bron gan miliwn gan Gyngor Celfyddydau Cymru a Chomisiwn y Mileniwm i'r ganolfan newydd. Erbyn hyn, mae Canolfan y Mileniwm wedi ennill ei phlwy fel un o lwyfannau amlycaf Prydain. Strôc athrylithgar oedd gosod geiriau Gwyneth Lewis mewn llythrennau mawrion ar flaen y ganolfan ac mae gweld goleuadau'r adeilad yn disgleirio trwy'r llythrennau wedi iddi hi nosi yn brofiad gwefreiddiol.

Ymdrech na fu mor llwyddiannus oedd honno i drawsnewid yr Hen Lyfrgell ynghanol Caerdydd yn oriel gelfyddyd fodern. Pendronwyd am amser maith beth ddylid ei wneud â'r adeilad hardd hwn, ac yn y pen draw cafwyd cynllun preifat i greu oriel fyddai'n dangos celfyddyd gain yr ugeinfed ganrif, yn ychwanegiad at yr hyn a welir yn yr Amgueddfa Genedlaethol. Cafodd y prosiect gymhorthdal gan Gronfa Loteri Cyngor y Celfyddydau a llwyddwyd i'w agor yn 1999. Roedd y cynllun busnes yn golygu fod angen codi tâl mynediad ond, gwaetha'r modd, yn fuan wedi iddo agor cyhoeddodd y Llywodraeth y byddai mynediad yn rhad ac am ddim i orielau ac amgueddfeydd cyhoeddus yng Nghymru. Er bod hwn yn ddatblygiad canmoladwy wrth gwrs, chwalwyd cynllun busnes yr Hen Lyfrgell a gwelwyd nad oedd modd denu'r incwm disgwyliedig i'r oriel gelfyddyd fodern. Methodd y fenter mewn byr o dro, gyda cholled fawr o arian y loteri. Er bod y cyfan hyn wedi digwydd wedi i mi ymddeol daeth adlais o'r methiant hwn yn ôl ataf bum mlynedd yn ddiweddarach pan gefais i a fy nghadeirydd, Richard Lloyd Jones, wahoddiad i ymddangos gerbron Pwyllgor Archwilio'r Cynulliad i egluro pam roeddem wedi cefnogi'r cynllun yn y lle cyntaf – bron i ddeng mlynedd ynghynt.

Roedd adroddiad gan yr Archwiliwr Cyffredinol yn Llundain yn cyhuddo Cyngor Celfyddydau Cymru o fethu cydymffurfio â'r canllawiau ariannol a osodwyd ar grantiau'r loteri. Ni fu unrhyw ymgynghori â mi wrth baratoi'r adroddiad, ac roedd galw cyn-brif swyddog yn ôl i roi tystiolaeth gerbron pwyllgor o'r Llywodraeth, flynyddoedd wedi iddo ymddeol, yn gwbl groes i'r drefn arferol. Gan fy mod bellach yn berson preifat, gallaswn fod wedi gwrthod y gwahoddiad, ond penderfynais fy mod am roi tystiolaeth er mwyn cywiro'r hyn a ystyriwn fel adroddiad cyfeiliornus. Bu mynd yn ôl dros fanylion oedd mor bell yn y gorffennol yn dasg anodd dros ben, ond buan y gwelwyd bod adroddiad yr Archwiliwr Cyffredinol wedi ei selio ar ganllawiau ariannol a ddaeth i rym flwyddyn neu fwy ar ôl i ni ddyfarnu grant i'r prosiect, a'n bod wedi cydymffurfio'n llwyr â'r canllawiau oedd mewn grym ar y pryd. Parodd hyn gryn embaras i'r Swyddfa Archwilio Genedlaethol, ac er bod yr achos wedi tarfu ar fisoedd o ymddeoliad roeddwn yn falch iawn fy mod wedi manteisio ar y cyfle i gywiro'r argraff ein bod wedi bod yn esgeulus gydag arian cyhoeddus.

Ychydig wythnosau cyn fy ymddeoliad, daeth adlais o'r gorffennol pan ddaeth galwad ffôn gan gyfaill i mi, yr annwyl Ronnie Williams. Eglurodd ei fod yn cynllunio 'Taith Ffarwél' drwy Gymru mewn drama lle byddai'n cymryd y brif ran. Gofynnodd i Gyngor y Celfyddydau ei ariannu gan ei fod yn ffyddiog y byddai'r prosiect yn boblogaidd dros ben. Cytunais fod y syniad yn un deniadol, ond bu'n rhaid i mi egluro mai ariannu rhaglen flynyddol gan gwmni theatr cydnabyddedig oedd yr unig ffordd y medrwn helpu. Yn gam neu'n gymwys, doedd ein canllawiau grant ddim yn caniatáu i ni ariannu prosiect unigol gan unigolyn. Pe bai modd iddo berswadio un o'r cwmnïau theatr oedd eisoes yn derbyn arian gennym i gynnwys y syniad yn eu rhaglen waith, roeddwn yn obeithiol y byddai modd i ni ariannu'r prosiect fel rhan o raglen blwyddyn. Cynghorais Ronnie i siarad â chwmni theatr gan fynegi'r gobaith y byddent yn hoffi'r syniad. Diolchodd am yr eglurhad ac am yr awgrym, a dywedodd y byddai'n mynd ymlaen i siarad â chwmni theatr. Wn i ddim a wnaeth e hynny ond, gwaetha'r modd, dyna'r tro olaf i mi siarad â Ronnie.

Daeth fy nghytundeb gyda Chyngor y Celfyddydau i ben bythefnos cyn fy mhen-blwydd yn drigain, ac er y gallaswn fod wedi parhau am bum mlynedd arall penderfynais gadw at fy mwriad gwreiddiol a gadewais Gyngor y Celfyddydau yn 1998. Chwarae teg i aelodau'r Cyngor ac i'r staff, cefais ffarwél anrhydeddus a gwerthfawrogais i'r byw y ffaith fod rhai unigolion yr oeddwn wedi gorfod eu diswyddo yn bresennol yn y parti ffarwél.

Rwyf wedi ymddeol ers ugain mlynedd bellach ac yn gresynu'n fawr mai fi, hyd heddiw, yw'r pennaeth dwyieithog diwethaf ar gorff sy'n ariannu llawer iawn o weithgarwch diwylliannol yn y Gymraeg. Gobeithiaf yn fawr y bydd Cymro Cymraeg neu Gymraes Gymraeg yn cystadlu'n llwyddiannus am y swydd cyn bo hir, swydd sy'n allweddol yn y dasg o hybu'r celfyddydau mewn dwy iaith yng Nghymru.

Pennod 14

Boreau Llun Bendigedig

Mae rhai cyfundrefnau'n rhoi cyfle i'w gweithwyr wynebu ymddeoliad yn raddol drwy weithio bedwar diwrnod yr wythnos am gyfnod, ac yna am dridiau, ac yn y blaen. Ond chefais i mo'r cyfle hwnnw. Ac ar ôl gweithio'n llawn-amser hyd y prynhawn Gwener olaf, cofiaf yn iawn y teimlad bendigedig ar y bore Llun canlynol fy mod yn wynebu gweddill fy mywyd yn medru gwneud yr hyn a fynnwn, heb fod ar alw eraill. Doeddwn i ddim am weithio am arian byth eto a doeddwn i bellach ddim am ymgeisio am unrhyw swydd. Am flynyddoedd lawer, roeddwn wedi gorfod treulio fy Suliau'n paratoi at yr wythnos waith oedd i ddod ac mae'r teimlad hwn o ryddid wedi para bob bore Llun tan heddiw – tebyg, dybiwn i, i deimlad gweinidogion ar ôl pregethu deirgwaith y diwrnod cynt.

Penderfynodd Myra ymddeol yr un adeg â mi. Wedi i'r plant ddechrau yn yr ysgol, roedd hi wedi mynd yn ôl i ddysgu Cymraeg yn Ysgol Uwchradd Caerffili ac yn ddiweddarach wedi bod yn dysgu'r cwrs Wlpan Cymraeg yn Mhrifysgol Caerdydd. Roeddwn i wedi cael fy ethol yn flaenor yn Eglwys y Crwys yn 1984 ac roedd modd i mi'n awr wneud cyfraniad mwy at waith yr eglwys nag a lwyddais i'w wneud cyn hynny. Cymerais ofal o'r cynllun 'Rhodd Cymorth' ac, ar ôl hynny, rwyf wedi gweithredu fel trysorydd yr eglwys am bron ddeng mlynedd. Felly, roeddem ein dau yn rhydd o ymrwymiadau cyflogedig yr un pryd, er bod Myra wedi parhau i wasanaethu'n wirfoddol fel Ynad Heddwch am dros ddeng mlynedd arall eto, gan gyflawni deunaw mlynedd i gyd.

Fodd bynnag, mae'r celfyddydau yn faes lle mae galw o hyd am gymorth gwirfoddolwyr ac yn fy achos i daeth y ceisiadau am help yn fuan iawn wedi i mi ymddeol. I ddechrau, daeth fy nghyfaill Geraint Stanley Jones ataf i ofyn i mi ymuno â Bwrdd Llywodraethol y Coleg Cerdd a Drama yng Nghaerdydd. Roedd y gwaith hwn yn bleser pur, er bod problemau ariannu yno fel ag ym mhobman arall. Ymhen blwyddyn neu ddwy gofynnwyd i mi weithredu fel Dirprwy Gadeirydd a bûm yn gweithredu fel Cadeirydd am gyfnod hefyd. Roedd gweld y bobl ifanc frwdfrydig yma'n perffeithio'u crefft yn brofiad dyrchafol dros ben, er i mi boeni llawer am y ganran sylweddol ohonynt fyddai'n methu ennill bywoliaeth dda mewn maes mor anodd a chystadleuol. Serch hynny, bu mynd i berfformiadau a gweld myfyrwyr yn tyfu mewn hyder o flwyddyn i flwyddyn fel yr oeddent yn mynd trwy'r cyrsiau yn bleser pur.

Mae'r coleg yn cynnal rhai o'r cyrsiau mwyaf blaengar ym Mhrydain mewn agweddau o waith theatr, megis dylunio llwyfan, a llawer o'r *alumni* yn gweithio mewn theatrau pwysig ac eraill yn ymddangos ar lwyfannau'r byd erbyn hyn. Gwaetha'r modd, nid oedd cyfleusterau'r coleg yn ddigonol yn y cyfnod hwn a bu trafod mawr sut y gellid creu theatr a neuadd gyngerdd addas i gystadlu â cholegau eraill dros Brydain. Astudiwyd nifer o gynlluniau adeiladwaith posib, gan gynnwys un a olygai groesi i mewn i Barc Bute, er y byddai hwnnw'n siŵr o godi storm o brotest gan ei fod yn mentro i ardal werdd ynghanol y ddinas. Bu trafod mawr rhwng y Bwrdd a'r Llywodraeth, a derbyniwyd neges ddryslyd iawn yn ôl. Ar un llaw, roedd y Gweinidog dros y Celfyddydau yn dweud wrthym fod y coleg, y Coleg Brenhinol erbyn hyn, yn em yng nghoron addysg uwch yng Nghymru ac, ar y llaw arall, yn dweud wrthym fod yn rhaid i'r coleg uno â sefydliad addysgiadol arall gan ein bod yn 'rhy fach i oroesi yn y byd addysgiadol yr oeddem yn byw ynddo'.

Credai'r Bwrdd yn gryf yn annibyniaeth y coleg ond, yn wyneb y rhybudd hwn, dechreuwyd trafod sut oedd symud ymlaen. Teimlid mai gwell fyddai i ni gynllunio ein dyfodol ein hunain na chael ein dyfodol wedi ei benderfynu trosom gan bobl eraill, ac yn amlwg y bartneriaeth fwyaf addas oedd uno â'r coleg mawr dros y ffordd, sef Prifysgol Caerdydd. Roedd gan y Brifysgol Adran Gerdd academaidd ac roedd y Coleg Cerdd a Drama yn arbenigo yn yr ochr berfformio a gwaith ymarferol ynglŷn â cherddoriaeth – asiad delfrydol, yn ein barn ni. Bu'r ddau sefydliad yn trafod am fisoedd gan orffen gydag Is-ganghellor ac Is-gadeirydd Cyngor y Brifysgol yn gwneud yr hyn a ystyriwyd gennym ni fel addewid bendant y byddai'r uno'n digwydd, er y gwyddem fod gwrthwynebiad gan Adran Gerddoriaeth y Brifysgol, o bawb. Tybiem felly fod popeth yn symud ymlaen yn foddhaol iawn ac roedd hi'n siom enfawr clywed bod gwrthwynebiad yr Adran Gerddoriaeth wedi trechu'r uchel swyddogion ac na fyddai'r uno'n digwydd wedi'r cyfan. Roedd yn rhaid i ni felly, ys dywed y Sais, fynd yn ôl i sgwâr un.

Rhoddodd hyn ergyd wrth gwrs i'r cynlluniau i wella cyfleusterau'r coleg a bu popeth ar stop am fisoedd tan i Brifysgol Morgannwg ddangos diddordeb mewn cymryd y Coleg Cerdd a Drama o dan ei adain. Ar ôl trafod, yn y diwedd penderfynwyd symud ymlaen â'r uniad hwn, ond doeddwn i ddim o blaid y prosiect gan nad oeddwn yn teimlo bod fawr ddim yn gyffredin rhwng y ddau sefydliad. Gwrthodais felly fynd fel cynrychiolydd y Coleg ar brif fwrdd llywodraethwyr y Brifysgol gan y teimlwn yn gryf y byddai'r Coleg yn colli ei annibyniaeth ac nad llywodraethwyr y Coleg fyddai'n llywio pethau o hyn allan. Cadarnhawyd fy safbwynt pan ofynnwyd i lywodraethwyr y Coleg Cerdd ffurfio Bwrdd Ymgynghorol fel is-bwyllgor yn rhan o gyfundrefn y brifysgol, hynny yw, pwyllgor i gynnig cyngor yn unig, heb unrhyw rym gweithredol.

Mae'n wir fod adnoddau ariannol llewyrchus Prifysgol Morgannwg wedi bod yn fodd o greu cyfleusterau gwych yn y Coleg Cerdd ac rwy'n mwynhau mynd yno i achlysuron a chyngherddau hyfryd dros ben. Er gwaethaf fy amheuon ynglŷn â'r gyfundrefn lywodraethu, rwy'n falch fod y myfyrwyr yn cael llawer gwell adnoddau at eu gwasanaeth erbyn hyn.

Ychydig fisoedd ar ôl ymddeol daeth cais arall, i ailsefydlu a chadeirio Canolfan Hysbysrwydd Cerddoriaeth Cymru, sef canolfan i ddarparu gwybodaeth am gerddoriaeth yng Nghymru a hyrwyddo cerddoriaeth Gymreig drwy gynnal archifau, gweithdai a chysylltiadau rhyngwladol. Credwn fod angen sefydlu partneriaeth rhwng y ganolfan a Ffederasiwn Cerddoriaeth Amatur Cymru, a llwyddwyd i wneud hynny am flynyddoedd. Yn y pen draw unwyd y ddau gorff i ffurfio'r Tŷ Cerdd, sydd erbyn hyn yn un o'r mudiadau celfyddydol â'i gartref yng Nghanolfan y Mileniwm. Dros y cyfnod o chwe blynedd y bûm i yng nghadair y Ganolfan, bu'r gwaith hwn o grynhoi adnoddau dan yr unto yn dra diddorol. Erbyn hyn mae yno lyfrgell eang o weithiau cerddorol o bob math i'w hurio allan i fudiadau a chyrff cerddorol, yn ogystal â stiwdio recordio fechan. Gyda'r ddau gorff, y Coleg Cerdd a'r Ganolfan Hysbysrwydd, teimlais fod angen codi eu proffil yng Nghymru a llwyddais i gael digon o arian yn eu cyllidebau er mwyn iddynt gael presenoldeb ar faes yr Eisteddfod Genedlaethol. Rwy'n credu fod hynny wedi bod o les i'r ddau gorff.

Yn fuan wedyn daeth cais arall, y tro hwn i mi ymuno â Bwrdd Gwasg Prifysgol Cymru dan gadeiryddiaeth yr Athro M. Wynn Thomas. Doedd gen i ddim profiad o'r byd cyhoeddi, ac roedd y gwaith hwn yn newydd iawn i mi. Deallais yn fuan iawn, fodd bynnag, fod y wasg yn gorfod cystadlu, nid yn gymaint â gweisg eraill yng Nghymru, ond â mawrion y gweisg academaidd ledled Prydain. Dagrau pethau oedd fod yn well gan lawer iawn o academyddion yng Nghymru fynd at weisg Caergrawnt a Rhydychen gan fod eu hadnoddau hyrwyddo – a'u taliadau i awduron, dybiwn i – gymaint mwy na rhai'r wasg Gymreig.

Pan ddaeth cyfnod yr Athro Wynn Thomas yn y gadair i ben, gofynnwyd i mi gymryd ei le. Roeddwn eisoes wedi bod ar y Bwrdd am dair blynedd ac felly cytunais y byddwn yn fodlon cadeirio, ond dim ond am dair blynedd. Er i mi fwynhau'r profiad o ymwneud â byd llyfrau, brwydr ariannol barhaus fu hi am y tair blynedd y bûm yn y gadair. Y gwaith mawr ar y gweill oedd *Gwyddoniadur Cymru yr Academi Gymreig*, a bu llawer o drafod a disgwyl amdano yn ystod fy nhymor. Gwelid y gyfrol hon fel achubiaeth ariannol i'r wasg ond ni welodd olau dydd yn ystod fy amser yno. Fe'i cyhoeddwyd yn 2008 ac mae'n glasur o gyfrol sy'n haeddu bod ar silff lyfrau pob cartref yng Nghymru.

Yn fuan ar ôl gorffen fy nhymor gyda'r wasg cefais wahoddiad i ginio gan Peter Tyndall, y trydydd olynydd i mi fel Prif Weithredwr Cyngor Celfyddydau Cymru. Pwrpas y cyfarfod, medde fe, oedd fy niweddaru am hynt a helynt y celfyddydau yng Nghymru. Yn ystod y pryd bwyd, yn gyfrwys iawn, dechreuodd sôn am y bwriad o uno dau gorff ym myd y theatr, sef Theatr y

Sherman a Sgript Cymru. Roedd yr uniad yn ymddangos yn un synhwyrol gan fod Sgript Cymru yn datblygu ysgrifennu ar gyfer y theatr ac roedd llwyfan gan Theatr y Sherman i gyflwyno'r gwaith a ddatblygwyd. Ar ddiwedd y sgwrs soniodd yn ysgafn fod angen unigolyn niwtral i asio'r ddau gorff yma at ei gilydd, a tybed a fyddwn i'n fodlon ystyried bod yn gadeirydd. Gwir y gair nad oes cinio rhad ac am ddim i'w gael!

Ystyriais yr awgrym am ddiwrnod neu ddau ac yna ffoniais Peter i ddweud y byddwn yn fodlon ymgymryd â'r dasg pe bai cadeiryddion y ddau gorff yn fodlon fy nerbyn fel cadeirydd y corff unedig. Gwyddwn ar y pryd fod dau gadeirydd cryf gan y ddau gorff, ond ar ôl siarad â David Stacey ac Ann Beynon, a chael croeso ganddynt, cytunais i ymgymryd â'r dasg o gadeirio'r cwmni newydd. Unwaith eto, cefais fy hun yn y canol yn ceisio uno dwy gyfundrefn ac er nad oedd tymor pendant i'r swydd, dywedais y byddwn yn fodlon rhoi hyd at bum mlynedd i'r gwaith.

Y dasg gyntaf oedd penodi cyfarwyddwr i'r cwmni cyfun ac eisteddais i mewn yn y cyfweliadau olaf. Roeddwn i'n falch dros ben fod Chris Ricketts wedi derbyn y sialens oherwydd roedd wedi gweithio fel aelod o staff Cyngor y Celfyddydau ac wedi cael profiad eang yn Theatr Brycheiniog a Theatr Clwyd wedi hynny. Bûm yn ffodus iawn hefyd fod David Seligman wedi derbyn fy ngwahoddiad i weithredu fel Is-gadeirydd y Bwrdd newydd a bu ei gyngor doeth a phwyllog o werth mawr yn y blynyddoedd dilynol. Mae David a'i ddiweddar wraig, Philippa, wedi noddi'r celfyddydau yng Nghaerdydd yn hael iawn am flynyddoedd mawr.

Ffurfiwyd y cwmni newydd yn ffurfiol yn Ebrill 2007 gan fabwysiadu'r enw Sherman Cymru, a dechreuwyd ar y dasg o gael y ddwy adain i gydweithio. Cafwyd cryn lwyddiant gyda rhaglen o waith bryfoclyd a heriol ac enillwyd gwobrau am y cynyrchiadau. Enillodd y ddrama *Deep Cut* wobr y Fringe yng Ngŵyl Caeredin a'r cynhyrchiad gwreiddiol *Iphigenia in Splott* yw'r ddrama Gymreig gyntaf i drosglwyddo'n uniongyrchol i'r Theatr Genedlaethol yn Llundain. Cyfarwyddwr y ddrama hon, Rachel O'Riordan, yw cyfarwyddwr presennol y Sherman, gyda llaw.

Roedd bwriad ers peth amser i ailddatblygu'r adeilad ei hun, ac ar ôl rhyw flwyddyn neu ddwy yn y swydd cafwyd digon o arian at ei gilydd i roi cychwyn ar y gwaith yn 2010. Roedd gan y Sherman Gwmni Theatr Ieuenctid llwyddiannus ers blynyddoedd, a phenderfynwyd rhoi rhwydd hynt i'r cwmni i ddefnyddio'r hen adeilad i gyd, y llwyfan a'r ystafelloedd tu cefn, ar gyfer un cynhyrchiad olaf. Gan fod yr adeiladwyr ar fin symud i mewn i ddymchwel llawer o'r muriau mewnol, cawsant ganiatâd i wneud a fynnon nhw, a chymerodd y bobl ifanc fantais lawn o'r cyfle. Tywyswyd y gynulleidfa i lawr drwy'r coridorau a'r ystafelloedd tanddaearol, gyda phob math o ysbrydion a drychiolaethau yn neidio allan o gilfachau, a phaent lliwgar dros y waliau ym mhobman. Gorffennwyd y noson gyda pherfformiad ar y llwyfan – hwyl fawr i bawb, yn arbennig i'r actorion ifanc.

Gan y byddai'r gwaith o adnewyddu'r theatr yn cymryd dwy flynedd, bu'n rhaid i ni gau'r drysau yn ystod y cyfnod hwn, a fy mhryder mawr i oedd a fyddai'r ffyddloniaid yn dychwelyd pan ailagorai'r theatr. Parhawyd i fynd â chynyrchiadau'r cwmni ar daith yn ystod y cyfnod hwn, ond a fyddai ein cynulleidfa arferol yng Nghaerdydd wedi arfer mynd i theatrau eraill ar ôl bwlch o ddwy flynedd?

Roedd gennym amcangyfrifon realistig ar gyfer y gwaith adeiladu, ond y gwirionedd yw nad oes modd gwybod beth sydd tu mewn i hen adeilad nes byddwch chi'n twrio i mewn iddo. Pan aeth yr adeiladwyr i mewn i grombil yr hen theatr, darganfyddwyd bod concrit y pileri canolog yn bwdr a bu'n rhaid eu hadnewyddu'n llwyr, gan ychwanegu'n ddybryd at y gost ac at y cyfnod adeiladu. Wrth i'r gwaith fynd yn ei flaen, bu'n rhaid i ni ailwampio'r amcangyfrifon bron bob wythnos a pharodd hyn gryn anesmwythyd i ni, wrth gwrs, ond hefyd i'n prif ariannwr, Cyngor y Celfyddydau. Roedd yn brofiad diddorol i mi weld y berthynas o ben arall y telesgop, fel petai, ond bu mwy nag un cyfarfod anodd dros ben gyda fy nghyngyflogwr yn y cyfnod hwn.

Gwnaed ymdrechion glew gan y theatr i godi arian o ffynonellau newydd gan esgor ar nifer o gynlluniau dyfeisgar. Yn y diwedd cwblhawyd y gwaith a chafwyd dau ben llinyn ynghyd er gwaethaf pryderon pawb. Diolch byth, bu ein cynulleidfa yn ffyddlon dros ben, ac yn awr mae gennym theatr gynhyrchu sy'n addurn i Gaerdydd ac i Gymru.

Gan fod y gwaith adnewyddu wedi cymryd mwy o amser nag a ddisgwylid, arhosais yn y gadair am chwe blynedd yn lle pump, a gadael yn fuan wedi i'r adeilad newydd agor, gan ymryddhau oddi wrth fy ymrwymiad celfyddydol olaf. Bellach, mae mynd i'r theatr neu i neuadd gyngerdd neu i'r opera yn brofiad pleserus, dibryder, ac rwy'n hynod falch mai pobl eraill sy'n gorfod poeni am gyllid a phethau felly yn y dyddiau anodd hyn.

Pennod 15

Dyfroedd Tawelach

A dyma ni'n dod at y presennol a chyfle i dynnu anadl, ac wrth edrych yn ôl dros bedwar ugain mlynedd teimlaf fy mod yn berson lwcus dros ben. Bûm yn hynod ffodus i gael rhieni oedd eu hunain ynghanol y 'pethe', yn ymwneud â cherddoriaeth a llenyddiaeth, y theatr ac eisteddfodau. Yn hynny o beth, wnes i ddim mwy na chario'r traddodiad teuluol ymlaen, ac rwy'n hynod werthfawrogol o'r fagwraeth lawn diwylliant a roddwyd i mi.

Gan i mi gael fy ngeni ddeunaw mis cyn yr Ail Ryfel Byd ac wedi byw mewn cyfnod argyfyngus yn ein hanes, teimlaf fod y cyfnod hwn wedi llunio fy agwedd at nifer o elfennau bywyd, fel y gwnaeth i lawer o bobl fu'n byw drwy'r un profiad. Roedd dogni bwyd yn peri bod angen byw'n ddarbodus gan beidio gwastraffu dim, ac rwy'n ceisio clirio fy mhlât ar ddiwedd pob pryd hyd heddiw. Doedd dim modd prynu llawer o ddillad, chwaith, a chofiaf i Mam weu dillad isaf o wlân Cymru i mi ac i'r rheini beri cosi diflas am rai dyddiau ar ddechrau pob gaeaf. Mae mynd i siop heddiw a phrynu dillad o bob math sy'n dod o bob rhan o'r byd yn dal yn rhyfeddod. Roedd ffrwythau tramor fel bananas yn rhywbeth na welais nes fy mod i'n saith oed, a chofiaf fel y byddem ni, blant, yn chwilio'r meysydd ger Machynlleth yn casglu eirin meirch (*rose hips*) mewn bagiau mawr er mwyn eu hanfon i ffwrdd i wneud surop yn llawn fitamin C. Roedd angen i blant lyncu llwyaid o hwn bob dydd. Mae casglu ffrwythau o'r llwyni a'r cloddiau yn fy ieuenctid wedi peri mi i deimlo'n anghyfforddus yn yr hydref hyd heddiw os nad wyf wedi bod allan yn casglu mwyar duon ar y Wenallt y tu ôl i'r tŷ, rhag iddyn nhw bydru ar y llwyni.

Yn ystod y rhyfel roedd prinder pethau yr ydym ni'n eu cymryd yn ganiataol y dyddiau hyn, megis papur. Felly roedd ymgyrch yn yr ysgolion i gasglu hen lyfrau a chylchgronau er mwyn eu hailgylchu. Bydden ni, blant, yn cael bathodynnau i fesur ein llwyddiant – ac wrth gofio mai yng nghyfnod rhyfel oedd hyn, byddem yn cael dyrchafiad o fod yn 'gapten' i fod yn 'gyrnol', ac yna'n 'gadfridog', nes cyrraedd y safle uchaf yn y fyddin casglu llyfrau: yn 'ffîld marsial'! Mae'n bosib mai dyna pam mae Myra a minnau'n ceisio ailgylchu popeth yn ofalus nawr – pob darn o bapur i fagiau'r Cyngor a'r llyfrau i'r siop elusen.

Ar ôl y rhyfel, crëwyd y Gwasanaeth Iechyd Gwladol, ac er bod pwysau mawr arno heddiw roedd cael triniaeth feddygol yn rhad ac am ddim yn fendith i ni fel teulu gan fod iechyd fy rhieni wedi peri iddynt orfod talu am bopeth cyn hynny. Rwy'n dal i werthfawrogi'r fraint o gael triniaeth am ddim, yn wahanol i lawer o'r to iau heddiw sy'n ei hystyried yn hawl. Cawsom addysg uwch rad hefyd. Os byddech yn pasio'r arholiadau, byddech yn derbyn grant tuag at gostau byw a byddai'r Awdurdod Addysg Lleol yn talu eich ffioedd. Mae trafferthion ariannol myfyrwyr y dyddiau hyn, pan fydd angen ad-dalu symiau sylweddol ar ddiwedd eu cyrsiau, yn tanlinellu pa mor ffodus oedd fy nghenhedlaeth i.

Yn ystod y rhyfel roeddech yn gaeth i'ch gwlad eich hun, wrth gwrs, a hyd yn oed am flynyddoedd lawer wedyn roedd gwyliau tramor allan o'r cwestiwn. Soniais am fy nyddiau cynnar ym Machynlleth a hoffter fy nhad o fynd ar wyliau ym Mhrydain.

Rwyf finnau wedi etifeddu'r hoffter hwnnw ac ar ôl cael fy nheulu fy hun, rydym wedi cymryd mantais o bob cyfle i weld Cymru ac i grwydro ymhellach. Prynwyd carafán er mwyn i'r teulu fedru cysgu dros nos yn weddol rad a chafwyd dwy siwrnai fentrus ar y pryd, gan fod y plant yn ifanc iawn, i Lydaw. Bu'r garafán yn fodd i ni fwynhau meysydd carafannau sawl eisteddfod ac roedd yn brofiad hyfryd bod ynghanol cymdeithas glòs o Gymry Cymraeg yno am wythnos. Gan fod angen i mi fod ar faes yr Eisteddfod am ddyddiau cyn agor yr ŵyl, ac am ddyddiau wedi iddi ddod i ben, daeth y merched yn gyfarwydd â llawer o ardaloedd Cymru. Yn wir, bu'r cefndir hwn o fudd mawr i'r ddwy yn eu gyrfaoedd yn ddiweddarach. Bu'r garafán yn byw am rai blynyddoedd ar y fferm deuluol ym Mhontrhydfendigaid ac yn y pen draw fe'i rhoddwyd i'r Eisteddfod i letya gweithwyr y maes.

Dyma'r adeg y dechreuodd cyfnod y teulu o grwydro'r Cyfandir. Yn 1984 aeth Myra, Manon, Ffion a minnau i Munich yn y car i weld ffrindiau, a chael ein perswadio i fynd ymhellach i'r de, i Awstria. Gwaetha'r modd, roedd y tywydd ar ochr ogleddol yr Alpau yn wlyb a diflas, a phenderfynwyd mynd ymhellach i'r de eto i weld sut oedd pethau'r ochr arall i'r mynyddoedd. Fel roeddem yn croesi Bwlch Brenner gwelwyd arwyddbost yn dweud fod Fenis ryw 200 cilometr i ffwrdd. Dyma edrych ar ein gilydd a phenderfynu mynd amdani – heb fap, heb lira a heb lety. Yn y diwedd cawsom le i aros yn Mestre ar y tir mawr a pharatoi i groesi i Fenis y bore wedyn. Ond cododd problem – dim arian, a'n pasborts gyda gŵr y lety fel sicrwydd na fyddem yn diflannu heb dalu. Roedd hwnnw'n amharod i'w rhoi yn ôl i mi er mwyn i mi fynd i'r banc (doedd dim twll yn y wal bryd hynny) a dechreuodd holi o ble roeddem yn dod. Doedd dweud ein bod o Gymru ddim yn tycio nes i mi ddweud ein bod o'r un wlad â John Charles a bod ganddo siop fechan yn y pentref lle roedden ni'n byw. Mae'n amlwg fod enw da'r pêl-droediwr Cymreig yn dal yn fyw yn yr Eidal oherwydd dyna'r allwedd – y pasborts yn ôl, arian o'r banc, a modd i ni groesi draw i ddinas Fenis.

Rwy'n ein cofio ni'n mynd am y tro cyntaf i sgwâr Sant Marc a gweld seddau gweigion tu fas i Gaffi Florian, lle roedd cerddorfa yn chwarae'n hyfryd. Dyma ni'n eistedd fel teulu i fwynhau'r gerddoriaeth cyn sylweddoli pam roedd y seddau'n wag – roedd diodydd ddwywaith y pris arferol pan fyddai'r gerddorfa'n chwarae! Rwy'n cofio'r bil am y ddiod yna o hyd, a phan beidiodd y gerddoriaeth llanwyd y seddau yn fuan iawn.

Ar ôl deuddydd hyfryd yn Fenis, dyma ni'n troi yn ôl am y gogledd ar ein ffordd adre, ac ar ôl cael digon ar yrru ar draffordd brysur gwelodd Myra ffordd wledig, droellog fyddai'n torri rhai milltiroedd oddi ar y siwrnai. I ffwrdd â ni arni felly, i fyny drwy'r mynyddoedd. Dechreuodd dywyllu a ninnau heb gael llety dros nos nes i mi deimlo bod yn rhaid aros yn y pentref nesaf, doed a ddelo. Yn y tywyllwch, dyma grwydro'r pentref bychan a chael llety yn cynnig dwy ystafell i ni. Roedden ni'n ddiolchgar iawn o gael noson dda o gwsg. Y bore wedyn, dyma agor y llenni a chael ein syfrdanu gan yr olygfa. Roedd y pentref mewn cwm cul ac ochrau serth i'r mynyddoedd bob ochr iddo, ac roedd yr hyn a dybiem yn sêr y noson cynt yn oleuadau o ffenestri tai ymhell i fyny ar y llethrau. Syrthiwyd mewn cariad â'r lle ar unwaith a'r trueni oedd bod raid gadael ar ôl brecwast. Penderfynwyd yn y fan a'r lle fod raid dod yn ôl ryw ddydd, a'r gwir yw ein bod wedi mynd yn ôl bron bob blwyddyn ers 1984 i'r pentref bach hwn ar ymyl mynyddoedd y Dolomitiaid yng ngogledd yr Eidal. Gan fod hwn yn ardal de'r Tirol, Almaeneg yw iaith y brodorion ac Almaenwyr yw mwyafrif llethol yr ymwelwyr hefyd.

Yr arwr hanesyddol lleol yw Andreas Hofer, gwladgarwr brwd a fu'n arwain y gwrthryfel yn erbyn y Ffrancod a'r Bafariaid yn nechrau'r bedwaredd ganrif ar bymtheg. Tafarnwr a gwerthwr ceffylau oedd e wrth ei alwedigaeth ond arweiniodd ei bobl i ymladd er mwyn cadw ei famwlad, y Tirol, yn rhan o Awstria. Enillodd frwydrau ger Innsbruck yn erbyn lluoedd llawer mwy grymus ond, er ei fod wedi cefnogi Hofer i ddechrau, torrodd yr Ymherawdr Francis ei air gan ildio'r Tirol i Bafaria a'r Eidal, a distrywio'r annibyniaeth yr oedd Hofer wedi brwydro trosti. Bu'n rhaid i Hofer ddianc i'r mynyddoedd ger ei gartref, ond fe'i bradychwyd ac fe'i daliwyd gan y Ffrancod. Fe'i gorfodwyd i gerdded yr holl ffordd i Mantua yn yr Eidal ac fe'i dienyddiwyd yno. Un o'n defodau blynyddol ni fel teulu yw dringo'r mynydd serth ar bererindod at y bwthyn bychan lle treuliodd ei fisoedd olaf.

Does fawr yn digwydd yn y pentref bach hwn ac uchafbwynt bywyd gyda'r nos yw cyngerdd gan y band pres lleol ar y sgwâr. Cerdded y mynyddoedd wna'r ymwelwyr i gyd yng ngolau dydd a swpera'n harti o'r bwyd lleol, Almaenig ei naws, gyda'r nos. Dim ond ers 1919 mae'r ardal i'r de o Fwlch Brenner, de'r Tirol, yn perthyn i'r Eidal ac mae'r hen deyrngarwch i'r Tirol Awstriaidd yn dal yn gryf yn yr ardal. Awn yno bob Awst ar ôl yr Eisteddfod, ac er bod gwastadeddau'r Eidal yn grasboeth yr adeg yma o'r flwyddyn, mae'r pentref bach hwn yn gyfuniad hyfryd o dymheredd mynyddoedd yr Eidal ac iaith a bwyd Awstria. Erbyn hyn, mae gennym ffrindiau yno a bydd croeso mawr yn ein haros bob haf; tan y dydd heddiw nid ydym wedi gweld car Prydeinig arall yno na chlywed yr iaith Saesneg yn y lle. Gadawsom y cwm y bore cyntaf hwnnw i barhau ar ein siwrnai tua'r gogledd dros ffordd fynyddig, droellog, yn codi dros chwe mil a hanner o droedfeddi uwchben y môr, â golygfeydd bendigedig yn ôl ar hyd y cwm. Rydym wedi croesi'r mynydd hwn droeon ers hynny.

Mangre gwyliau arall rydym yn hoff iawn ohono yw ynys Madeira, ynys goediog a blodeuog â thymheredd derbyniol iawn drwy'r flwyddyn. Cerdded yw'r nod eto fan hyn: naill ai cerdded wrth ochr y *levadas*, sianelau dŵr sy'n dosbarthu dŵr dros yr ynys, neu gerdded ar hyd llwybr sydd wedi ei greu ar hyd ymyl y môr, o'r gwesty at bentref ryw dair milltir i ffwrdd. Gan fod Madeira yn ynys sydd wedi ei chreu gan losgfynydd, mae'r môr yn ddwfn dros ben yn agos i'r lan ac mae math hynod o bysgodyn yn byw yn y dyfnderoedd hyn, yr *espada* – pysgodyn hir, du ei groen â llygaid enfawr. Maen nhw'n dweud y dylsech ei fwyta cyn ei weld, gan fod ei olwg mor frawychus. Fodd bynnag, mae'r cnawd yn wyn fel y galchen ac o'i fwyta gyda bananas melys yr ynys, mae'n gwneud pryd ardderchog.

Lle arall sy'n agos at ein calonnau ni yw traeth bendigedig Alvor, pentref yng ngorllewin yr Algarve ym Mhortiwgal. Dyw Myra na minnau'n hoff o orwedd ar draeth yn yr haul ond, wrth gerdded pum milltir ar hyd y traeth hwn yn ddyddiol, mae'n ddiddorol sylwi ar y newid sy'n digwydd gyda'r llanw, ac mae'r ymarfer yn rhoi archwaeth arbennig i ni er mwyn bwyta'r bwyd môr ffres a geir yno.

Wrth gwrs, rydym wedi cael ein hanturiaethau hefyd wrth grwydro'r byd – ymosodiad gan fachgen ifanc yn ceisio dwyn mwclis ein cydymaith yn Buenos Aires; cael ein dal ynghanol helfa gyffuriau yn Brasil, a dianc o'r Aifft ddeuddeg awr cyn y chwyldro fu'n ddiwedd ar Mubarak.

Tan farwolaeth fy chwaer rai blynyddoedd yn ôl, buom ar ymweliadau achlysurol â Canada hefyd. Ar un ymweliad buom fel teulu yn gyrru mewn car ar draws gwastadeddau Saskatchewan ac Alberta i dref fechan Ponoka, lle roedd fy chwaer yn arwain Cymanfa Ganu. Cefais gyfle hefyd i weithio yn y cynhaeaf gyda fy mrawd yng nghyfraith, ac ar ddiwedd shifft y bore un tro aeth â llond bwced o wenith yn ôl i'r tŷ gydag e. Yno, roedd gan fy chwaer felin fechan drydan ac erbyn i ni ddod i mewn i swper roedd torth o fara ffres yn ein disgwyl. Cawsom groeso ar yr aelwyd ac yn yr ardal bob tro, ac mae gennym atgofion cynnes iawn am y dre fechan honno ar y gwastadeddau mawr.

Rydym hefyd yn hoff iawn o grwydro ar hyd a lled Cymru. Mae mynd i ogledd Ceredigion a'r canolbarth bob amser yn bleser, a nawr bod gan Ffion a William gartref yno, mae'r dynfa'n fwy fyth. Rydym wrth ein bodd yn mynd yn ôl i Sir Drefaldwyn ac mae eu cartre yn agos iawn at Lanfyllin, lle bu taid Ffion yn brifathro bron ganrif ynghynt.

Ar ôl graddio yn Rhydychen a chael gradd uwch yn Aberystwyth ymunodd Ffion â'r gwasanaeth sifil gan ddewis dod i'r Swyddfa Gymreig, yr unig un o'i blwyddyn i roi hynny fel ei dewis cyntaf, gyda llaw. Pan aeth i'r Swyddfa Gymreig yn Llundain cwrddodd â'i phriod, William, a phan etholwyd ef yn Arweinydd yr Wrthblaid gadawodd Ffion y gwasanaeth sifil ac ymuno â'r corff oedd yn dod â chwmnïau busnes i gysylltiad â chyrff celfyddydol sy'n chwilio am nawdd masnachol. Yn amlwg, rhoddodd hyn flas iddi o fyd busnes ac, ar ôl cyfnod fel pen-bachwr, erbyn hyn mae gan Ffion ei chwmni ei hun yn asesu effeithiolrwydd byrddau cwmnïau mawr ac mae hefyd yn mwynhau ysgrifennu a gwaith teledu.

Wedi ennill doethuriaeth mewn Astudiaethau Celtaidd yng Nghaergrawnt, bu Manon yn gweithio i Ddŵr Cymru, y BBC yng Nghaerdydd a Llundain, ac i S4C, cyn treulio cyfnod fel Ysgrifennydd Preifat i'r Tywysog Siarl, â gofal am ei ddiddordebau

yn y celfyddydau, treftadaeth, iechyd – a Chymru wrth gwrs.
Erbyn hynny roedd ganddi ferch fach, Indeg, ac ar ôl i Indeg
fynychu Ysgol Feithrin Gymraeg Llundain, rhoddodd Manon
y gorau i'w swydd a dychwelyd i Gaerdydd er mwyn i Indeg
gael addysg gynradd Gymraeg. Cafodd swydd yn y Cynulliad
newydd fel Cyfarwyddwr Cyfathrebu, ac ar ôl cyfnodau'n
gweithio i'r BBC yng Nghaerdydd a Llundain ac i Lywodraeth
Cymru fel Cyfarwyddwr Diwylliant, Chwaraeon a Thwristiaeth,
dychwelodd i'r Cynulliad fel Prif Weithredwr a Chlerc. Mae'n
byw yn awr gyda'i gŵr John yn Llandaf, felly rydym ni'n gweld
cryn dipyn ohonynt.

Ar ôl graddio yn y Gymraeg yn Aberystwyth a chael gradd
uwch yng Nghaergrawnt, mae ein hwyres Indeg yn gwneud
ymchwil yng Nghanolfan Bedwyr ym Mangor, yn aelod o
dîm sy'n datblygu rhaglen gyfrifiadurol yn Gymraeg, tebyg
i'r rhaglenni Siri ac Alexa sydd gan y cwmnïau cyfrifiadurol
rhyngwladol. Mae wedi dyweddïo â Gareth, un o'i chyd-fyfyrwyr
yn Aberystwyth, ac yn hynny o beth mae'n dilyn yr un llwybr yn
union â'i mam-gu a'i thad-cu.

Yn hytrach na theithio'r A470 a'r M4 ar ddyletswydd, mae Myra
a minnau'n awr yn mynd ar eu hyd am reswm llawer gwell, sef
i fwynhau golygfeydd gogoneddus a chwmni teulu a chyfeillion.
Rydym yn mynd i Dreorci yn aml i weld perthnasau, a chawsom
brynhawn hyfryd yng Nghapel Bethlehem pan drefnodd ein
ffrindiau yno de parti 'syrpréis' ar ddiwrnod ein priodas aur.
Roedd yn rhaid tynnu llun, wrth gwrs. Er ei fod ychydig yn
bellach, fe awn mor aml â phosib i weld teulu a ffrindiau yng
Ngheredigion a Machynlleth hefyd.

Tra gallwn, fe awn i'r Eisteddfod bob blwyddyn gyda chriw
hapus o gyfeillion o'r dyddiau pan oeddwn yn gweithio i'r

Brifwyl, sef Sian a Lewis Evans, Sheila a John Elfed Jones, a Beryl a Hugh Thomas. Yn ôl yn y cyfnod pan oeddwn yn sedd y Cyfarwyddwr a phroblemau trafnidiaeth, tywydd a thoiledau yn pentyrru, cofiaf yn dda i Myra ddweud wrthyf yn fy swyddfa yn y pafiliwn un tro, 'Paid â phoeni gormod, mae 'na ugain mil o bobl allan yn fan'na yn mwynhau hwyl yr ŵyl.' Erbyn hyn rydym ninnau'n ddau o'r ugain mil hynny.

~